城市品牌行銷

自信
讓我們的城市
更偉大

王福闓 ◆ 著

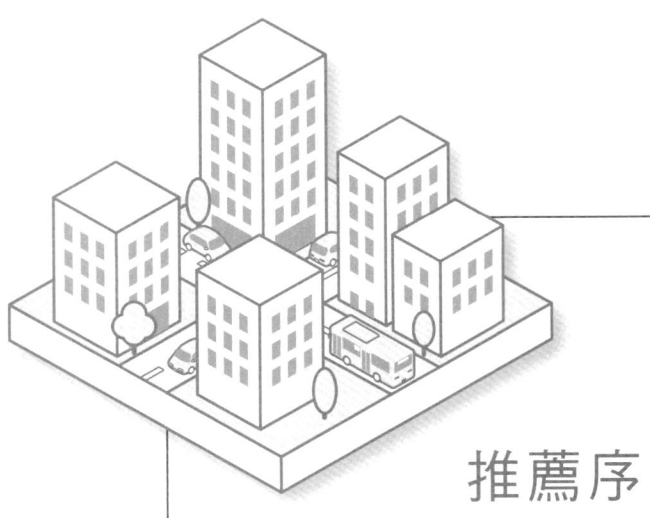

推薦序 1

讓商圈成為
城市的名片

大台北商圈產業協進會

總會長

李寶星

推薦序

　　作為大台北商圈產業協進會總會長以及中華民國全國商圈總會成員，很榮幸能為王福闓理事長的新書《城市品牌行銷》撰寫這段推薦序。商圈的發展不僅見證了城市的變遷，更成為城市行銷的重要基石。

　　商圈的概念在台灣已經有數十年的發展歷史，從早期傳統市集到現代化的購物商圈，它們見證了台灣經濟、文化與社會的變遷。以大台北地區為例，士林夜市、西門町、東區商圈等，這些耳熟能詳的地名不僅是消費的集中地，也是城市文化的象徵。

　　商圈發展的每一步，都與城市的成長密不可分，而這也正是城市行銷的核心價值所在。

　　商圈的興衰直接影響著城市的經濟活動。舉例來說，士林夜市曾因應國際旅客的到訪而繁盛一時，但也因消費習慣的轉變與競爭環境的變化，面臨過一段低潮期。然而，透過當地政府、商圈組織企業的努力，士林夜市得以重新定位，強調在地文化特色與創意美食，吸引了新的消費群體，成為城市行銷的成功案例。這充分顯示出，作為城市品牌的一部份，不僅需要回應市場需求，更需要與時俱進，透過行銷策略塑造獨特的城市形象。

　　商圈的發展與城市行銷之間，實則為一個相輔相成的過程。一個成功的城市行銷策略，必須充分利用商圈作為切入點。商圈不僅是經濟活動的樞紐，更是文化交流與社會互動的重要場域。透過商圈的包裝與推廣，城市可以更具吸引力、更有特色；而這正是我們在推動全國商圈發展時所努力的方向——以商圈為核心，整合城市的多元資源，讓每一個商圈都能成為城市行銷的最佳代言人。

　　回顧過去，我們在推動商圈發展的過程中，曾遇到無數挑戰，例如土地使用衝突、老舊基礎設施限制，以及疫情對商業活動的重

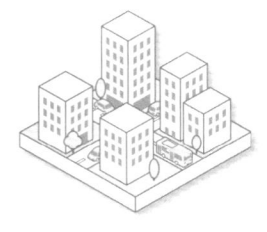

創。然而，這些困難也促使我們重新思考商圈的定位與功能；透過引入智慧科技、促進商圈數位轉型，並加強商圈內部的凝聚力與創新動能，我們得以突破重重困境，使商圈重新煥發生機。

當前，台灣的商圈正面臨全球化與在地化的雙重挑戰。在這樣的背景下，城市行銷為我們提供了方向與靈感。它提醒我們，城市行銷不僅只是一套策略，更是一門藝術，是結合創意、故事與價值觀，讓每一個城市都能找到屬於自己的舞台。商圈作為城市行銷的核心組成部分，是這場藝術創作中不可或缺的一筆。

最後我要特別感謝王福闓理事長，對於商圈發展與城市行銷的從業者而言，他的貢獻無疑為業界注入了無比的動能。我誠摯地期待，這些努力能為更多人帶來啟發，為台灣的城市行銷與商圈發展注入新的動能。

讓我們共同努力，讓每一個商圈都能成為城市的名片，讓每一個城市都能在國際舞台上閃耀光芒！

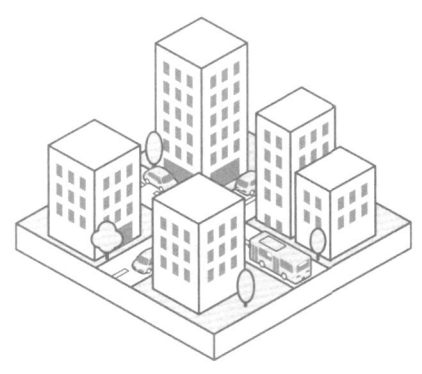

台灣連鎖加盟
促進協會

**吳永強
理事長**

熱情推薦！

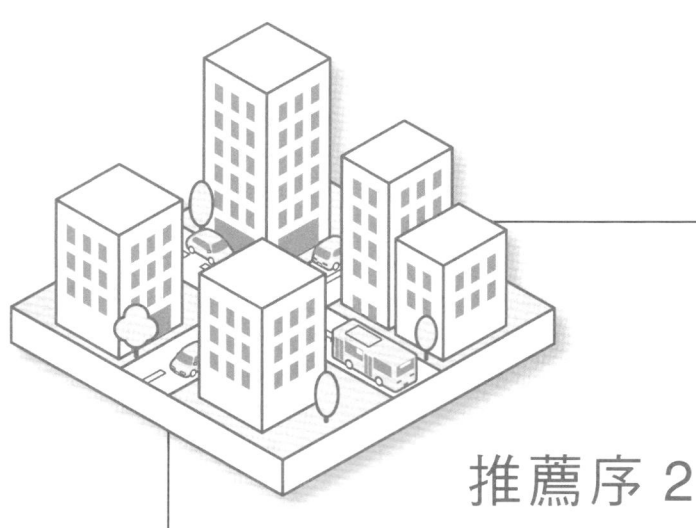

推薦序 2

以文創帶動城市
登上國際舞台

中華文創展拓交流協會
理事長

柯建斌

推薦序

在全球競爭激烈的時代，城市行銷已成為世界各國提升能見度、吸引投資與人才的重要策略。對台灣而言，城市行銷不僅關乎形象塑造，更是文化創意產業與連鎖加盟品牌拓展市場的關鍵推力。透過精準的行銷策略，我們能夠將台灣豐富的文化底蘊轉化為品牌價值，進一步推動文創產業的發展，並為連鎖加盟事業開拓國際市場。

台灣擁有豐富的文化與創意能量，文創產業已成為國際市場上最具競爭力的特色之一。然而，這些創意要真正發展，不能只靠單一品牌的努力，更需要透過城市行銷來塑造整體產業氛圍，讓品牌與地方特色結合，使其更具辨識度與市場價值。例如，台南透過歷史文化的行銷，吸引眾多新創文創品牌進駐，讓古都的魅力轉化為實質的經濟效益。

連鎖加盟產業與城市行銷的關聯也極為緊密。過去，台灣的加盟品牌多專注於經營模式的優化，但隨著市場競爭加劇，品牌必須更具故事性與文化價值。

例如，手搖茶飲品牌與台灣茶鄉形象結合，如以南投名間或坪林的茶文化作為品牌元素，能更容易打入國際市場，因為消費者不只是購買產品，更是在消費一種文化體驗。而當一個城市成功塑造出國際級的品牌形象，當地的連鎖加盟業者也會因此受惠，讓品牌更具競爭力。

城市行銷除了長期品牌塑造，舉辦國際級展覽活動更是提升城市影響力的有效方式。

舉例來說，米蘭世博會便成功將米蘭打造成國際時尚與設計之都，不僅提升了當地品牌的知名度，也帶動觀光與相關產業的發展。

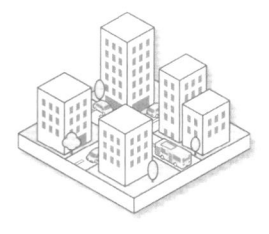

　　另一個成功案例是德國漢諾威工業展，該展覽長期以來為德國工業形象塑造強大的品牌效應，吸引來自世界各地的企業與投資者。展覽不僅促成了無數商機，也讓漢諾威在全球經濟版圖上占據重要地位。這種展覽帶動的城市行銷效應，對於台灣的展會產業也極具參考價值。

　　在台灣，我們也有類似的成功經驗。台北國際連鎖加盟大展每年吸引上萬名創業者與海外投資者，這不僅是連鎖品牌發展的重要平台，也讓台北成為亞洲加盟市場的指標城市。

　　同樣地，台灣設計展也成功將台灣的設計能量推向國際，吸引國內外品牌合作，帶動當地產業升級。這些展覽不只是商業活動，更是城市行銷的重要策略。

　　成功的城市行銷並非短期行銷活動，而是需要長期經營與整合策略。政府、企業與文化產業的協作至關重要，透過持續累積品牌故事與塑造地方特色，創造城市獨特的吸引力。

　　例如，新加坡透過「花園城市」的定位，不僅吸引觀光客，也成為國際企業青睞的投資地點。又如首爾在推動韓流時，結合影視、時尚、美食與科技，將整座城市打造成韓流文化展示場，進一步帶動觀光與消費經濟。

　　對台灣而言，城市行銷不僅提升國際能見度，更是文化創意產業與連鎖加盟品牌國際化的關鍵。透過精準的行銷規劃，我們可以將地方特色轉化為品牌價值，讓台灣的文化能夠更廣泛地被世界看見。

　　而這也正是王福闓老師在本書中所探討的核心議題。作為城市行銷的專家，他不僅擁有豐富的理論知識，更有長年實務經驗，對於如何運用行銷策略提升城市競爭力、推動產業發展，有著深刻見

推　薦　序

解。

　　最後衷心感謝王老師多年來對於文創產業的指導與貢獻。王老師的研究與經驗分享，不僅讓我們更理解城市行銷的重要性，也為台灣的文創與連鎖加盟產業提供了更多值得參考的發展方向。

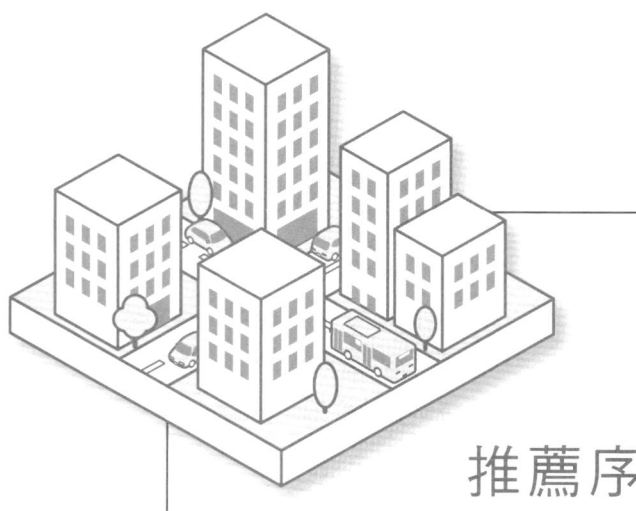

推薦序 3

城市行銷大未來

資深公關人／
十分好創意　執行長

黃鼎翎

推 薦 序

　　王福闓老師又有一本優異的新書出版了，寫的是有關城市品牌行銷的好書。

　　在諸多的國際成功個案裡，談到的城市品牌行銷案例愈來愈多，但由於城市行銷事涉城市的規模、地方文化特色與動用的經費，通常個案也顯得更複雜龐大。就像一般企業行銷可以立即由業主決策執行，但城市行銷卻受制於法令與更多組織及利害關係人，無論是中央政府、縣市地方單位或區域居民、公共運輸或警消單位等等，都讓行銷的規模更具挑戰性。

　　台灣曾經歷年舉辦耳熟能詳的城市行銷個案如：愛河燈會、台北國際花博、宜蘭童玩節、綠色博覽會、高雄世大運、屏東鮪魚季等等，都是靠著中央與地方龐大的資源持之以恆地年年舉辦，好讓廣大的民眾能夠參與；但我們也清楚這些活動之所以能夠成功，仍需憑藉著不斷創新的能量與行銷實力而使之延續。

　　無疑地，作者對台灣的城市品牌行銷有著相當大的期待，一心想讓這些因應全球化或在地化的城市行銷專業躍然於紙上，誠懇無私地分享他的專業知識與觀點，好協助台灣各城市或諸多品牌參與更優質的城市行銷大未來。

　　本書中無論是城市品牌與城市行銷概念、核心價值與定位、形象的建立、傳播策略、問題點分析、挑戰與商機、城市文化創新，甚至是城市品牌與生活的連結與數位化轉型的策略觀察，作者都企圖顯現其核心思考──「全球化策略必需融合在地化策略、城市行銷本質是地方生存發展的競爭。」

　　我相信在作者邏輯性的書文架構下，可以帶給讀者很多學習後的驚喜。

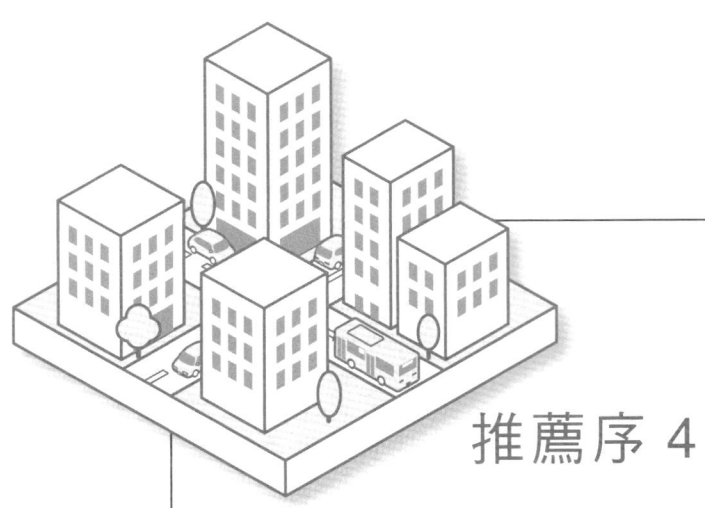

推薦序 4

形塑城市魅力
的
行銷之道

睿峯經營管理顧問有限公司

執行長

鄧學謙

推薦序

　　在全球化競爭日益激烈的今天，城市不僅是居住與經濟活動的空間，更是每個國家對於其城市的品牌塑造與行銷策略的重要國家形象戰場。一本好的城市行銷書籍，能夠幫助地方政府、企業與市民理解如何提升城市吸引力，進而帶動產業發展與居民福祉。王福闓先生的《城市品牌行銷》正是一部兼具理論深度與實務價值的專著，帶領我們從品牌行銷的角度重新審視城市發展的策略與機會。

城市品牌的本質與行銷策略

　　城市品牌行銷的核心概念與企業品牌行銷類似，都是在有限資源下創造最大的市場價值。菲利普・科特勒（Philip Kotler）在其著作《行銷管理》中強調，品牌的成功來自於差異化價值的建立，而城市品牌亦不例外。王福闓先生在本書第一章深入剖析「城市品牌與城市行銷的概念」，並進一步探討城市品牌的核心價值與定位。這些內容不僅回應了科特勒的品牌理論，也讓我們理解，一個成功的城市品牌，必須找到自身的獨特優勢，無論是文化底蘊、產業特色，還是生活環境。

　　此外，城市品牌形象的建立並非一蹴可幾，而是透過長期的行銷策略來塑造，大衛・艾克（David Aaker）在《品牌領導》書中提到，品牌形象的建立需要透過品牌認知（Brand Awareness）、品牌聯想（Brand Association）與品牌忠誠度（Brand Loyalty）三大核心元素來強化。這與本書對「城市品牌的傳播策略」的分析相互呼應，強調品牌價值的傳遞需要透過多層次的溝通與行銷工具，才能在居民與外來投資者心中留下深刻印象。

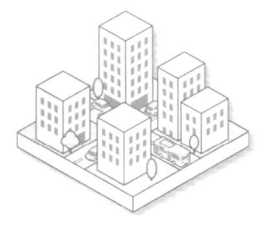

城市品牌與觀光餐飲的關聯

　　在本書第二章，王福闓先生探討了「城市品牌與觀光餐飲」的關聯性。這部分特別值得關注，因為觀光與美食是許多城市品牌塑造的關鍵元素。根據西奧多・李維特（Theodore Levitt）的市場區隔理論，一個城市若能找到獨特的市場定位，將觀光與在地特色結合，就能有效提升城市競爭力。例如，台灣的夜市文化、日本的溫泉小鎮，皆是透過地方品牌化來強化觀光吸引力。

　　書中進一步探討了「夜市與攤販的在地生命力」與「餐飲發展與城市品牌」，這正與許多行銷理論不謀而合。麥可・波特（Michael Porter）在競爭優勢理論中提到，地方產業的競爭力來自於在地特色，而美食與商圈文化正是城市行銷的核心競爭力之一。王福闓先生透過案例分析，說明如何利用商圈觀光轉型來創造新商機，這對於許多希望透過觀光產業推動經濟發展的城市來說，提供了寶貴的洞見。

城市品牌與居民生活的連結

　　許多行銷大師強調，品牌的成功不僅來自於產品本身，更來自於消費者的體驗與認同感。凱文・凱勒（Kevin Lane Keller）在品牌金字塔（Brand Equity Model）中提到，品牌的最高層級是讓消費者產生深厚的情感連結，而這點在城市行銷中同樣適用。第三章「城市品牌與生活連結」強調，城市品牌不僅關乎外來旅客的吸引力，更應該與居民的日常生活緊密結合，這才是品牌價值的長久之道。

推薦序

　　在數位化時代,「智慧城市的數位化轉型」成為許多地方政府推動城市行銷的重要策略。這不僅關乎技術的進步,更涉及如何透過數位平台提升市民參與度,讓品牌形象得以更自然地滲透到生活當中。此外,「無障礙友善城市轉型」與「親子家庭與城市形象」也反映了現代城市行銷的新趨勢——不僅要吸引觀光客,更要創造一個適合多元族群居住的環境,以提升整體城市吸引力。

一本值得深入閱讀的城市行銷指南

　　《城市品牌行銷》是一本兼具學術價值與實務應用的優秀著作,能夠幫助城市管理者、行銷人員與地方發展專家理解如何透過品牌行銷來提升城市競爭力。書中不僅結合了現代行銷理論,更透過實際案例分析,提供了具體的策略與行動方向。無論是政府機構、企業決策者,或是關心城市發展的市民,都能從這本書中獲得寶貴的見解與啟發。

　　正如科特勒所說:「行銷不是讓人們購買產品,而是讓人們購買更好的生活。」同樣地,城市行銷的終極目標,不只是打造一個吸引觀光客的城市,而是創造一個讓人們願意長期居住、投資、生活的理想價值之地。我誠摯推薦這本書,相信它能為讀者提供豐富的知識與實務指導,成為探索城市品牌行銷的重要指南。

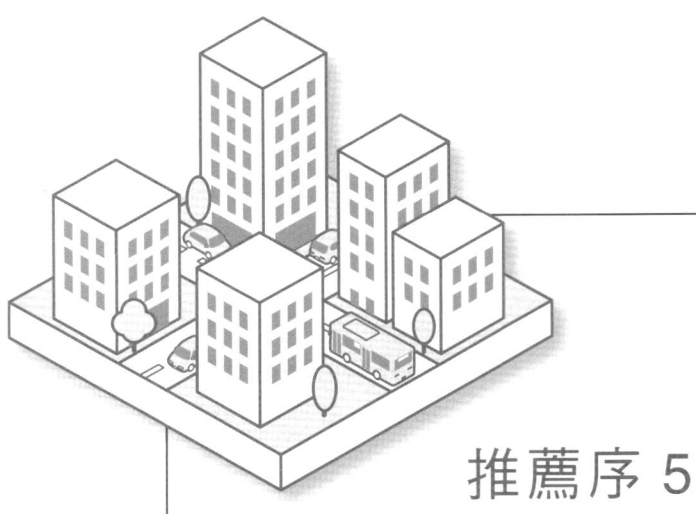

推薦序 5

從地方特色
展現城市魅力

台灣經濟研究院
副研究員

黃暖雲

推 薦 序

　　在全球化與數位化浪潮中,地方產業經濟正展現出嶄新的生命力,而城市品牌正是引領城市發展的重要指標。

　　《城市品牌行銷》這本書深入剖析了城市品牌形象的建立,並從中彰顯出臺灣商圈與夜市的多元魅力,帶領讀者重新認識這片土地的在地故事與發展契機,細膩描繪出城市生活的獨特脈絡與生命力。

　　作為一名長期專注於地方產業經濟的研究者,我深刻感受到這本書對於地方經濟價值的關懷與投入。

　　書中的每一個案例與分析,不僅展現了產業轉型與城市發展的可能性,更為我們指引了一條在全球競爭中突顯城市特色的道路。誠摯推薦這本書給所有關注地方經濟與城市發展的人士,願能成為大家了解臺灣城市品牌的起點,帶來更多啟發與對話。

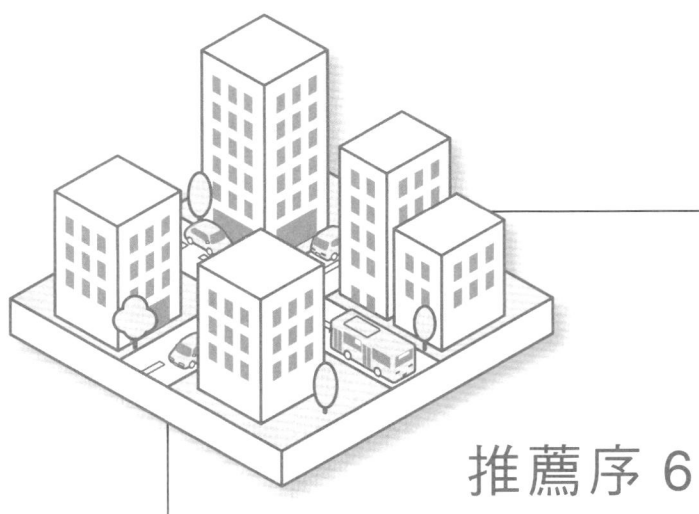

推薦序 6

從城市品牌
看自我行銷

先勢公關
副總監

Lindsay

推 薦 序

在全球化與數位化的浪潮下,我們每天居住與工作的城市,已如同一個品牌,影響著我們的生活品質、消費選擇,甚至歸屬感。

《城市品牌行銷》不僅是一本給行銷人的書,更是讓每位消費者理解「城市如何塑造品牌」的指南。

本書探討了城市如何透過品牌形象吸引人才、旅客與投資,並深入分析觀光、餐飲、數位轉型、交通便利性與友善環境等議題,這些都直接影響我們的日常體驗。

當你選擇居住、旅行或消費時,城市品牌的塑造,無形中已改變你的決策。

而城市中的參與者,也將透過這本書,得以在無法預測瞬息萬變的生活模式改變下,更清楚該如何行銷自己,讓生活與消費變得更有價值。

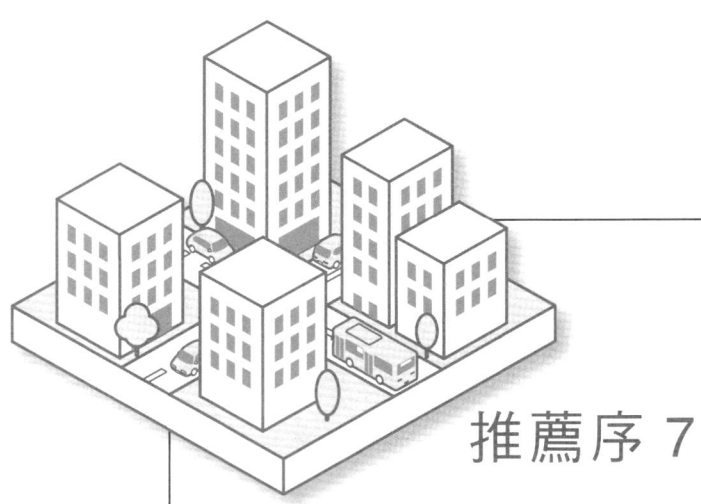

推薦序 7

城市品牌行銷再造的全方位指南

華視新聞
主播

宋燕旻

推　薦　序

　　作者有豐富實戰經驗，揭示品牌行銷的關鍵技巧，助你提升競爭力，這本書將帶你深入了解品牌再造與行銷的最新策略，是專業人士的必讀之作！

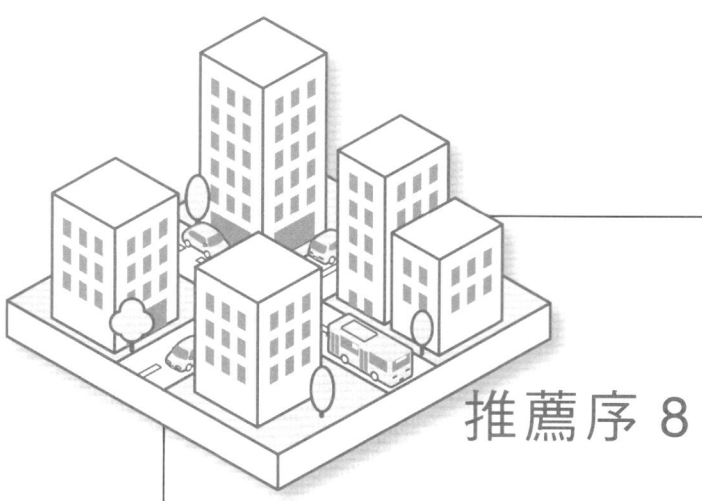

推薦序 8

創造
在地驕傲——
城市品牌行銷！

新聞台
主播

曹維升
（一起升活）

推 薦 序

「你是哪裡人？」在認識新朋友時常聽到這句話。而跟國外友人介紹自己居住的城市時，是覺得光榮、有歸屬感，還是羞於開口？

「城市行銷」是政府大業，更是身為市民的我們之切身所感。無論是山、海，或是路上所見人事物，如何結合在地特色推進商業與產業發展，都是沒有盡頭的進行式。

王福闓老師這本新書，以小窺大、以近看遠！而從地方的不為人知到推向眾所皆知，這段路怎麼走？讓我們一起揭祕。

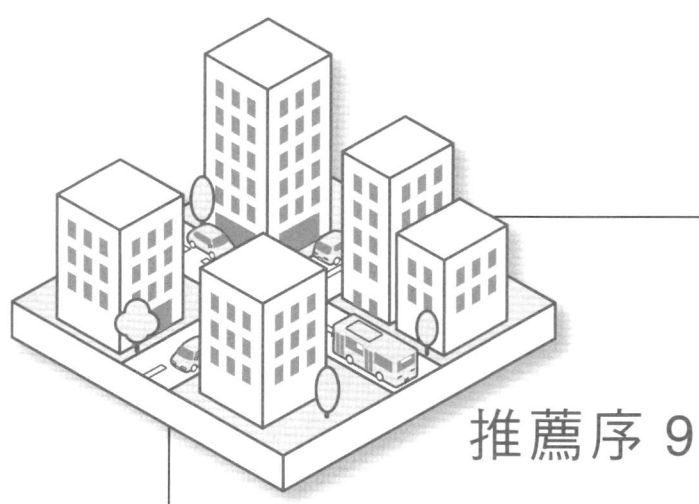

推薦序 9

媒體同業心中的
行銷萬事通──
福闆老師

非凡新聞
主播

貝　庭

推 薦 序

親愛的讀者們：

　　我因為工作新聞採訪之故，有幸認識了福閏老師，對於我們媒體同業來說，老師是百科全書，更像是救命丹，各種題材，舉凡品牌經營再造、行銷策略、數位社群議題，到人文、文創、藝術、模型（老師家裡有超級多模型，讓人羨慕），只要一通電話、一則訊息，都能讓我們採訪報導更加完整、更有深度。

　　很開心且榮幸能有一篇幅，向大家推薦福閏老師的新書。

　　對我來說，城市的獨特魅力往往藏匿在那些不為人知的小巷、老街區中。放假的時候，我總喜歡走訪這些歷經歲月洗禮的老街，感受著街角每一家小店、每一座老建築所傳遞出的溫度與故事。

　　但光是表面的欣賞是不夠的，透過老師的文字，可以讓人更深入地探討城市品牌行銷的多維度議題，不僅關乎文化魅力，也關係到經濟發展（這就跟我本身的職業更有關係了！）與社會影響力。

　　而且老師的文字流暢，總能把看似艱深的議題，透過行雲流水的闡述，閱讀起來就像在看故事，卻也收穫滿滿！

　　誠摯推薦！

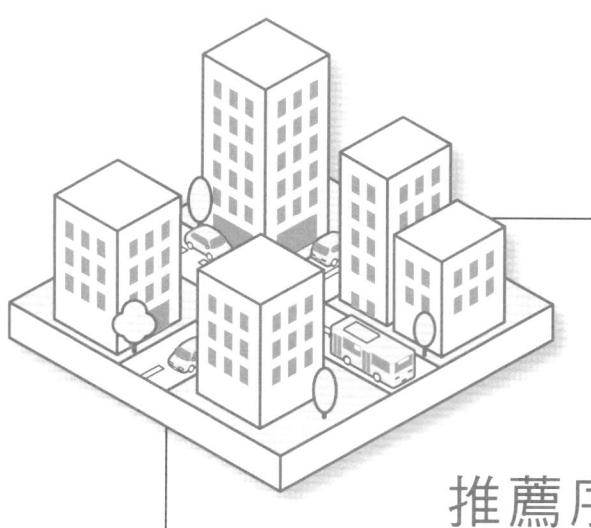

推薦序 10

以台灣美食
為城市行銷加分

新聞主播

鄭筑勻

推　薦　序

「王老師，今天有一道時事題，想探討背後的行銷因素，請問是否方便訪問您呢？」這樣的對話，常常是我聯繫王老師的開場白。

在與時間賽跑的新聞產業，我心中常如滾水般焦慮又躁動，尤其約訪時，總擔心時間緊迫，來不及交出合適的答案。然而，深耕行銷領域的王老師總在百忙中抽空協助，讓複雜的問題有了精闢解答。

這次，王老師將他對城市品牌行銷的見解結集成書，並請我在出版前閱讀。當我翻開書頁咀嚼文字時，心中不禁湧現共鳴。作為一位熱愛烹飪的消費者，在大賣場和超市間穿梭，早已成為我日常生活的一部分；沒想到，在王老師的筆觸下，看似平凡的購物行為，竟然隱藏著更深層的動機。書中指出，因近年來的食安問題，讓消費者希望獲得更多保障，這點真令我心有戚戚焉！我確實特別在意食品衛生安全，尤其重視產銷履歷——在老師的說明下，我這一切行為瞬間變得更有意義。

王老師從消費者行為角度出發，剖析傳統攤販的轉型契機：在市場需求變化與城市發展雙重作用下，攤販勢必走向現代化，而政府主辦的餐飲節慶活動，如高雄鹹酥雞嘉年華、台中鍋烤節、台北牛肉麵節等，恰巧為攤販提供創新舞台。這些活動不僅為地方經濟注入活力，吸引在地居民與觀光客，也強化了城市品牌形象，進一步提升城市知名度和影響力。

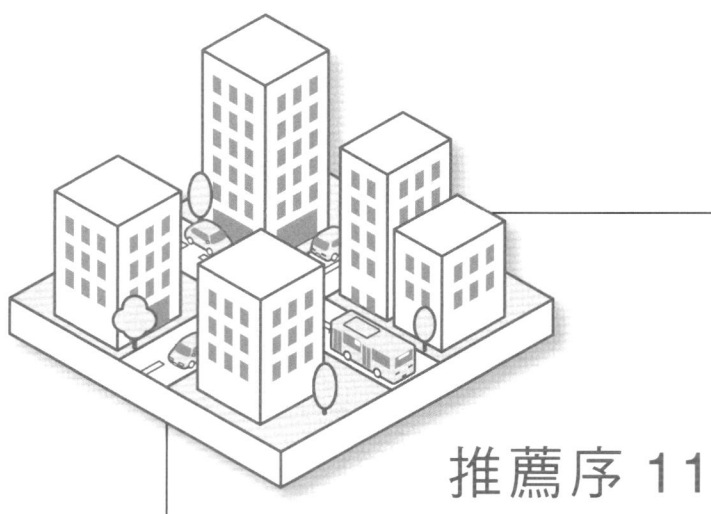

推薦序 11

讓品牌行銷
開拓您的視野

非凡新聞
記者兼任主播

唐家儀

推薦序

　　出國旅遊熱潮居高不下，反觀國內旅遊總被民眾所詬病，難道台灣真的這麼不好玩嗎？其實，一個城市的印象，牽連太多面向，除了民生最在乎的景點、價格以外，城市的形象定位、商圈觀光、人文服務、旅遊體驗帶來的價值等等，都攸關城市的競爭力，要怎麼凸顯，更有賴「城市行銷」的力量，將「城市」包裝成商品，吸引觀光客買單。

　　而這道難題，對於擅長市場洞察的王福闓老師來說，總能抽絲剝繭的釐清其中關係，由淺至深一環一環的敘述。像是從墾丁現有的觀光困境來舉例，雖有節慶活動，卻缺乏協調與整體戰略，並給予獨特見解，非常值得一看。

　　在工作採訪時，我也很常向王福闓老師請教各種議題，除了原本設想好可能會有的答案，老師也總是能說出我原先沒思考到的角度觀點，這也幫助我在行銷上有更多的認識。

　　行銷無所不在，從城市、店家、產品到個人品牌都需要，不只要了解觀念和趨勢，寶貴的是，還提供了實踐方法和策略，相信能帶給讀者滿滿的收穫。

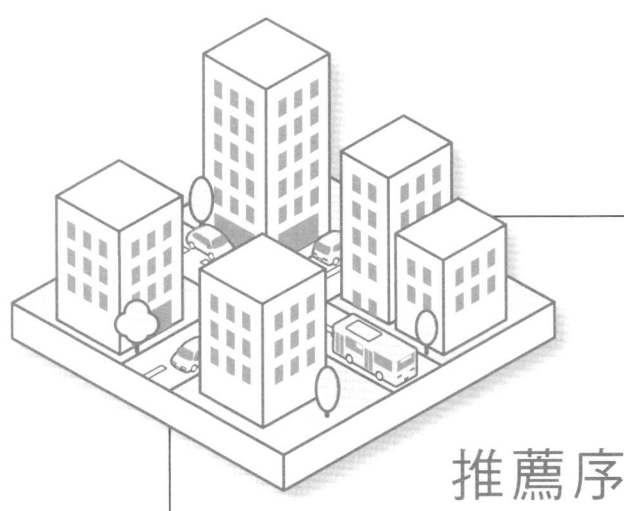

推薦序 12

見微知著的
行銷大補帖

華視新聞

文字記者／兼任主播

盧怡撰

推　薦　序

俗話說：「魔鬼藏在細節裡」，而我認為行銷也是。
你我生活的城市中，每一個小角落，都可能是他人的行銷巧思。
而王福闓老師，就是那個可以帶領你，挖掘其中奧秘的嚮導。

12 強棒球熱潮下，背後隱藏的城市行銷效益有多龐大？
音樂產業蓬勃發展，演唱會如何帶動整座城市的觀光發展？
商圈推移轉型，城市該如何善用區域特性推動合作、甚至轉型？
月月都有節日，品牌又如何連結節慶在線上線下提高聲量？
相信這些問題，在這本書裡，你都能找到答案。

身為記者的我們，需要在日常生活中挖掘議題。
而「城市」，正是我們的題材寶庫。
王福闓老師總能用他獨到的行銷敏銳度，分享專業觀點。
而每個與城市有關的行銷個案，也總是讓我獲益良多。

一個成功的城市行銷，可以創造持續性的正循環。
你可能是品牌業者，想知道如何善用城市資源，創造價值。
你也可能是個關心腳下土地的居民，好奇身邊正在發生的改變。
不管基於什麼理由，繼續讀下去吧！
你一定會有所收穫的！

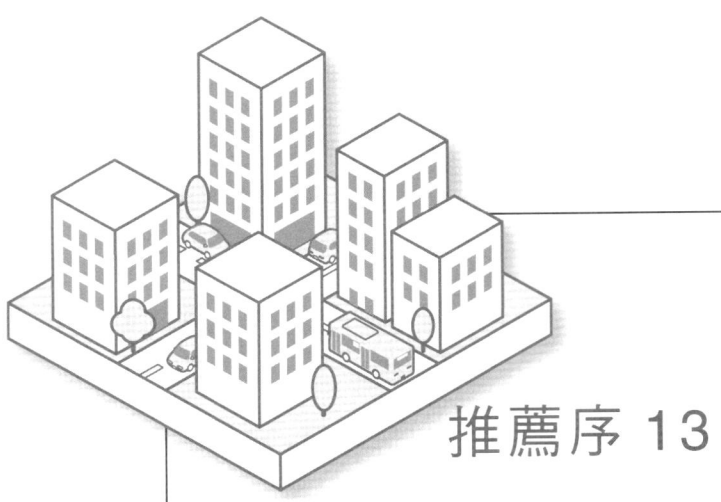

推薦序 13

因應
全球旅遊風暴
的行銷奧秘

電視台
財經記者

易俐廷

推 薦 序

疫後全球旅遊市場暴風成長，要如何有效吸引國外觀光客，
願意來到特定城市遊玩，城市行銷策略就顯得格外重要。

而好的城市行銷，不只是透過知名又吸睛的大型地標，
將城市特色巧妙結合大眾傳播媒介，行銷的層面又更廣，
也更有機會讓更多人，願意掏錢到該城市停留。

王福闓老師多年來，深耕各行各業的行銷哲學，
相信透過他獨特又專業的視角，
能夠一窺城市行銷的各種面向。

推薦序 14

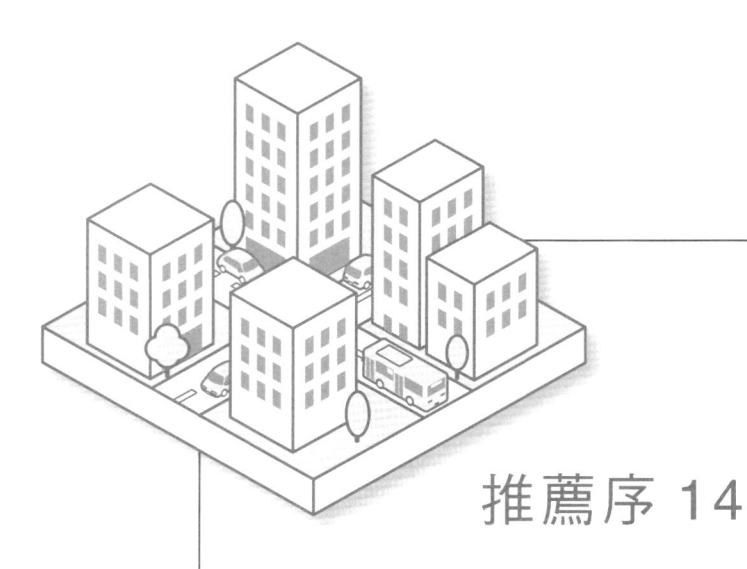

攜手城市
持續前進

TVBS
資深專題記者

劉俐均

推薦序

「在這個不斷變動的時代，只有持續前進，才能確保自身的競爭力。」這句話不僅僅是對商業的真知灼見，更是對我們媒體人工作的精準描述。瞬息萬變的新聞產業中，需要保持敏銳、與時俱進，才能夠為觀眾帶來真相與新聞價值。

與王福闓老師的多次採訪經驗中，每一次都能讓我對他的見解有更深的感受。老師總能以簡單而深刻的方式，點出企業經營中的核心痛點，並提出創新解法，無論是《創新好商機》中對綠色商機的深刻洞察，還是《獲利新時代》裡對市場競爭力的前瞻分析，不僅是商業界的寶貴資源，也能夠成為啟發媒體產業的重要方向。

老師即將推出的新書《城市品牌行銷》，更是一次對城市與商業聯結的創新探索，能深入剖析如何透過城市品牌建立獨特的形象，並將品牌價值與觀光、餐飲、文化生活緊密結合，讓城市不僅是一個地理名稱，更成為與居民、旅客的精神象徵。相信讀完王老師的每一本著作，絕對都能夠獲益良多。

推薦序 15

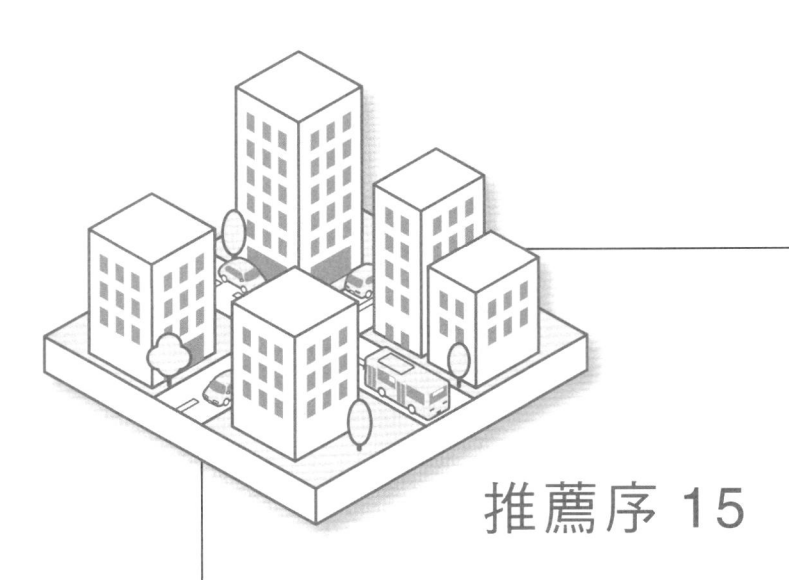

掌握未來趨勢，
打造城市品牌

TVBS
生活組記者

簡雅婷

推 薦 序

　　成功的城市，透過行銷可以帶來正向循環，從企業投入，帶來大量觀光、就業人潮，以及透過需求增加，連帶帶動基礎建設，讓城市更加繁榮，因此行銷，對城市來說，就是要打造一塊響亮的品牌，但同時也必須把聲量延續下去。

　　這本書，可以從最基本的核心價值，到城市品牌可能遇到的問題以及挑戰，一一列舉、分析，利用不同的例子，讓讀者更好吸收、理解，比如說透過夜市還有攤販，展現在地生命力，以及餐飲發展跟城市品牌之間的關聯，透過不同的例子，讓讀者充分了解到，品牌經營的不易，還有會遇到的困難。

　　城市也必須要展望未來，尤其現在正屬於數位、也是 AI 時代，面臨全新浪潮，得做出改變和因應，才能讓品牌永續發展，同時得顧及需求上的變化，像是高齡化，是每個城市都必須面臨的課題，要如何透過品牌轉變，去打造不同的城市、展現獨有魅力，正是每個城市最重要的任務。

推薦序 16

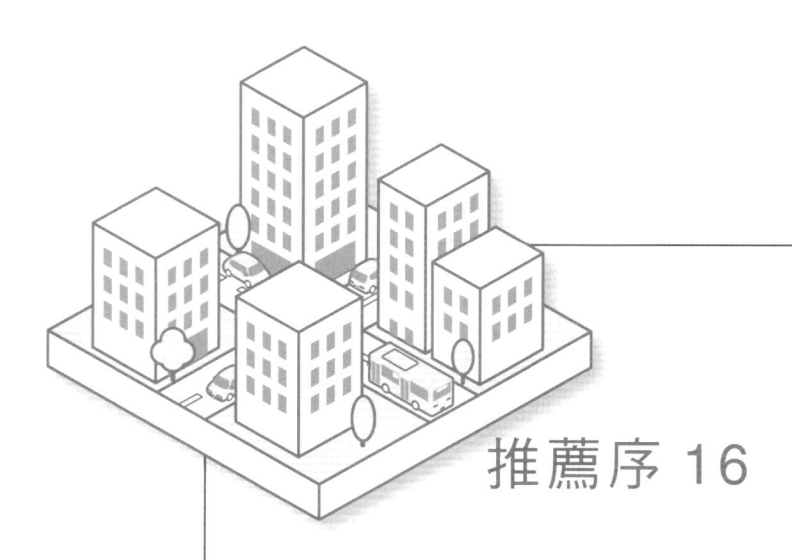

振興地方經濟的希望──城市品牌再造

TVBS 新聞網　記者

（前華視新聞主播）

萬紹安

推薦序

2024年4月，花蓮大地震全台有感，事發當天我正要前往立法院採訪，後來立刻改變目的地，直接趕赴花蓮。

站在第一線有感的不僅是建築物倒塌、更明顯的就是街邊小店家無法營業，旅客卻步、束手無策。甚至經過將近一年時間，花蓮仍有將近百人在「減班休息」，通俗點說，就是放無薪假。

災後重建不僅是需要錢，更需要地方政府、鄉紳有規劃地慢慢調整，除了交通便利性、如何讓觀光客重拾信心，更是維持在地生計的當務之急。

王福闓老師在行銷方面涉獵甚深，他提出振興花蓮可以借助網路力量，並加強行銷現有的節慶活動等等。

每每與老師相談，皆獲益良多，此次收到邀請作序，更是感到榮幸。王老師著作等身，本書針對城市行銷，提出做法，內容豐富廣泛，推薦給大家！

推薦序 17

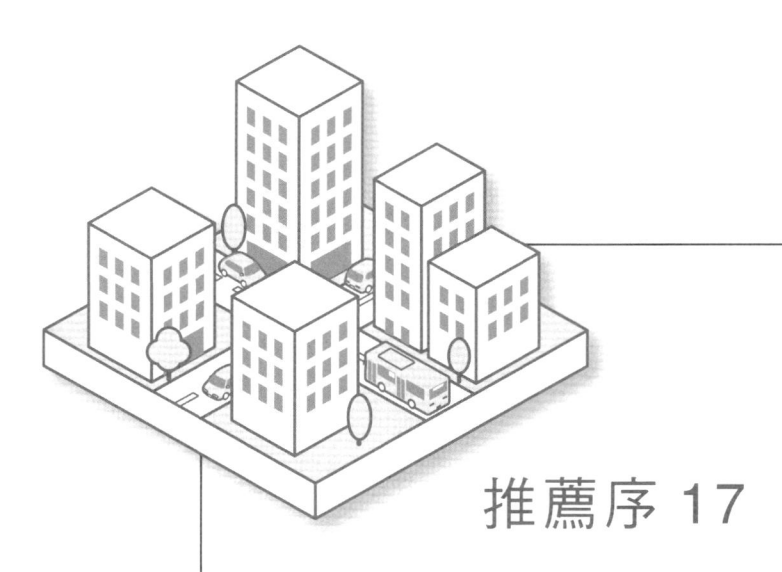

培養專業人士的
市場敏銳度

年代／壹電視
生活組記者

葉宣婕

推薦序

　　在這個人人注意力稀缺的時代，行銷已經變成個人最重要的實力之一。從個人品牌到企業形象，再到城市行銷，都有不同的學問；但有趣的是，無論在哪個領域，福閩老師都能夠深入淺出的講解。因為新聞採訪而認識老師，請教過的議題包羅萬象，有外國餐飲品牌進駐本土，也有消費市場產業競爭，老師都能馬上給出見解，更深入詳聊產業情況，讓我和觀眾進一步快速了解市場概況。而老師也常透過自媒體主動分享，發表不少「炎上體質」的事件觀察，更讓我肯定：行銷人果然跟新聞人一樣敏銳！

　　之前有幸閱讀老師的著作《食與慾》，從台灣人最愛的吃，來講餐飲趨勢；《獲利新時代》，分析疫情後的品牌行銷該如何創新以跟隨市場脈動；最喜歡的《創新好商機》，把網紅行銷、異業結盟等各種商機一一舉例講解。這次的城市品牌行銷新書，又跟個人品牌有哪些經營方式的不同，我跟大家都一樣期待能拜讀，搞不好還能從中獲得新聞題材的靈感呢！

推薦序 18

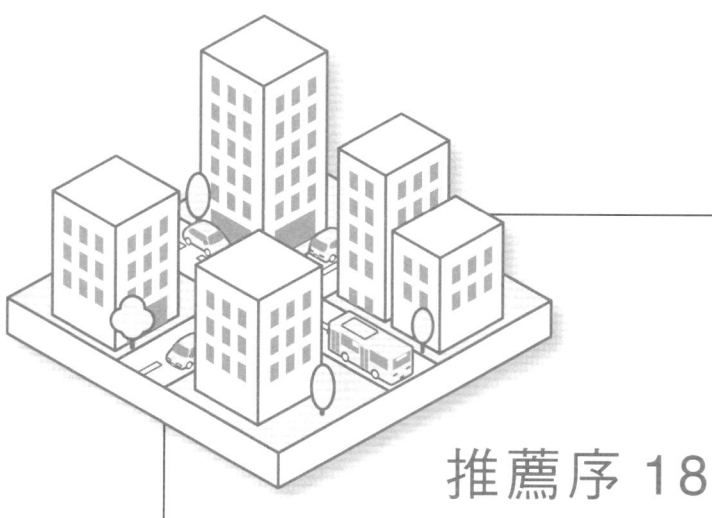

城市，
也需要品牌行銷

台視
記者

楊宗諺

推　薦　序

　　觀察力敏銳、客觀分析時事評論，跨足餐飲、行銷、數位等多領域發展，福閻哥擁有十足專業能力，與時俱進的思維，也令人引頸期盼他的最新作品。

推薦序 19

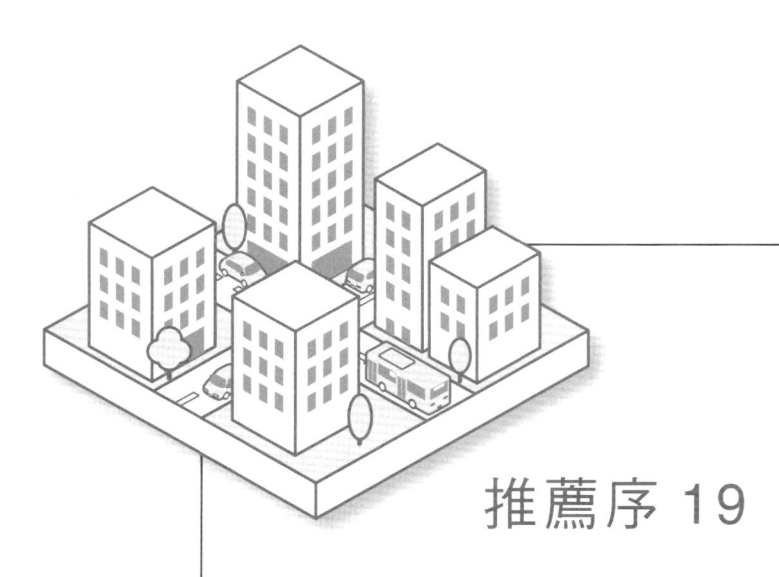

城市，
不只是城市！

華視新聞

民生組文字記者

黃柔蓉

推　薦　序

　　王福闓教授在行銷傳播專業，絕對是天花板級別的人物，身為一名新聞從業人員，每天都需要跟時間賽跑，在製作行銷傳播相關新聞時，總是需要一位了解行銷趨勢的專家，給予協助，而王教授就是我的第一人選，因為各式行銷相關的議題，王教授總是能用最快的速度，提供專業見解，即使再困難的議題教授都可以短時間、深入淺出地歸納出重點，甚至補充科普新知。

　　王教授長年深耕行銷領域，對品牌塑造、消費者心理、城市發展有著極為深厚的研究與洞察。他不僅在學術界備受推崇，更長期參與政府與企業的品牌策略規劃，以其卓越的專業能力，為許多城市帶來創新的行銷思維與發展契機。這回王教授2025年嘔心瀝血的新書《城市品牌行銷》，集結了他在城市行銷領域的最新研究成果與實務經驗，在全球化競爭日益激烈的今天，城市不再只是地理空間的集合，而是具有鮮明個性與品牌價值的生活場域。

　　如何讓一座城市在國際與區域發展中脫穎而出，如何透過品牌行銷塑造城市的獨特魅力，成為當前都市治理與經濟發展的重要課題。王福闓教授的《城市品牌行銷》一書，正是對這一議題的深入剖析與實踐指引，為政府決策者、企業界人士及學術研究者提供了一本兼具理論深度與實務操作的經典之作。

推薦序 20

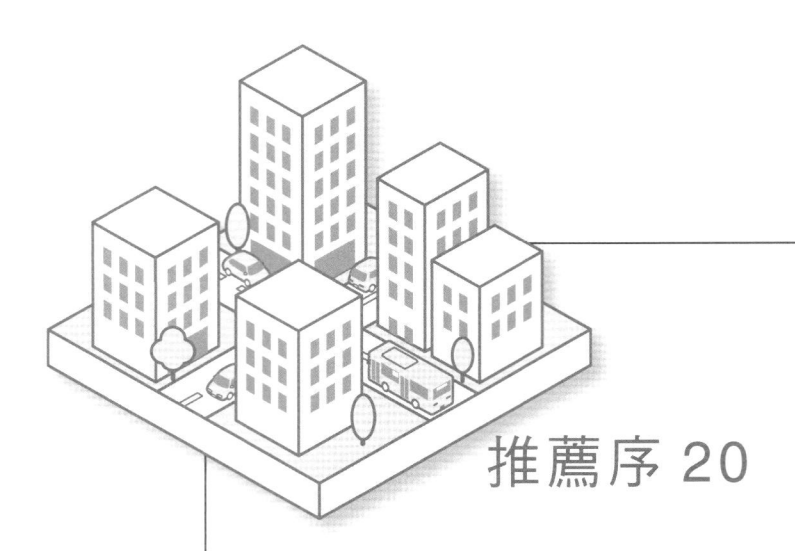

所有產業
都必須學習的
行銷藝術

八大新聞

記者

施以慧

推薦序

　　不管是連假期間，或是週末放鬆時刻，或多或少我們總會想來趟輕旅行，當我們決定走到海邊吹風，意味著矗立在水泥叢林的百貨公司就沒辦法賺到消費者的荷包，反之亦然。我們居住的城市一直都處於競爭之中，城市行銷同樣如此，地方如何生存、如何發展，關乎是否能為城市帶來人流，王老師的新書更點出了其中關鍵。

　　行銷成功的都市能為當地帶來正向發展，小到夜市商圈攤販經營之道，大到觀光區的形象建立及核心價值，真心推薦想致力為產業做出長遠目標的族群拜讀，不論是市場運營，還是決策走向，老師都用各個角度不偏頗地一一說起。

　　「行銷」是一門藝術，除了抓住消費者的口味，同時也能決定城市的走向，希望閱讀這本書的你，也能為現階段所打拚的產業盡上心力，所有的成功都需要從打好基礎做起，如何能打穩地基再一步步築夢踏實，相信這本書能顛覆讀者過往的傳統舊知識，融會貫通出新的價值。

推薦序 21

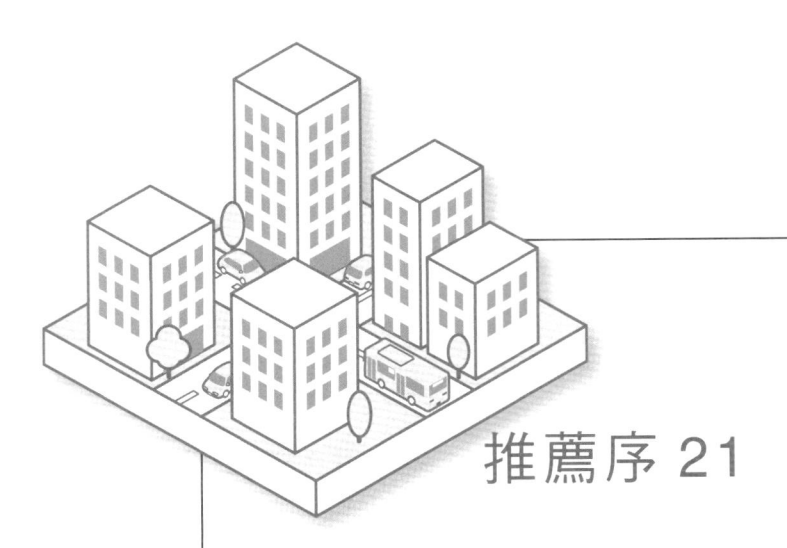

福閻老師──
電視記者心中的
「行銷超人」

前寰宇新聞
記者

王優揚

推 薦 序

　　電視台記者的工作，每天都在和時間賽跑，但每次接到行銷相關的採訪題，我都會鬆一口氣，因為福壐老師，總能做到「有應必答」，給出快速又精準的專家級觀點，幾乎每天都在為記者們雪中送碳，簡直是個超人！

　　還記得有天下午，我去採訪「無人披薩店」的行銷議題，交稿前長官卻突然發問，台灣的「無人商機」有多少產值？當時新聞已經快輪到播出了，我腦袋一片空白，只好緊急求助福壐老師！大概不到半分鐘時間，老師就給出「80億元」的答案，並附上了數據來源。在福壐老師的協助下，我按時交了稿，新聞也有了很不錯的點擊率。

　　很榮幸能給福壐老師寫推薦序，老師是一位真正的行銷專家，長期不懈地耕耘在行銷領域。相信這本書，一定能讓你，對城市行銷有更深刻、更與眾不同的認識。

推薦序 22

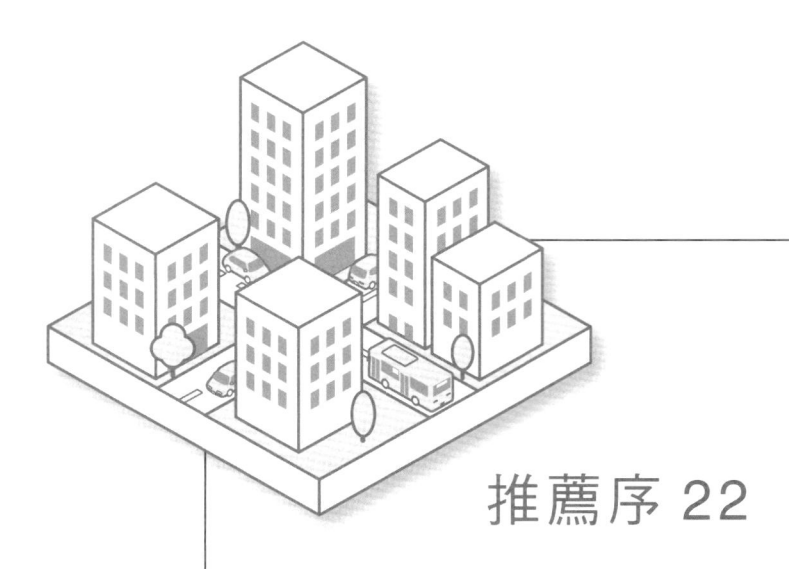

以城市品牌
為觀光代言

航空業
小小員工

王福舉

推薦序

　　「城市品牌」聽起來是一個非常抽象但是卻是目前台灣社會不可或缺的一個新名詞。

　　對於在航空業工作的我來說，舉例而言，國籍航空致力發展的不僅是將旅客平安送達目的地而已。另一個層面來說，也是將台灣這個國家整個打包送出國際。以長榮航空來說，他們曾經找過金城武代言，將台灣城市的力量推向世界，甚至形塑出台東的生命力！增加了台東非常多的收入效益！而華航也曾經與觀光局合作，將101、雲門舞集、圓山飯店還有台灣在地食材，如葛瑪蘭威士忌等與機上服務以及飛機的機身彩繪結合！成為典型台灣航空行銷的創舉！

　　這些形象的塑造，讓國籍航空本體成為的台灣的代言，也成功的打造出一個城市的生命力！或許很多人會覺得，城市行銷已經很多人討論過！但王福闓老師用自身多年的實務經驗，加上深入淺出的理論探討！能夠將此書獻給對於行銷以及品牌深感興趣的人！非常推薦給大家！

　　不閱讀！你真的會後悔！

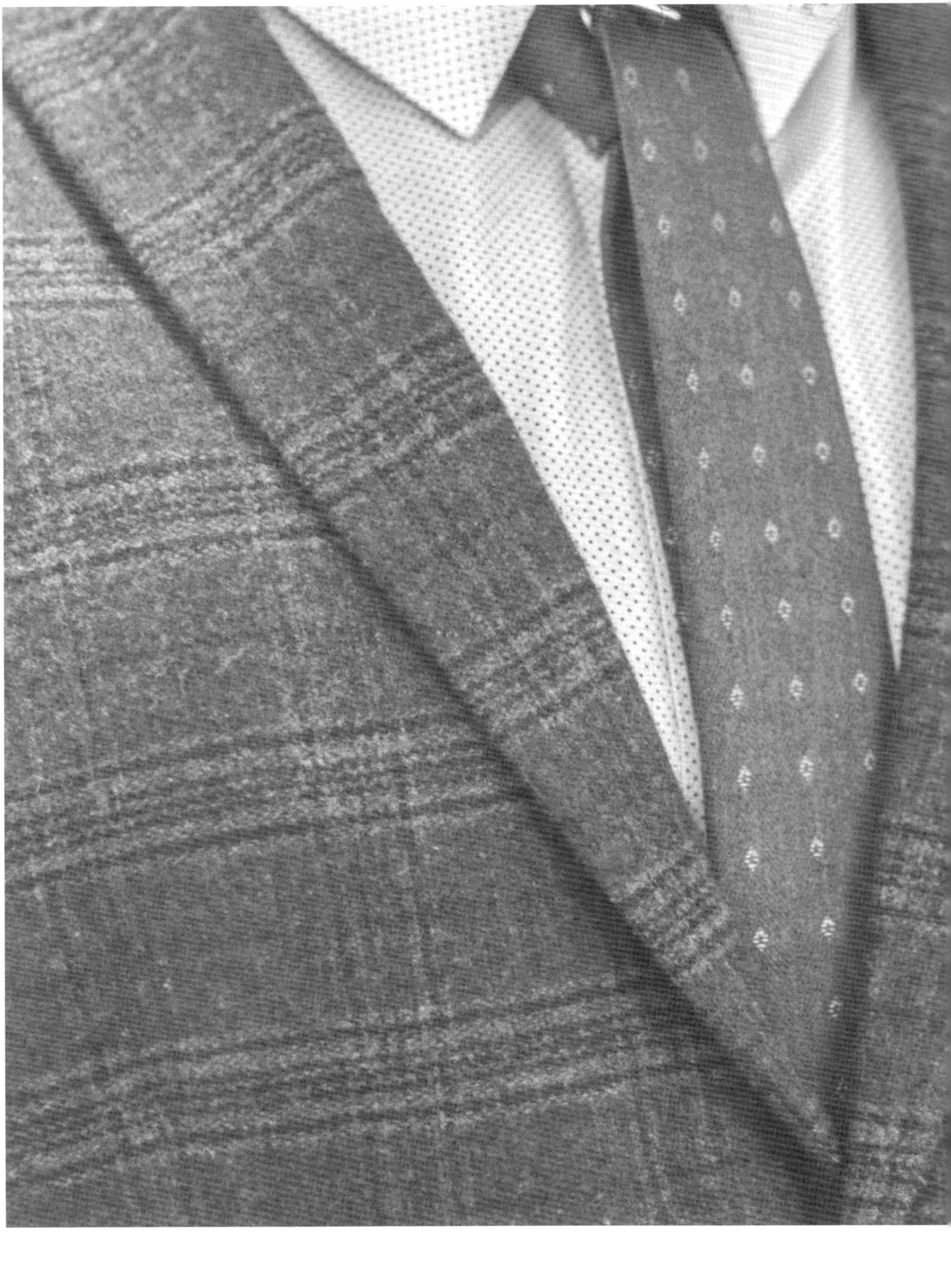

· Preface ·
作 者 序

作者序

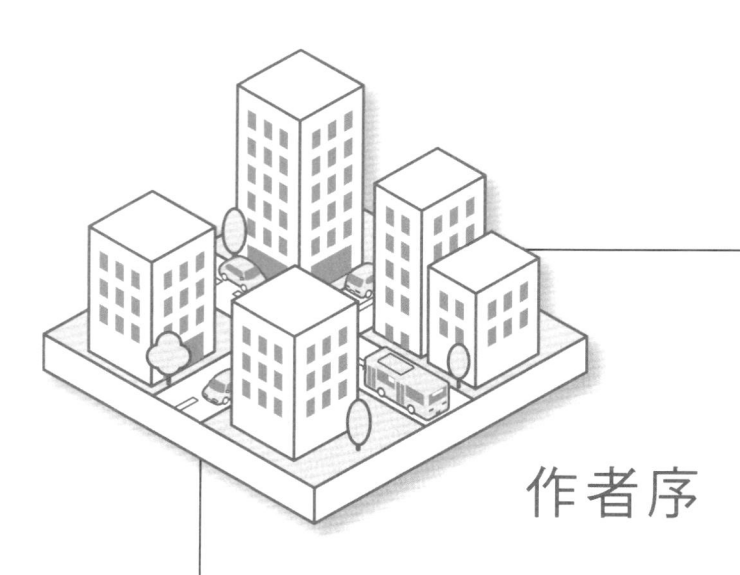

愛台灣，
就是讓台灣城市
在國際發光發熱

品牌再造學院　院長

王福閩

作者序

　　過去二十年，我專注於品牌策略與行銷實務，陪伴過上百個企業與創新團隊找出自身定位，建立品牌識別，拓展市場版圖。這些年來，我愈來愈清楚地意識到，品牌的核心，不是塑造形象，而是清晰的價值主張與持續一致的溝通策略。

　　台灣的城市，有獨特的文化底蘊、堅實的產業基礎，也有充滿創造力的人才。越是完整的城市品牌架構，經過統整敘事、整合資源、放大價值，城市可以因為清晰定位與品牌形象搶先，讓資源投入效益放大，甚至讓在地人產生歸屬與認同。

　　從城市定位、品牌核心，到如何透過具體的實例與概念，這本書，寫給所有關心台灣城市未來的人。讓讀者們有清楚的認知、有策略的品牌操作、有持續的思考能力。

　　無論你是地方政府的行銷人員、區域發展的決策者、觀光與文化單位的工作者、或是想為自己的家鄉做些改變的你，我希望能透過這本書，提供您更有系統性的城市品牌行銷思維與概念。

　　感謝一路支持我完成這本書的每一位家人與夥伴，包含父母親、岳母、妻子、兄弟，也感謝這本書的推薦人。相信，當我們願意以品牌的視角思考城市，就有機會讓每一座台灣的城市，不只是「被看見」，更能被世界真正理解與認識。

王福闓 2025.04

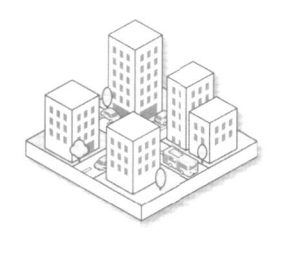

作者：王福闓

- 台灣行銷傳播專業認證協會——理事長
- 中華品牌再造協會——榮譽理事長
- 中華整合行銷傳播協會——榮譽理事長
- 凱義品牌整合行銷管理顧問公司——負責人 & 總顧問
- 品牌再造學院——院長
- 新世紀形象學院——榮譽院長（已卸任）
- 閻老編的懷舊小屋——主理人
- 政院勞動部、農業部、經濟部、台北市政府、新北市政府、台南市政府、台中市政府、高雄市政府——訓練講師／專案顧問、專案評鑑委員
- 中小企業服務優化與特色加值計畫、連鎖加盟及餐飲鏈結發展計畫、微型及個人事業支援與輔導計畫、創業輔導計畫——輔導顧問
- 台視、中視、華視、民視、公視、TVBS 電視、八大電視、三立電視、鏡電視、年代／壹電視新聞、非凡電視、東森／東森財經電視、寰宇電視、新唐人電視、GQ 雜誌、食力 foodNEXT、天下雜誌數位版、遠見雜誌、專案經理雜誌、商業週刊、myMKC 管理知識中心、聯合報、工商時報——受訪專家／專題作者
- 中國文化大學——技專助理教授
- 佳音電台「閻閻而談」廣播節目、漢聲電台「閻老編的產業小屋」廣播節目——主持人

作　者　序

CONTENTS

推薦序 1	李寶星──讓商圈成為城市的名片	2
熱情推薦	吳永強	5
推薦序 2	柯建斌──以文創帶動城市登上國際舞台	6
推薦序 3	黃鼎翎──城市行銷大未來	10
推薦序 4	鄧學謙──形塑城市魅力的行銷之道	12
推薦序 5	黃暖雲──從地方特色展現城市魅力	16
推薦序 6	Lindsay──從城市品牌看自我行銷	18
推薦序 7	宋燕旻──城市品牌行銷再造的全方位指南	20
推薦序 8	曹維升──創造在地驕傲：城市品牌行銷！	22
推薦序 9	貝　庭──媒體同業心中的行銷萬事通：福閩老師	24
推薦序 10	鄭筑匀──以台灣美食為城市行銷加分	26
推薦序 11	唐家儀──讓品牌行銷開拓您的視野	28
推薦序 12	盧怡撰──見微知著的行銷大補帖	30
推薦序 13	易俐廷──因應全球旅遊風暴的行銷奧秘	32

推薦序 14	劉俐均——攜手城市持續前進	34
推薦序 15	簡雅婷——掌握未來趨勢，打造城市品牌	36
推薦序 16	萬紹安——振興地方經濟的希望： 城市品牌再造	38
推薦序 17	葉宣婕——培養專業人士的市場敏銳度	40
推薦序 18	楊宗諺——城市，也需要品牌行銷	42
推薦序 19	黃柔蓉——城市，不只是城市！	44
推薦序 20	施以慧——所有產業都必須學習的 行銷藝術	46
推薦序 21	王優揚——福閭老師： 電視記者心中的「行銷超人」	48
推薦序 22	王福舉——以城市品牌為觀光代言	50

作者序
愛台灣，就是讓台灣城市在國際發光發熱   54

前言
自信讓我的城市更偉大

64

01 城市行銷的概念

1	城市品牌與城市行銷的概念	72
2	城市品牌的核心價值與定位	93
3	城市品牌形象的建立	104
4	城市品牌與居住吸引力	112
5	城市品牌的傳播策略	123

02 城市品牌與行銷的問題點

1	城市品牌與行銷的問題點	136
2	城市行銷與觀光挑戰	146
3	商圈觀光的轉型與新商機	165
4	夜市與攤販的在地生命力	185
5	餐飲發展與城市品牌	197

03 城市品牌與生活連結

1	智慧城市的數位化轉型	212
2	交通對城市行銷的影響	226
3	無障礙友善城市轉型	244
4	親子家庭與城市形象	255
5	城市品牌與銀髮商機	264

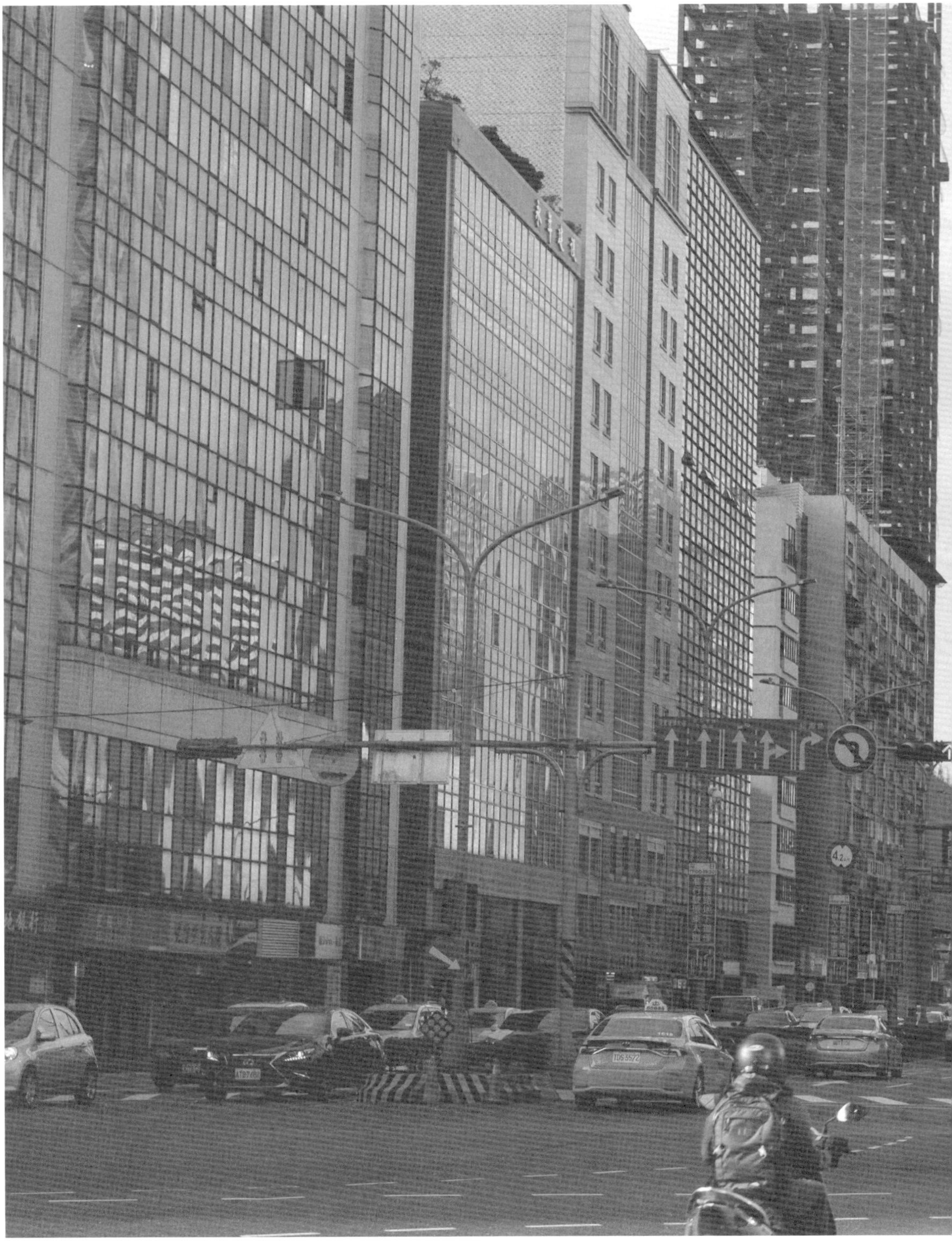

· *Foreword* ·
前 言

前 言

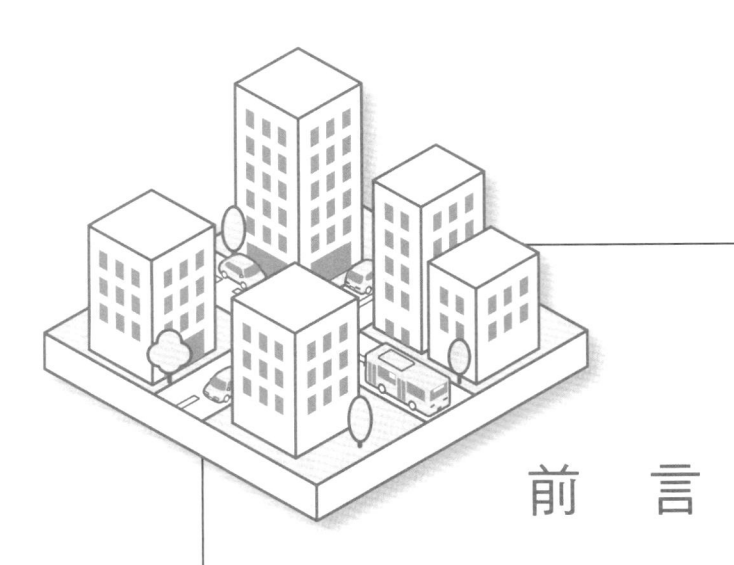

自信
讓我的城市
更偉大

前　言

　　在全球化浪潮的推動下，城市之間的競爭已不僅侷限於經濟和基礎建設層面，更深入到品牌形象的塑造與文化價值的傳遞。城市，不再僅僅是一個居住的地點或經濟活動的中心，而是成為了一個具有多元屬性、代表地方特質與精神的品牌。本書《城市品牌行銷：自信讓我的城市更偉大》正是從這一視角出發，探索如何以行銷策略賦予城市自信，讓城市在國際舞台上煥發光彩。

　　城市品牌行銷將歷史、文化、科技與人文價值融為一體，通過創新手段將城市的獨特性轉化為吸引力，影響外界對城市的選擇與認知。我期望經由分析城市品牌與觀光、餐飲及生活之間的緊密聯繫，並探討在地生命力如何透過有效的策略，進而實現城市蛻變。

　　伴隨著在地化和旅遊業的增長，城市行銷逐步發展興起，各城市越來越重視品牌建設，希望透過行銷策略吸引更多的旅客和投資者。而擁有獨特地理位置與豐富文化資源的台灣，無論是歷史悠久的古都，還是文化底蘊深厚的原住民鄉鎮，都有巨大的城市行銷發展潛力；但在此同時，也面臨了諸多挑戰。

　　在城市品牌發展的過程中，尤其需要高度重視文化的保護傳承，尊重當地的傳統與文化禁忌，同時確保社區參與及利益共享。唯有在這些原則的指導下，城市的持續發展才能實現，並在國際市場中脫穎而出。政府應當設立專門的品牌管理部門，組織專業團隊負責品牌建設、推廣和維護工作。透過具體制定品牌發展戰略和行動計劃，以確保城市品牌建設有序推進。

　　在過去幾十年中，隨著城市化進程加速，越來越多城市開始將行銷策略融入其發展規劃中，通過不同的行銷手段提升城市的品牌形象，並在吸引資源和人才方面取得了顯著成效。城市行銷是一個不斷變化的動態過程！透過科技、文化、體育及環境等多維度的行

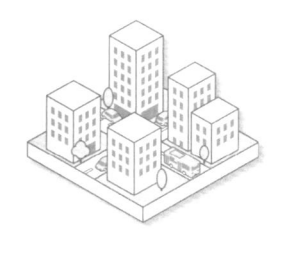

銷活動，保持自身的競爭優勢，成功塑造國際形象，並推動經濟、文化及社會的長期發展。

城市間的競爭不再僅侷限於經濟層面，而是更多元化的涉及文化、創意、科技、環境等多個面向；各城市必須不斷發展自己的品牌形象，吸引旅客、投資者、創新人才以及國際資源，從而在眾多競爭中脫穎而出。本書希望能系統性地探討城市行銷的實踐與發展趨勢，從我過去所提出的行銷理論出發，結合各個城市的具體案例，深入探討城市品牌的發展、轉型，以及永續發展對城市行銷的挑戰等議題。

隨著全球化與都市化的進程加速，世界各地的城市正面臨著日益激烈的競爭。無論是吸引旅客、投資者，還是留住居民，城市品牌行銷的成功與否，都直接關係到一座城市的發展前景。然而，城市品牌行銷的挑戰在於——如何突破「同質化」現象。許多城市擁有相似的基礎設施與資源，但真正讓城市脫穎而出的，是其獨特的品牌故事與價值。城市品牌行銷是一個長期發展的全方位工程，它需要結合文化、歷史、自然與科技的力量，為城市塑造一個清晰、具吸引力的形象。同時，這樣的形象不僅需吸引外部的旅客與投資者，還得贏得本地居民的驕傲認同。只有當城市品牌成為居民的生活日常，才能真正具有持久的生命力。

建立城市品牌形象是一個層次多元的系統工程，需要政府、企業、居民、媒體等多方共同長期努力投入。居民是城市品牌的主要受眾和參與者，居民的認同和參與是城市品牌成功的關鍵。城市應該透過各種活動管道增強居民的參與感和認同感。

城市品牌的核心價值體現了城市的歷史文化、自然資源、經濟優勢和科技創新等多方特色。透過明確的市場定位、競爭定位、形

象定位和文化定位，以及有效的品牌推廣策略，城市可以充分發揮自身的競爭優勢，提升品牌的知名度和影響力。

在第一章中，我首先分析了城市品牌與城市行銷的概念。品牌並非單純的標籤，而是城市核心價值的集中體現。透過確立明確的定位，城市能在競爭激烈的環境中脫穎而出。我將探討城市品牌形象如何建立及其對居住吸引力的深遠影響，並深入分析如何通過傳播策略有效塑造傳遞城市品牌。

品牌形象的建立需要多方努力。它包括政策制定者的遠見、市場行銷的創意，以及本地居民的參與。透過這些元素的結合，品牌不僅可以提升城市的外部吸引力，還能增強內部凝聚力。居住吸引力作為城市品牌的一部分，是城市發展不可忽視的基石。吸引力不僅僅來自於高樓大廈，更在於是否提供了宜居的環境與生活品質。

品牌的力量在於它能打破傳統框架，將城市的多元性與商業化潛力結合起來。第二章深入探討了城市品牌與觀光、餐飲的交互影響，並對現存的行銷問題點進行剖析。隨著全球觀光模式的轉變，城市行銷面臨諸多挑戰。如何突破同質化的困境，利用獨特的資源創造新的商機，成為本章的重點。

本章特別聚焦於夜市與攤販這一極具本土特色的商業形態，以及它們如何在數位化與全球化浪潮中維持自身生命力。同時，餐飲業作為城市品牌的重要象徵，不僅代表了地方口味，更象徵了城市的文化包容性與創新力。從在地市場到國際平台，餐飲業如何在城市品牌的框架下實現價值升級，將是探討的核心。

此外，城市品牌與觀光餐飲的關係並非單向的。觀光業的蓬勃發展可以促進餐飲業的創新，而餐飲業的成功也能進一步強化城市品牌的吸引力。某些城市以其特定的美食或餐飲文化聞名於世，成

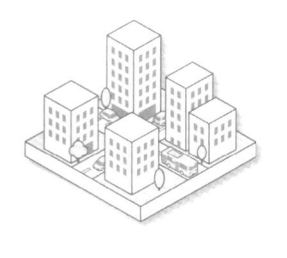

為旅客心目中的理想目的地。如何利用這一特性進行有效行銷，是城市管理者需要深思的課題。

一個成功的城市品牌行銷策略，必須深刻關注人們的日常生活，讓品牌成為居民生活的一部分。在第三章中，我分析了智慧城市的數位化轉型如何提升生活便利性，並進一步增強城市吸引力。同時，交通對於城市行銷的影響不可忽視，無論是高效的交通系統還是可持續的綠色交通，均在提升城市品牌價值方面發揮了重要作用。

城市品牌行銷需要勇氣與創造力，也需要深思熟慮與持續投入，希望讀者能透過本書的內容，看到城市品牌行銷的無限可能。無障礙友善城市的轉型則是一個更深層次的議題，它不僅關乎旅遊者的便利，也關乎城市對多元需求的包容性。本章還探討了親子家庭與銀髮族這兩大市場群體如何影響城市形象的塑造，並提供了針對這些群體的具體行銷建議。

作為作者，我希望這本書能為讀者提供一個全面的視角，重新認識城市行銷的潛力與挑戰，提供啟發與實踐的方向。透過對成功案例的解析與策略的探討，我期望激發更多人對城市品牌行銷的興趣，並在實際應用中為城市帶來可持續的成長。

城市品牌行銷的本質在於 ——「讓城市找到屬於自己的聲音」，並以此為基礎，向世界展示其獨特性。這種自信不僅體現在城市的經濟實力上，更體現在其文化的深度、生活的溫度與未來的希望之中。每一座城市都是一個故事，而行銷的任務就是把這個故事講好。透過本書，將看到城市如何運用行銷策略，從默默無聞到成為國際焦點，找到屬於自己的舞台。

城市行銷必須從創新和差異化上進行更多探索，本書付梓的目

的意在嘗試提供一個全面且深入的城市行銷方向，無論是政府官員、城市規劃者、行銷專業人士，還是學術研究者，閱後皆能從中獲得實踐的經驗與啟發。

　　書中不僅涵蓋了城市行銷的基礎理論，還提供了大量的案例分析，通過城市的成功經驗與挑戰，呈現出城市行銷的複雜與多樣性。隨著時代的進步，城市品牌行銷不僅是一個機遇，更是一項挑戰。希望讀者能透過本書深入了解如何塑造具有影響力的城市品牌，並共同努力讓城市更加偉大。

01
城市行銷的概念

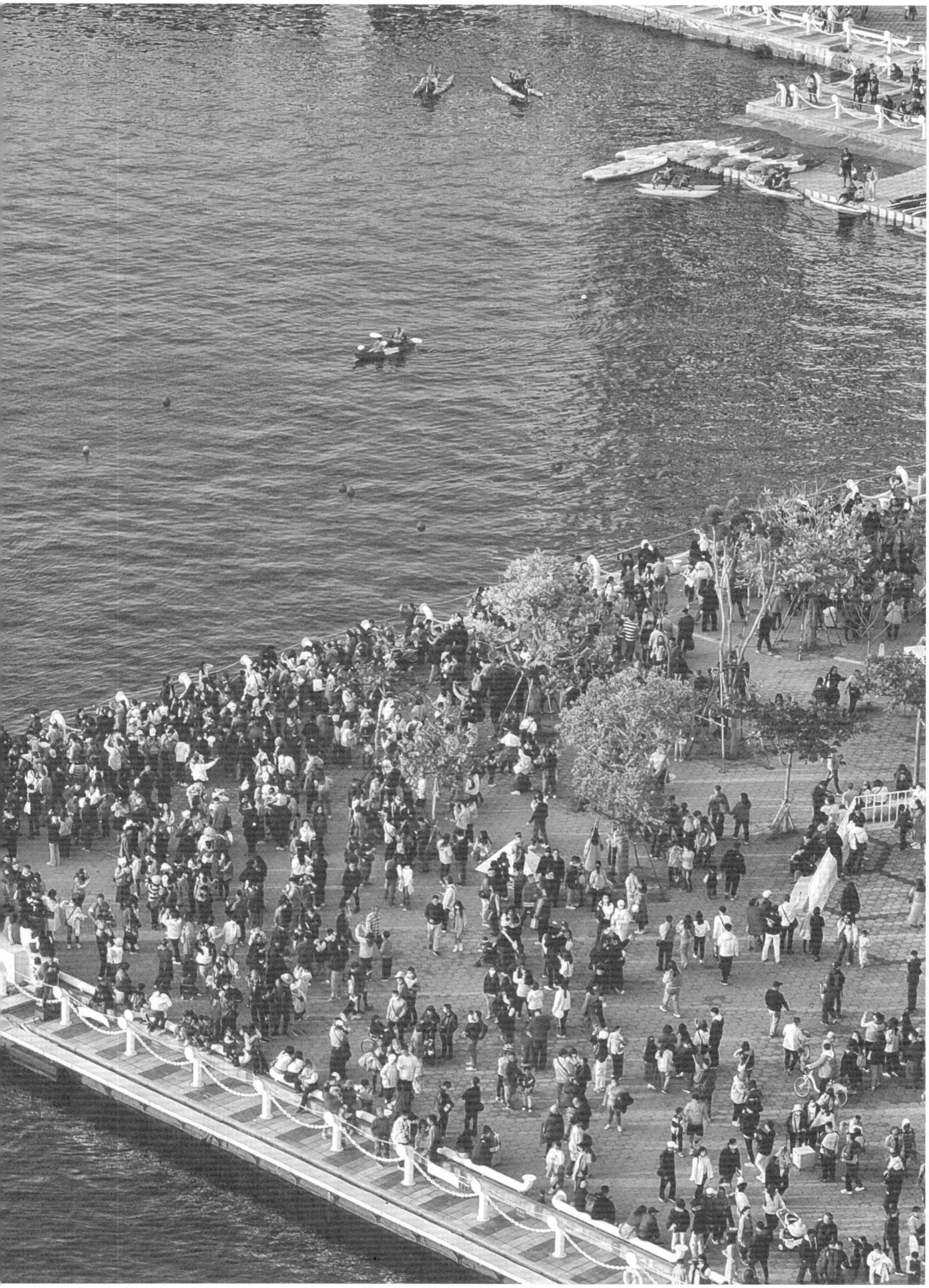

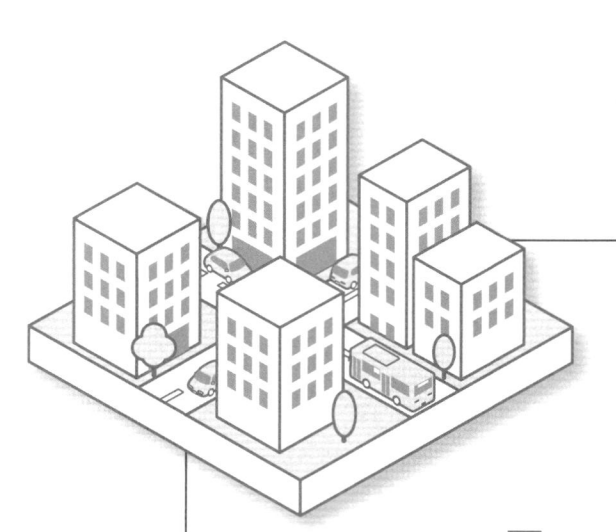

1.1

城市品牌
與
城市行銷
的概念

城市品牌的概念

　　城市行銷的歷史可以追溯到上世紀六〇年代，由於經濟發展和全球化的加速，許多城市逐漸意識到需要，通過市場化手段來提升其競爭力。隨著經濟增長模式的轉變，許多工業城市在面臨品牌再造與轉型的挑戰時，不得不尋求新的經濟增長點，例如服務業、文化產業及旅遊業等；因此城市行銷逐漸成為爭奪資源的有力方式。

　　城市品牌是一個能提升城市競爭力的重要策略，其核心在於將城市的獨特性、資源運用與文化價值，進而轉化為具有吸引力和辨識度的品牌。城市競爭力包含地理區域、城市環境、基礎設施、經濟結構、生產要素、政府效能及城市發展策略等。隨著城市之間的競爭進一步加劇，尤其是在全球化進程的推動下，許多城市率先開始透過城市品牌建設行銷，透過巧妙的城市行銷策略，不僅成功吸引了大量的旅客和投資，也塑造了鮮明的城市品牌。

　　城市品牌的建立可以提升知名度和吸引力，促進城市經濟發展、吸引投資與人才流入、促進旅遊發展等。我自己對城市品牌有很深的感受，包含出生、讀書、當兵及工作的城市。不同的城市有不同的吸引力，有的讓我總是想留下來，有的則是經過一段時間才發現居然有如此進步而感到驚喜。

　　在台灣的法令規範中，一級行政區為直轄市，二級行政區為縣、市，三級行政區為鄉、鎮、縣轄市、直轄市山地原住民區、區，具有公法人地位。另外《原住民族基本法》第2條第3、4款：「原住民於其居住區域內，依其傳統規範共同生活結合而成之團體，有原住民族歷史淵源及文化特色」，因此部落經中央原住民族主管機關核定者，為公法人，所以以上我在本書中通稱之為「城市」。

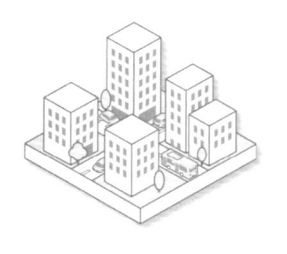

為了縣、市、區、鄉、鎮、部落的各自特色發展，吸引更多人才並促進城市產業經濟可持續發展，打造完整的城市品牌，能強化城市居民的認同，使人自豪，進而提高對城市的歸屬感，凝聚城市居民的力量共識，進一步帶動城市的發展再造。

　　過往實務專家學者討論品牌的主體性時，大多將品牌視同企業角度出發，所以以為品牌行銷只是像這些實體企業規劃的外在象徵、符號、設計包裝。然而，根據《獲利的金鑰：品牌再造與創新》一書中指出，品牌的定義應該是：「組織、產品及服務及任何獨立個體等主體，透過具象化及差異化的過程，使消費者能認知的結果。」

　　包含國家城市、活動節慶、非營利組織、公司企業以及產品及服務，都可以是品牌，都顯示了品牌存在的獨立價值與角色越來越被重視。城市品牌的形成包含經濟、社會、文化、環境等各方面的綜合形象和聲譽，是一個城市所代表的價值、文化與形象的總體體現。

　　台中市近年來在城市發展方面展現出顯著的進步。這座城市不僅在經濟、文化、以及基礎設施上不斷發展，還以宜居的環境和多元的城市風貌吸引大量的外來人口投資。道路系統及快速道路網絡不斷優化，便利了市民的日常出行，台中捷運的開通，促進了周邊商業區的繁榮。還有許多觀光景點及文化場域，草悟道、台灣美術館及台灣科學教育館等地方，都是市民文化生活的熱點。台中歌劇院作為現代建築的代表，經常舉辦國際級的演出和展覽，台中市的大型購物中心如大遠百、新光三越等持續擴大，帶動了周邊商圈的活力，一中街商圈、逢甲夜市美食場所也展現了台中市的美食文化。

品牌的建立需要長期的投入和維護，是一個持久的過程，城市品牌的形象一旦形成，不容易被快速改變，因此品牌管理需要穩定和連貫的策略。城市品牌的主要目標是塑造城市的長期形象，並在公眾心目中建立一致且持久的認知，關注於建立城市的「內涵」，即這個城市代表什麼，以及如何通過獨特的價值觀來打動人心。城市品牌運作強調以「識別」和「定位」展現，當中包括設計品牌標識、口號、願景、核心價值和差異化，並與城市的整體發展規劃緊密相連。

城市品牌的主體

　　城市品牌具備的獨特性，可以透過設計與產品或服務，展現在包含社會、歷史、文化、生活等特徵上，使城市的特質能明確識別並充分體現，引發目標受眾的共鳴認同，並帶動居民的歸屬感，這點在保護與促進當地經濟發展上非常重要。城市結構是在特定的歷史時期內，所發展而成的一種特殊的地域形式、地理環境、經濟發展及具有社會文化價值的區域實體。在同一個地區內，往往可以觀察到當地獨特的相似特徵。

　　城市發展不僅限於實質空間，也同時創造了足以容納居民情感的文化認同。所謂的城市認同，是從個人的經驗將情感轉換為記憶，使記憶內化成自我認同。同住一地的居民彼此間建立聯繫，存在著共同關係，所產生的情感連結與認同在當地獨特的記憶中累積，形成了居民與城市的重要連結。我們對城市的認知源自於土地空間、價值歸屬與情感聯結，不同的環境將塑造出城市的文化差異；當人們生活在同一個空間時，往往建構出共同的記憶、經驗及

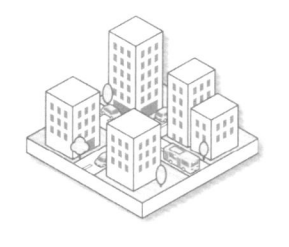

習慣。

　　城市中具有相似血統、語言、文化經驗的人們結合為共同體，透過居民的母語、家庭文化、信仰風俗習慣及政治環境、價值觀等，形塑了個人的身分歸屬。一個人對自己所在城市的了解，將有助於提升個人對城市的認同感。隨著人生各階段需求不同發展出不一樣的歸屬，無論是就學、就業與愛情親情關係的變化，人們所生活的城市環境都持續影響著人、地、時、事、物，使人對不同的城市建立出歸屬感或疏離。

　　原住民大縣南投縣的信義鄉、仁愛鄉及魚池鄉有許多原住民聚落，主要的族群分布包括布農族、泰雅族、賽德克族、邵族及鄒族等五大族群，因此原住民文化節慶成為南投發展觀光吸引旅客的一大特色。當地擁有豐富的自然景觀，如日月潭、溪頭森林遊樂區等，是台灣最受歡迎的旅遊景點之一。此外，南投縣的物產以茶葉聞名於世，特別是鹿谷鄉的凍頂烏龍茶更享譽國際。由於南投縣的茶文化發展根基深厚，也吸引許多旅客前來參觀茶園並體驗茶道文化。

　　居民個人對城市的認同提供了個體歸屬感與情感連結，就像是人類經由共同祖先傳承親屬血緣與文化風俗，以及我們自身的情感連繫，人類會根據自身所在環境構築自己的集體認同。當一個人長住某城市多年，卻仍感到不相容，缺乏歸屬感，包括環境氣候不適應、語言不通或是人際衝突，最後很可能會選擇遷徙，離開這個感受不到溫暖的城市。

　　此外，又該如何建立城市意識？這包括了城市應在適當的空間設置非正式互動場域、設施或設備，或是除去城市中象徵衰敗的物件與文化，在重建的過程中藉由與當地居民協力激發合作共識，促

使城市中的不同關係人基於對城市的共同利益、理念一起投入建設，透過提供資源與行動計畫達到共同的目標，彼此產生團結的向心力。

宜蘭縣蘇澳鎮的無尾港水鳥生態保護區原本為沼澤溼地，由於位在秋冬季候鳥南遷的必經路徑上，加上溼地特有豐富的水生動植物提供鳥類食物來源，成為台灣地區主要的雁鴨度冬區之一。為了保護在此地過冬的水鳥及其棲地避免環境污染破壞當地生態，宜蘭縣將此地公告為野生動物保護區，並納入管理；並舉辦活動引導居民重新認識自己生長的土地，積極參與保育行動，使自然生態與人類生存開發取得平衡，保留水鳥美麗的身影，順利達成城市品牌再造的成果。

居民的認同

城市品牌的成功與否在於能否長期保持品牌形象的穩定性和一致性，並能因應不同的市場變化，提升城市居民的生活品質和幸福感，達到集體意識的體現。城市品牌的塑造還會影響當地居民對自己所在城市的認同感。城市品牌不僅僅是標誌或口號，還需將城市的文化、地理位置、人文特色等各方面元素納入其中，通過宣傳和推廣展現城市的獨特魅力，提升城市的形象和競爭力。

城市的發展主要以居民的活動方式為主體，伴以空間領域的劃分，人類活動受地理空間高度影響，體現在生產過程、勞動分工，居住方式和觀光發展上，在經濟地理和實體地域間相互影響。城市發展是一個具系統性的動態過程，城市的成長衰退與經濟高度相關，當城市出現人口外移、稅收減低、環境破壞、產業蕭條等現象

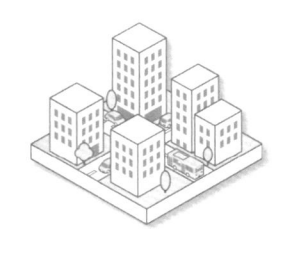

時，代表城市面臨了改變的關鍵時刻。若此時城市能透過品牌再造成功轉型，則能吸引人們因此前往定居、旅行；否則，人們也可能會選擇離開毫無進步的城市。

居民對一座城市的支持常透過行動表達在主動參與城市的事務和決策上，包括城市活動、志願服務、議題討論和選舉投票等行為。居民的行動參與促進了城市內部的連結互動，增強城市對自身問題的解決能力。居民的參與將有助於保存並傳承城市的知識文化，透過舉辦活動、保護歷史建築和傳統手藝，維持城市的獨特性和多樣性；除了有助於居民對自身文化的認同，同時也能吸引旅客造訪，促進城市旅遊產業的發展。

成功的城市品牌，能在人們心中形成特定的感知存在，並喚起人們的情感共鳴；這意味著一個城市不僅僅是一群人在物理空間的集合，還代表了這群人的生活方式、文化態度，以及價值觀的共同連結。具有良好品牌形象的城市，能在吸引人才、旅客、投資上佔據優勢，進而促進城市的經濟發展。當城市之間的競爭越來越激烈，城市品牌的建設勢必也將成為提升城市競爭力的必要手段之一。

高雄市身為台灣南部大城，是經濟、工業的發展重鎮。高雄港更擁有大量進出口貿易的優勢，近年來政府用心進行了大規模的城市品牌再造，將愛河沿岸、駁二藝術特區等地方打造成熱門的旅遊景點，每年吸引大量旅客前來。高雄市還擁有美麗的湖景及豐富的山海資源，如壽山、旗津等地，適合旅人進行戶外活動。透過捷運系統的發展讓旅客和市民可以方便地遊覽市區的各個角落，更經由持續舉辦大型節慶活動，凝聚居民的向心力和認同感，同時帶來巨大的觀光效益。

城市品牌行銷 01

　　城市的品牌策略除了涵蓋了整個城市的管理、規劃、文化塑造以及基礎設施建設等多元面向，還需要考慮城市的歷史、文化、自然資源以及當地產業結構等因素。在地方政府建設的過程中，不僅要考慮到城市的地理位置和自然資源，更得深入挖掘城市的歷史、文化和經濟潛力，從而塑造出獨特且具競爭力的城市品牌形象。通過清晰的城市品牌定位，可以將其核心價值和優勢傳達給目標群體，從而吸引旅客、企業及人才。

提升競爭力

　　建立城市品牌不但是一種行銷手段，更是城市發展的必要關鍵，建立城市品牌能幫助城市實現可持續的成長，城市品牌的定位應根據城市的核心競爭力、地理位置及文化特色進行差異化發展。具有良好品牌的城市能更容易地吸引國內外企業投資進駐，增加就業機會及稅收，進一步促進城市經濟的發展。

　　文化導向的城市品牌被視為是新興發展產業，城市透過文化與創意產業的聯繫，使城市充滿活力，同時改造城市形象。城市品牌的再造是提振經濟、解決社會問題的重要策略，當城市的競爭力差、經濟陷入衰退，導入創新能力及產業轉型將能為提升城市的競爭力帶來助益。人人都希望自己選擇前往旅遊的城市及親身居住生活的地方具有足夠的競爭力。

　　這就好比桃園市，擁有桃園國際機場，成為台灣最主要的空中交通樞紐。在經濟的發展上，以往有龜山工業區與中壢工業區，是製造業和高科技產業創新科技的引擎所在。桃園市還有大量的外籍勞工及新住民進駐，形成獨特的多元文化氛圍，可透過推廣跨域文

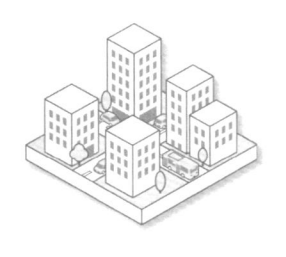

化交流，促進在地形象國際化。同時，桃園也是客家文化的重要聚居地，客家文化節慶如桐花祭在當地深受歡迎；另外，原住民人口數有 8 萬 2,236 人，占全國 13.96％，為原住民人口數第二多的縣市，這更呈現出桃園市豐富厚實的多元族群文化底蘊。

城市品牌應綜合現有資源、發展目標和競爭優勢，規劃制定長期的階段性目標，以逐步提升城市品牌的知名度。城市品牌的建設與推廣必須是系統性的工程，需要包括政府、企業、機構以及當地居民等多方協作，持續投入，由城市的管理者與利益相關各方緊密合作、共同打造。至於城市品牌的關注對象則更為廣泛，其相關利益者包括了所有當地的居民、企業、政府機構，以及外來的旅客和投資者。

城市若想持續永續發展，需同時注重內部的聲音與外來的意見，特別是面對在地展現出其獨特性與豐富性時，城市的地方意識更被視為是社會發展的一個重要環節，應該更加以重視平衡。當城市積極發展更先進的交通運輸系統，擴增綠地、改善生態環境，並提供居民休憩空間的同時，城市也應普及節能設計，降低能源消耗，善加規劃廢棄物處理，積極推行永續發展。

就如同高度商業化的新北市，擁有人口眾多經濟活絡的中和區、永和區及板橋區，也同時擁有自然資源豐富的九份、金瓜石等山城，具有濃厚的歷史文化背景，以其懷舊氛圍和美麗的山海景色吸引旅客。淡水區則以美麗的河岸景觀、古蹟和文化場景聞名，如紅毛城、淡江中學等。新北市還有優美的瀑布自然景點，如位於平溪的十分瀑布；平溪天燈節更是國際知名，每年吸引大量旅客前來放天燈祈福。

政府需要制定並實施支持城市品牌建設的政策與法規，例如提

供資金支持和稅收優惠，鼓勵企業組織參與城市品牌的建設推廣，協調各部門和利益相關單位共同推動城市品牌建設。例如由城市與企業、非營利組織合作，制定城市品牌建設的戰略計劃，加強基礎設施的建設，提升城市的整體形象和競爭力；例如改善交通、通訊、環境等基礎設施，使城市更為宜居、具吸引力。

在城市品牌建設的過程中，將可能面臨諸多挑戰，現今全球城市之間的競爭日益激烈，各城市都在積極打造自己的品牌，提升競爭力。城市品牌建設需要大量的資金和資源，不少城市因此面臨了資源有限的挑戰。由於城市品牌形象的塑造需要長期的努力積累，短期內難以見效；因此城市需要根據自身的特色進行差異化定位，突出自身的核心競爭力，藉以打造獨特的城市品牌。

隨著全球氣候變遷的問題日益嚴重，各地政府需在推動城市經濟增長的同時，也得同時確保環境的永續發展。這也意味著城市的品牌策略，未來必須更加強調綠色經濟與低碳發展，注重數位化、智慧城市建設以及綠色經濟的推動，並透過國際合作與在地創新的結合，創造更具競爭力的城市品牌。

城市行銷的概念

所謂的城市行銷，是視城市為主體，所提供的產品與服務則以多元方式呈現，透過各個面向的努力，以符合市場需求，吸引更多的旅客、投資者和居民，促進城市的發展與繁榮。透過有意識的品牌建設，展示城市的核心價值與獨特性，經由城市策略規劃產生的定位，進而建立城市形象，並發展城市行銷溝通的具體作為。城市行銷不僅要吸引旅客和投資者，還要吸引更多的居民進駐，同時改

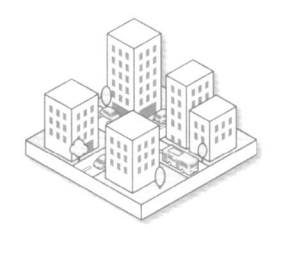

善當地居民的生活品質。

居住環境行銷是城市行銷中重要的一部分，藉此吸引更多人才和家庭選擇在此定居。改善城市的基礎設施，包括如交通、教育、醫療和環保設施，提供更多的文化娛樂設施，如公園、體育館、圖書館和博物館，使城市安全宜居，讓居民感受到社區的和諧穩定。透過創新策略來提升其知名度、吸引力和競爭力。這不僅僅是對外宣傳，還涉及到如何增強市民對城市的認同感與參與度，在推動城市品牌塑造的過程中，必須考慮更多如何讓當地居民成為城市行銷的主體，並且確保行銷活動與當地文化和價值觀能契合。

由於在地居民基於城市特色結合生活、生產、生態及文化等相關資源發展城市產業，顯見此舉對地方經濟有所助益。城市行銷的核心目標，是為了建立有利於當地的形象和品牌，以提升城市的知名度，達到吸引外來投資，促進當地經濟發展，提升人才前來居住、工作或學習的意願；並帶動旅客來觀光或參加活動，促進商業活絡，同時增強當地居民的自信心和在地認同。

如何將城市的資源、服務和產品推向市場，並吸引特定的目標受眾，從居住價值提升、旅遊行銷、招商引資到人才招募等，都是為了推動城市的經濟發展和提升城市競爭力。為了透過具體的行動來實現城市的發展目標，城市可能會舉辦國際體育賽事來吸引旅客，或者推出稅收優惠政策來吸引投資者。此外，創造有利的經商環境，如完善的基礎設施、優惠的稅收政策以及便利的行政手續，支持創新創業，營造科技和創意產業的生態系統，都是吸引高端技術和創新型企業進駐的措施之一。

以多元、創新、永續作為核心價值，台北市結合了數位行銷手段來強化城市的全球辨識度，透過與全球許多城市締結了姐妹市的

關係，積極推動雙邊文化交流與經貿合作，期望透過這些城市網絡能夠進一步擴大其國際影響力。不過，台北市的競爭壓力仍在持續擴大中，其他定位類似的城市，在國際品牌形象、基礎設施及投資吸引力等各方面都具備了不同優勢；因此，台北市必須持續創新，才能保有國際競爭力。

台灣城市擁有多樣化的本土文化資源背景，特別是在傳統民俗、宗教信仰、客家文化和原住民文化方面，為品牌行銷提供了無限的可能性。透過品牌塑造來提升台灣城市在國際城市中的辨識度和吸引力，與外界心目中的集體印象，城市品牌能讓城市具備更明確的定位形象，城市行銷則是一個通過行銷活動來塑造、傳播與強化溝通的過程，通過一系列的品牌元素（如標誌、口號、形象影片等），來傳達城市的獨特特質和競爭優勢，以及城市品牌的核心價值及願景。

與城市品牌結合的行銷策略不僅只是傳統的產品推廣，而是將城市的文化、歷史、自然資源等多重元素整合，通過創意包裝、文化故事、現代行銷工具結合成旅遊體驗，以城市品牌為核心，運用行銷手段溝通城市的品牌形象，提升其吸引力和競爭力的過程。城市行銷的目標在推動具體的行動，以達成特定的市場目標；例如吸引更多旅客、促進投資或推動房地產發展，通過策略性活動來實現具體的經濟或社會目標。

像是台中購物節在活動期間搭配了三大行銷主軸，進一步推動台中節慶經濟的國際化，如大使行銷、媒體行銷及城市外交等，邀請三國駐台代表參與國際行銷影片的拍攝，為活動注入了更多魅力；包含比利時台北辦事處、新加坡駐台北商務辦事處及日本台灣交流協會台北事務所，三部影片在網路上皆突破 25 萬觀看次數。

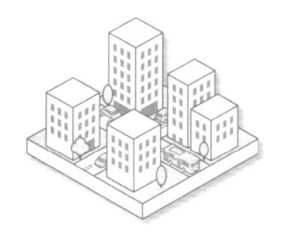

以多元的國際行銷措施協同發力，使台中的能見度提升，讓全台民眾及更多海外旅客看見台中的魅力與特色，同時邀請全球民眾每年年底來到台中旅遊消費。

明確溝通對象

城市行銷必須根據不同的目標市場進行差異化推廣，像是城市可能會為吸引外國投資者而進行專門的國際推廣活動，或者為提升當地居住價值，進行針對性的行銷策劃。成功的城市行銷活動，必須建立在穩固的城市品牌基礎之上，而品牌的長期維護也需要通過行銷活動來持續推動。城市行銷的重要目標之一是吸引外來投資，投資行銷是否成功還有賴於城市能否有效展示其經濟實力及潛力，這對促進當地的經濟成長至關重要。

評估城市行銷活動的成功與否，常見的指標包括：

- **知名度與認同度**：城市在國際或國內市場中的知名度，及目標群體對城市品牌的認同度。
- **經濟效益**：包括城市吸引外來投資、旅遊收入增加、就業創造等。
- **社會效益**：如居民對城市品牌的認同感、幸福感的提升，以及城市社會凝聚力的增強。
- **文化影響**：透過文化活動、創意產業的推動，提升城市在全球文化市場中的影響力。
- **環境影響**：永續發展指標，如碳排放量減少、環境質量提升、綠色經濟發展等。

有關單位必須根據市場需求和競爭情況來制定城市行銷的行動方案。有的城市可能會在特定的旅遊旺季進行集中推廣，或者在重大國際活動期間推出一系列的溝通方案，須視情況隨時調整，以達到更佳市場效果。當城市行銷需要快速吸引旅客或投資者的時候，則更為注重短期效果，尤其像是能在限定時間內見效；例如一場大型音樂會或體育賽事，就有可能迅速帶動旅遊業的發展。

　　新北市的城市品牌擁有眾多歷史古蹟和文化資源，包括淡水的紅毛城、鶯歌的陶瓷文化、板橋的林家花園等，同時新北市還融合了客家、原住民及新住民文化，構成了新北市多元文化的特性，突顯新北市包容性強、文化多樣的城市特質。因為擁有豐富的山水資源，如淡水河畔、烏來溫泉、九份金瓜石等景點，以自然風光與生態旅遊為城市旅遊的推廣重點。同時舉辦了多樣的節慶活動，如：新北市歡樂耶誕城、平溪天燈節以及運動賽事，如：新北市萬金石馬拉松、與台北市合辦的 2025 雙北世界壯年運動會等，都增加了城市的吸引力。

　　新北市也致力於成為智慧宜居城市，積極推動綠色城市計畫，如低碳社區建設，推動智慧基礎建設，吸引年輕家庭與創業者。透過推廣「智慧城市」的概念，如智慧交通、物聯網應用等，將創新科技融入城市品牌，展現其現代化與未來的發展潛力。新北市同時還強調宜居，例如完善的公共建設、社會福利與安全保障。但也因為行政區域廣大，如何有效整合區內的資源、形成統一的品牌形象是一大挑戰。

　　從城市品牌延伸出的地方品牌需要充分利用各地的特色資源，透過差異化的行銷手法，提升城市的知名度和影響力，其關鍵在於產品或服務必須真正具有價值和意義。合理的投入預算和穩定的資

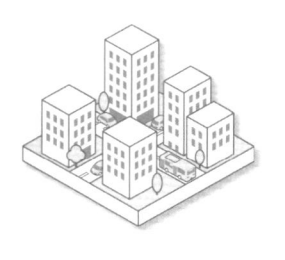

金保障，才能落實城市行銷策略規劃的重要內容，有計劃、有系統地投入資源，是規劃城市行銷不可或缺的一環。當我們自己身處的城市有足夠的品牌力時，才能讓更多城市利害關係人一起參與並獲得資源。

基隆市是北台灣重要的港口城市，漁業和海運業發達，帶有深厚的海洋文化背景。品牌定位主打港口與海洋旅遊，能吸引對水上活動和海鮮文化感興趣的旅客。基隆的海岸線風景優美，特別是和平島，同為市民和旅客放鬆心情的理想地點。基隆廟口夜市是當地最著名的景點之一，提供各式海鮮和台灣小吃，吸引大量國內外觀光客。此外，基隆市擁有眾多古老的軍事遺跡，如二沙灣砲台、和平島公園等，這些地方記錄了基隆作為防禦要塞的歷史地位。

企業積極參與城市品牌行銷活動，支持城市和市民感興趣的節慶傳統，或是城市公益路跑和環保項目，都能幫助城市提升知名度和影響力；並使企業經由積極履行社會責任，提升自身的公信力和認同度，連帶提升企業與城市的良好形象，達到傳播城市的文化價值。

新竹市作為一個高科技城市，匯集了大量的高科技公司和人才，除了科技氣息濃厚外，也同時擁有豐富的客家文化和年輕的創業氛圍。新竹市的市區發展緊湊，生活機能完善，並且兼具歷史古蹟、傳統市場和現代化設施，竹塹城東門迎曦門見證了新竹的歷史變遷，是市區的地標之一，周圍還有文化創意空間可供旅客觀光。新竹市立動物園在經過多次改建後，如今是兼具教育與娛樂功能、適合親子共遊的絕佳景點。

光學鏡片知名品牌蔡司連續三年冠名贊助新竹城市馬拉松，吸引新竹科學園區內的路跑愛好者組隊參與，而蔡司台灣也有員工與

貴賓加入跑者行列，亦在大會攤位透過「蔡司知識王」、「絕佳好眼力」等有趣的問答遊戲，吸引大朋友、小朋友造訪蔡司台灣攤位，深入了解企業品牌資訊。為支持新竹市體育扎根，鼓勵跑者「跑步做公益、捐晶片挺體育」捐出晶片押金，在蔡司台灣的支持下，募得金額全數捐贈給新竹市中小學體育促進會，款項將用來落實弱勢學童在體育競賽方面的補助，讓運動小將們有更多機會在體壇發光發熱。

隨著經濟、科技、文化的發展，城市品牌必須根據外部環境進行動態調整，特別是在數位行銷的時代，行銷活動的調整速度需要更快、反應更靈活。城市行銷的第一步是確定目標市場，根據城市的資源和優勢，管理者可以選擇不同的目標群體，如旅客、企業投資者、創新型人才等。城市作為行銷對象，提供的產品和服務可能包括旅遊景點、文化活動、商業設施、居住環境等，城市行銷必須根據不同目標群體的需求量身打造推廣的產品和服務。

行銷溝通的目的是將城市的價值和優勢傳達給目標市場，這包括廣告宣傳、公關活動、數位行銷和社群媒體推廣等。通過持續性且適當的行銷活動，城市便能創造長期的價值。通過一系列策略性的活動，以具體的策略和手段達到目標，隨著行銷模式的不斷創新和全球市場的變化，為整體發展創造更多價值，城市行銷活動需要考慮不同文化背景群體的需求，並調整其內容以吸引更多受眾。

隨著新興媒體和行銷技術的出現，城市行銷方式需要不斷更新，以確保城市品牌能透過最具影響力的媒體平台進行有效傳播。媒體報導和宣傳城市品牌，有助於提升城市的品牌知名度和影響力，通過新聞報導、專題節目和廣告，經由正面報導和評論，提升居民對自身城市的好感度。及時傳播城市品牌的相關信息，增強市

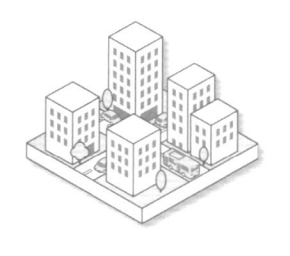

民和外界對城市品牌的了解,也藉此提升目標受眾對特定媒體的支持與偏好。

我每年都會在農曆年節特別前往高雄,以城市特色景點來説,像是蓮池潭風景區、衛武營都會公園、大東濕地公園、高雄市立圖書館總館、旗山老街、澄清湖風景區,以及黃色小鴨展覽的高雄港、駁二藝術特區、高雄流行音樂中心與西子灣風景區,都是深受旅客青睞的熱門景點。

以 2024 年的高雄小鴨行銷來説,算是近年來非常態的大型城市事件行銷活動,透過結合目的地品牌與群眾溝通的有趣案例。這次不但有兩隻黃色小鴨一同展出,情人節時還合體放閃 KISS,元宵節的時候則是在愛河灣放了 1.5 萬隻迷你黃色小鴨競游,增加趣味。2025 元宵節燈會主角,更是邀請到日本時下最當紅的可愛 IP「吉伊卡哇(Chiikawa)」,把愛河灣變身為限時 23 天的暖萌遊樂園。

其中有不少高雄景點因為事件行銷的舉辦,加上捷運與輕軌的串聯,使城市的觀光熱度有所提升;另外,也因為原有的特色景點:例如眷村及老街區,讓觀光客不只是為了商業目的而前往,還增進了對高雄城市文化的認知與體驗。在商業結合的層面上,則是設立了廣大的文創市集與餐飲販售,也吸引不少的餐車進駐;並且與超商合作宣傳,帶動消費者的關注與消費機會,打破了過去大型活動場地受限,以及城市非商業特色景點無法同時受益的問題,成績確實亮眼。

城市美食節慶

台灣向來有不少城市在舉辦行銷與節慶活動時，是以餐飲作為主體。

像是台中市以火鍋跟燒烤為選項，舉辦了「台中鍋烤節」，透過「十大火鍋燒烤店家票選」及「就是愛鍋烤徵件競賽」，提升消費者的參與度，屋馬燒肉、海底撈、清真恩德元餃子館、激旨燒き鳥都有不錯成績，也帶動了當地不少業者積極參與並順利引發消費人氣。台灣人愛吃鍋烤，火鍋、燒烤全台都有，台中更是名店林立，形成在地的獨特文化，在既有優勢下以最低的成本回收最高效益，透過 800 萬預算創下龐大商機，同時成功宣傳台中。

高雄市則是舉辦「鹹酥雞暨國際炸物嘉年華」，邀請全國名店共同參與，以炸物為主打吸引觀光客和在地居民前往。包含台灣第一家鹹酥雞、炸雞大獅、高雄「德藝小築」、韓國品牌「Nene chicken」等，並搭配精選啤酒強化消費者的歡愉感。

另外台北市多次舉辦的「國際牛肉麵節」更是有相當經驗，結合展覽會議、料理競賽與在地店家推廣，清燉金牌彭園會館、詩篇咖啡餐廳、創意金牌海瑞摃丸、淳心製麵等各有支持者，甚至還針對樂齡養生族群規劃，特別推出「店裡吃不到的活動專屬牛肉麵」，成功創造話題。透過城市造節的規劃及成功經驗，讓外縣市的旅客也提升報名行程的意願，才能達到帶動國旅的發展。

我自己也協助承辦過不少台灣的城市節慶活動，以不同背景下發展的城市餐飲節慶，其目的基本上都是期許能帶動當地的旅遊和產業經濟，同時提升城市的知名度與強化品牌形象。不過在造節的模式中，城市對於業者的連結，以及消費者的服務體驗卻有不同的

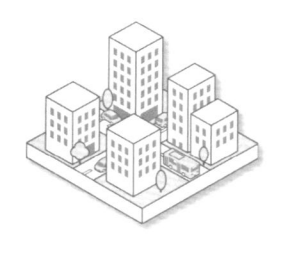

思維。城市餐飲節慶跟消費者自己的收入、生活機會有一定的關聯性。由於當地盛產咖啡、茶葉，所以也有了雲林台灣咖啡節與南投世界茶業博覽會的誕生。

台灣城市的美食節慶是以展覽、競賽與各自店家的配合為主，主導者雖然是地方政府，但因為部分經費來自中央，再加上活動主要由得標廠商執行，各店家是否配合，則取決於自身利益。此外，對整體節慶規劃而言，單一餐飲品類的打造其實難度更高，畢竟許多城市都有多元的餐飲類型，有時是不同的縣市都想舉辦咖啡節，有時則是一個城市舉辦了多種美食節，反而無法聚焦城市的品牌形象。

舉辦節慶活動不但能帶動消費者與城市的情感連結，也能帶動城市品牌的塑造與經濟效益。像是面對國際觀光客，可以透過旅遊行程的設計和重點店家配合，就能為旅客打造完整的體驗。在城市餐飲節慶設計時，我認為必須掌握整合四個面向，也就是行銷媒介的線上與線下溝通，以及用餐體驗的店內和店外連結。

像是透過線上的餐飲節慶地圖，領取結合線下指定品牌的交通與住宿優惠券，以及短影音與社交平台的分享，經由重要元素「驚喜」所帶來的期待感，藉著消費者自主與KOL宣傳的相互加乘，營造出具感性氛圍的視覺衝擊。另外，若能吸引外縣市的消費者報名參與行程，勢必更能帶動國旅的發展。考量到國人較為內斂的個性，店家應積極自主參與展出，以符合消費者需求。

關於城市造節的營運概念，鼓勵的並非只是高價品牌的曝光，而是能兼顧各種不同消費族群，針對不同的旅客族群提供差別化的產品服務。像是針對學生族群特別區隔出低價實惠的品牌方案，讓產業的覆蓋性能夠提升，也能降低期待平價優惠的消費者感到被

敲竹槓、願付高價的旅客認為服務太平凡、在地居民認為服務曲高和寡的種種問題。還有，各縣市之間也要願意做出市場區隔，不然各地大家都辦炸雞節、咖啡節，這對各個城市自身的品牌獨特性來說，就更不容易達成了。

城市餐飲節慶的另一個重要關鍵，則是政府單位對整體專案的掌控度，這包含了交通住宿的協調、參與店家的品質和誠信、整體行銷和輿論的掌握。透過發放消費券、舉辦主體節慶戶外活動、設立指標獎項及轉化成可帶走外賣的伴手禮等，強化城市品牌的連結度。若只是一味追求單一節慶帶來的大量旅遊人潮，卻沒有考慮到城市的承載量，將可能影響旅客的體驗並引發負評！因此應透過完整而全面的規劃，將人潮進行引導分流，讓城市的不同區域一起參與響應。

在自媒體時代，消費者的旅遊滿意度大大可能影響城市品牌形象，這一點在創造節慶時，更是如同雙面刃，既能透過正面分享帶動聲量，卻也可能因為負面評論而影響其他人前往的意願。這正是城市造節的重大挑戰，如何提升消費者的全程旅遊體驗，從標案的設計與要求之初，就應該將各個環節的需求都考量進去，再透過地方政府、協力單位與執行單位一起落實，才能讓城市餐飲節慶不只是放煙火，也是我們城市餐飲節慶可以更加著重的地方。

當產業能持續經營下去，便可繼續擴大產業規模，並提升城市內的餐飲質量，這些都是城市品牌行銷造節後餐飲產業能否繼續保持成功的關鍵。

管理者可積極利用城市當地的商圈夜市，使餐飲主題的推動更深度在地化。若想延續城市餐飲節慶的熱度，城市可以強化餐飲產業的指標性；例如藉由頒發獎項或是餐飲領導品牌持續研發新品、

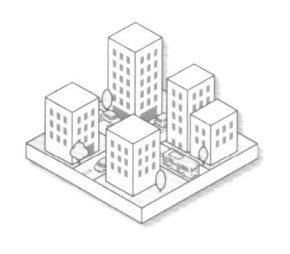

提升服務品質。另一方面，也可結合 ESG 的概念，讓業者、員工和居民之間產生共好，並在減碳和環境議題上有所著墨。

城市餐飲節慶亦可針對鞏固就業與地方創生上做出更多貢獻。當城市的活絡度持續提升，能增進青年返鄉的意願，因對未來的前景感到樂觀，而投入特定餐飲型態，這將使產業逐漸朝正向發展。另外，城市也可透過適度增加同類型的餐飲型態，以產生「群聚效應」；一方面擴大觀光客上門的機會，另一方面也能汰劣留強，使真正優秀的在地品牌在城市節慶舉辦之際，獲得表揚。

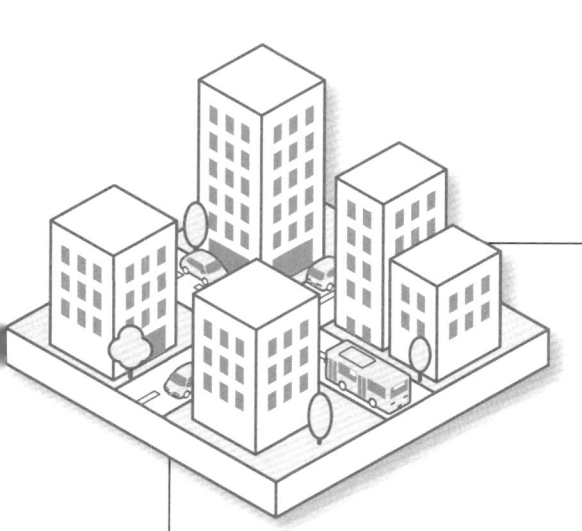

1.2

城市品牌的核心價值與定位

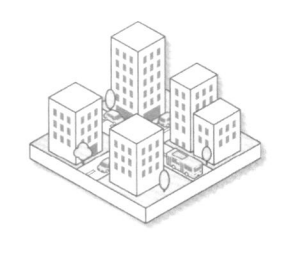

城市品牌的核心價值

　　城市品牌的核心價值與定位，是品牌建設的過程中極為強調、最重要且最具差異化的觀念特質，也是使城市在競爭中脫穎而出的關鍵！《獲利的金鑰：品牌再造與創新》一書中曾說明，品牌的核心價值包含了理性價值與感性價值兩個部分，品牌的核心價值越高，代表越容易讓消費者產生信任，同時也代表品牌的價值越高，這是品牌能否長久經營最重要的評估指標之一。

　　包含在城市品牌建構的過程中所彰顯的城市獨特精神、文化內涵與價值觀念，反映了城市的歷史背景、文化特徵與發展願景，這些都是城市品牌的靈魂與核心吸引力所在。明確的城市品牌核心價值，如智慧城市、永續發展等目標，能展現出城市的潛力與機會，有效地結合利益相關者的需求和期望，形成清晰且具有說服力的城市形象。

　　花蓮縣是台灣深具自然美景和文化多樣性的城市之一，由於其豐富的地質景觀，如太魯閣峽谷、七星潭，以及獨特的原住民文化，使花蓮成為國內外旅客造訪的熱門旅遊勝地。以低密度開發方式保留了花蓮縣自然的純淨風貌，使其具備發展生態旅遊、文化旅遊以及銀髮休閒產業的潛力。未來城市品牌的塑造對提升花蓮縣的競爭力與吸引人才、資金，及改善居民的生活質量上，至關重要。

　　相當適合發展以生態旅遊為主軸的花蓮縣，強調自然保育與低碳生活，契合綠色旅遊的最新趨勢。在清新的自然環境，慢活體驗治癒系生活的純樸氛圍，能滿足現代人尋求放鬆、重塑身心的需求，正適合發展健康產業。而在地的農業發展、原住民文化與創意產業也是花蓮的城市核心價值，宜開發深度文化觀光體驗行程；如

城　　市
品牌行銷　01

旅客參與原住民部落祭典、傳統工藝學習課程，或品味原住民風味餐，推廣當地有機農產品與手工藝品，發展永續的經濟模式。

有的城市以強大的經濟發展實力與產業結構、創新能力聞名，這包括了產業特色、商業機會與科技創新實力，可見科技創新亦是城市競爭的重要因素之一。然而也有城市因為坐擁得天獨厚的自然資源，如山川湖泊、氣候特色等自然景觀，成為城市品牌的重要特色，不僅能彰顯城市的生態價值，成為城市引人注目的焦點，還能成為城市品牌永續發展的關鍵。

許多城市以其豐富的歷史文化構成城市品牌的核心價值，透過歷史建築、傳統節慶、民俗文化等要素賦予城市獨特的文化深度，從其歷史背景體現出當地藝術、語言及生活方式等傳統特色。城市品牌可考量文化的多樣性及歷史認同，以文化活動為城市再造的工具進行規劃，這也是富有文化的特定城市品牌受人歡迎的重要原因。

位居台灣海峽重要戰略位置的連江縣馬祖群島，擁有獨特的歷史背景以及文化資源。近年來，馬祖正積極朝觀光發展，成為一個多元且獨具吸引力的旅遊地點，在城市品牌的建設上做出許多努力。由馬祖、南竿、北竿、東引等多個島嶼構成的馬祖群島，城市品牌的發展主要圍繞在其獨特的歷史背景、軍事遺跡、文化特色和自然資源上。城市品牌核心特色之一就是軍事遺跡，這不僅是歷史的重要見證，也是旅遊的重要資源，戰地文化、碉堡、軍事博物館等都吸引著對歷史有濃厚興趣的來訪旅客。這些軍事文化資源不僅具有觀光價值，還承載著豐富的文化意涵，成為馬祖城市品牌的象徵。

傳統農業城市品牌的核心價值，除了包括農林漁牧業的產品生

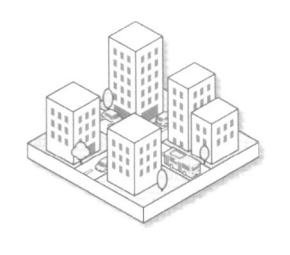

產，還包含農業觀光的部分，當農業城市品牌的核心價值缺乏足夠的經濟效益時，行銷重心可能就會轉向生產價值較高的農產品或開發休閒農業活動。由於山野漁村和原鄉景色優美宜人，當地的傳統風俗文化又具有特殊性，雖然位置較為偏遠、交通不便，若能結合各地的人文與農林漁牧等自然資源，仍可建立發展深具特色的城市品牌；還能同時發展「地方限定」的產品或服務以提高附加價值，增加旅遊觀光之吸引力。若能吸引外國旅客到訪，帶動國際商機，產業發展便能更上層樓。

建立城市品牌成為地方經濟發展的重要趨勢，其中尤以具豐富自然資源和氣候條件多元的城市為先，經由許多獨具特色的農產品、畜牧與漁產品孕育出品牌的核心價值，這些產品不僅是地方的經濟命脈，也是城市推動品牌行銷的重要資源。透過持續推動城市品牌創新、跨界合作，以及可持續發展理念的落實，農、畜牧、漁業產品與城市品牌的結合將進一步提升城市的競爭力，並為城市的經濟發展帶來更多的機會。

例如彰化縣田尾鄉因擁有平坦優質的土壤，以及水文遍佈的八堡圳支流，成為全台最大的花卉樹木盆栽產區，除開闢公路花園園藝觀光區，花卉之年產量與種類高居全台之冠。田尾鄉每天有超過300種花卉盛開，有「花鄉」美名。田尾鄉公所與田尾休閒農業協還會合作舉辦了「Open Garden 同樂會」，邀請大眾來參觀田尾的重要花卉景觀和庭院設計作品，希望藉此機會讓更多人了解田尾的花卉產業。

城市品牌行銷 01

更好的生活

　　從各種不同的面向觀察，城市的品牌核心價值有其多樣性，也影響我們對城市的品牌偏好。所謂的城市品牌價值包含了消費者實際擁有的有形資產，再加上產品和服務之外，其他所有品牌累積出來的無形形象總和，這才是城市品牌對消費者而言的核心價值。這指的是——城市品牌的價值除了取決於消費者認知之外，還要跟其他城市競爭者比較社會認同。因此當城市品牌的價值越高，消費者就會感到擁有該品牌越有價值。

　　OECD 經濟合作暨發展組織（Organization for Economic Co-operation and Development）這麼定義「韌性城市」：面對經濟、環境及制度等各種衝擊和壓力下仍能保持正常運作的居民及其都市系統，且能積極適應並轉向永續發展者。城市面對災變時有充分的治理能力能及時應變抵禦衝擊，為未來做好準備，讓城市迅速適應並恢復原有的基本功能運作。

　　天下雜誌多年來持續進行全台「幸福城市大調查」，從經濟、環境、施政、文教、社福、醫衛健康、多元共融等七大面向衡量台灣各縣市的表現，並考量縣市的發展差異，將永續幸福城市排名區分成六都組及非六都組進行評比。遠見雜誌則是以「縣市總體競爭力大調查」，透過經濟與就業、教育與文化、環保與環境品質、治安、公共安全與消防、醫療衛生、生活品質與現代化、地方財政和社會福利等九大競爭力面向，同時也調查三個與永續競爭力相關的構面：永續環境、永續社會、永續治理，將台灣六都和非直轄縣市分組標示。

　　城市品牌的核心價值和定位需要與目標受眾的認知連結，激發

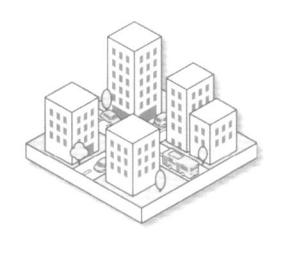

人們對城市的共鳴和認同。建構城市品牌應以好奇心和敏銳的觀察力深入城市，透過田野調查並與居民互動，了解城市的風土特色和文化細節，確認城市品牌的競爭優勢。透過深入分析歷史、文化、自然資源、人文特點以及當地居民的價值觀和生活方式，從過程中發現城市品牌獨特的價值與特色。

宜居城市的品牌核心價值，反映在居民友善、生活型態、教育、醫療、公共交通、安全性以及多元文化的包容性等面向上，呈現出城市的人文魅力。城市在品牌建設的過程中，若能強調其獨特的宜居條件和價值觀，便能提升城市品牌的吸引力和認同感。而高度商業化的城市品牌核心價值則可能是擁有更多的外來移民與國際資源，但相對地生活的經濟壓力與負擔就比較重。

原住民城市的核心價值

像是以原住民文化為主要特色的城市，其部落觀光產業是城市發展的重要一環，可以規劃結合文化、飲食、民宿、農林環境等相關配套，讓觀光客走進部落，打造別具特色的旅遊行程，並帶動當地物產銷售的機會。《原住民族基本法》指出：「部落，係指原住民於原住民族地區一定區域內，依其傳統規範共同生活結合而成之團體，經中央原住民族主管機關核定者。」目前全台核定共計735個部落。

我國法定原住民族計十六族，經台灣官方正式認定的原住民族，依據人口數排序分別為阿美、泰雅、排灣、布農、卑南、魯凱、鄒、賽夏、雅美、邵、噶瑪蘭、太魯閣、撒奇萊雅、賽德克、拉阿魯哇、卡那卡那富等，各族群擁有自己的風俗習慣及部落結構。

01 城市品牌行銷

民國 112 年底，原住民人口數 58.9 萬人，人口數占全國人口比率為 2.52%。各縣市人口原住民所占比率，以台東縣 37% 最高，花蓮縣 29.38% 次之，屏東縣 7.70% 居第 3。原住民身分及設籍縣市中，有 8 族包括賽德克族、鄒族、卡那卡那富族、雅美（達悟）族、太魯閣族、布農族、拉阿魯哇族及泰雅族均超過 9 成 8 為山地原住民，另魯凱族及排灣族山地原住民約占 8 成，其餘族別則以平地原住民較多。根據原住民族委員會對「都市原住民」的定義是，居住在都會區的原住民，也就是住在非原住民地區者，其包括 30 個山地鄉及 25 個平地原住民鄉（鎮、市），共 55 個鄉（鎮、市）。

原住民所在的城市擁有豐富的自然景觀和人文資源，如特殊的祭典或節慶、傳統狩獵、服飾及飲食文化、舞蹈、音樂、遺址、舊部落、工藝藝術以及民俗植物等。在原住民族生活的城市中，無論是狩獵或是野菜植物的採集，都與部落息息相關。若以原住民族飲食作為核心，發展各領域中有關飲食、健康、自然環境等主題之特色餐飲及旅程，不但可以促進居民的族群認同，也能帶動城市觀光產業的發展。

像是新竹縣推出了有關影視音樂、部落旅遊及樂舞產業、清泉風景區原住民族文化館，以及部落大學等，優化原住民族之通路與經營平台，設置新竹縣原住民族文化教育產業推廣中心與「WAH！幾散竹東」原住民產業展銷中心，運用原住民文化產業資源，加速活絡產業轉型，發展成為城市的經濟動。新竹縣以大霸尖山作為概念，舉辦如櫻花祭、甜柿祭、溫泉季、超級馬拉松水蜜桃等系列活動，透過文化活動刺激消費產業，發展部落原住民在地經濟。

新竹縣尖石鄉的司馬庫斯部落，被旅遊頻道譽為「最熱門的台

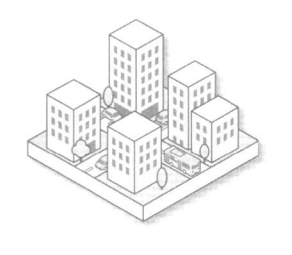

灣部落」，是觀光客口中的「人間天堂」。多數族人篤信基督教，教堂成為凝聚向心力與共識的據點，信仰成為部落維持集體意識的重要力量。隨著村民在距離部落 4.5 公里處發現了巨木群，當地開始出現收留旅客住宿的民宿，聯外道路開通後，司馬庫斯一躍成為熱門觀光據點。部落從 2000 年在老頭目的帶領下，落實「土地公有、合作共生」理念，泰雅族人開始實施觀光共營制，族人互助共生，共同經營旅客餐廳、住房服務，並共享收入獲益，透過有效統整規劃村內的土地資源高效運用，共生共榮。

城市競爭力策略

　　城市品牌面臨著競爭激烈、資源有限和形象塑造等諸多挑戰，需要進行資源整合、制定差異化定位和持續推進等應對策略。當城市的競爭力降低，可能導致人口外流、產業外移和經濟衰退，因此，為了提升城市的競爭力，強化再造城市品牌及有效運用城市行銷傳播工具是相當重要的。通過合理的品牌定位和策略，城市將能有效提升其在全球市場中的地位和影響力，實現經濟、社會和文化的全面發展。

　　在激烈的競爭中，城市應將自身的核心價值轉化以清晰、富吸引力的一致形象傳遞目標受眾占據心中獨特的城市品牌定位。城市品牌定位能賦予品牌具體的方向與策略，城市品牌的定位需要根據城市的核心價值發展，並適度因應外部環境的變化進行調整，從而提升競爭優勢，通過持續的品牌管理，提升城市的國際競爭力與吸引力。

　　具有競爭力的城市特徵包括：具有相當的城市人口規模、合適

的企業經營環境、吸引人口流入的就業機會、良好的勞動力、理想的休閒和旅遊條件，以及正面的城市形象。具競爭力的城市優勢，對內能創造更多的收入和就業機會，進而提高城市居民的生活水準；對外能獲得旅客青睞，提供比其他城市更好的商品和服務。不但對有意投資的企業家及新來的旅客或居民都具有吸引力，更是留住現有居民和企業的重要條件。

　　隨著全球化的推進，台北市的品牌形象逐漸發展，成為兼具文化底蘊與現代創新，透過宣傳將自身定位為一個國際創新與文化交融的城市品牌。作為台灣的首都，台北市是政治、經濟和文化中心，進駐眾多跨國企業和金融機構，經濟活力強勁。對於台北市這樣的國際城市來說，城市行銷吸引的不僅是旅客，還包括吸引投資、促進文化交流、強化居民的城市認同感，並推動永續發展。因此台北市的城市行銷模式具有多重目的，包括經濟發展、文化推廣、國際連結及環境永續面向。城市品牌的定位面向包含全球商務和旅遊市場，台北市以智慧城市為目標推廣科技創新應用，擁有繁忙的商業區，如信義商圈和東區商圈，現代和創新的內湖科技園區。

　　台北101作為地標性建築，吸引了大量的國內外旅客，公共交通十分發達，公車與捷運系統覆蓋全市，使得這座城市的交通便利性備受好評。故宮博物院、國立臺灣博物館等，蘊藏了豐富的歷史文物；夜市文化如士林夜市、南機場夜市也十分著名，體現了街頭小吃的多樣性。台北市也擁有許多公園和自然景點，如陽明山國家公園、大安森林公園等，讓居民可以在繁忙的生活中找到一片安靜的休憩空間。同時台北還擁有深厚的文化底蘊，如大稻埕等地保留了豐富的歷史遺跡，並且透過台北國際旅展、台北國際書展、台

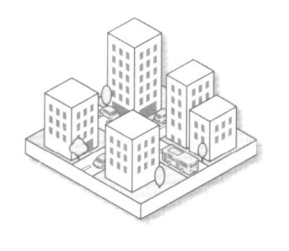

北電影節等活動提升其國際知名度。

　　觀光競爭力為以城市所擁有的綜合資源，包含自然資源、社會、文化、產業和建設等，以及創造出的附加價值，呈現吸引觀光客到城市旅遊的能力。瑞士世界經濟論壇（World Economic Forum, WEF）每隔兩年進行分析，並發表「觀光旅遊競爭力」報告，透過觀光旅遊競爭力指數，針對各國發展旅遊業創造的經濟及社會效益進行潛力分析，再以表現進行排名。觀光旅遊競爭力指數的指標有四大面向，分別為旅遊環境、政策條件、基礎設施、自然及文化資源。

差異化

　　城市品牌定位過程需要先分析城市的現狀與資源，進行全面的資源盤點與市場研究，確保能明確發展城市的差異化策略。再根據城市的競爭優勢，選擇主要的目標市場，如投資者、旅客或居民。聚焦城市的核心價值與吸引力，形成易於傳播的品牌主題，溝通城市品牌的訊息，隨著市場變化，動態調整品牌定位，確保品牌的持續競爭力。

　　透過差異化定位強調城市獨特的資源與特色，與其他城市形成鮮明對比，不同城市可能針對不同的目標群體，如居民、旅客、投資者、企業及潛在移居者進行溝通。我們對城市定位的認知來自於集體記憶，往往依賴於過去的經驗不斷的生成，透過行銷傳遞或強化記憶，對群體的凝聚力和延續性有一定幫助，經由空間、聲音、我們的互動，節慶亦成為不可或缺的集體記憶。從觀察中還能發現，客家族群為主的城市，受到文化社會生活影響的集體認同記憶

更為強烈。

　　根據客家委員會研究統計，客家人口約佔全台灣人口的 20%，桃園市為客家人口最多的「客家第一庄」，客家人口超過 90 萬人。行政院為延續「浪漫台三線」的階段成果，推出「客庄 369 幸福計畫」，希望能永續客家文藝復興、引領居民重視在地歷史文化、並保存客家聚落文化。其中 369 分別代表的是台三線、六堆及台九線客庄地區。

　　桃園市的「義民文化祭」結合「1895 乙未保台紀念公園」，針對中壢區、平鎮區及楊梅區、新屋區、觀音區的客家族群，透過節慶傳承了客家義民之歷史及英勇的故事，將傳統遊戲和表演形式創新融入，讓參與者能夠親身參與和傳承文化的特色，也經由「乙未記憶之環記憶展示空間」來強化集體記憶，更讓桃園市的城市品牌中，客家文化與所在地的定位更加明確。

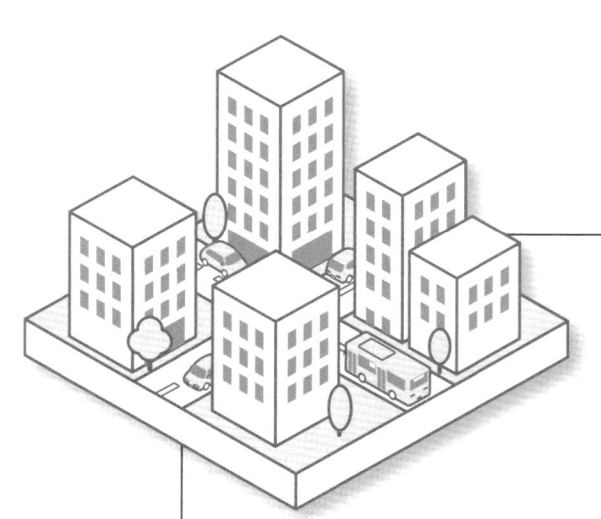

1.3

城市品牌形象
的建立

居民對形象的認知

　　城市形象是城市品牌的外在表現，因此我們應透過傳播有關城市形象的訊息，進行城市品牌的推廣、行銷城市的吸引力。透過城市形象的塑造可以鼓勵人們前往定居觀光，城市品牌的再造包括了創造或保持城市的希望，使居民對地方有認同感，是賦予城市優良評價的前提。營造含括原住民、客家民族、閩南民族、漢民族及新住民的文化包容性，發展出屬於城市品牌形象獨特的多元文化特質。

　　從非物質層面，透過城市居民的情感表現和積極態度能構建正面的社會氛圍。城市品牌的文化形象能吸引不同需求的居住群體，尤其是退休族群與外國定居者，我們也會因為所處城市的正面形象與自身生活的經驗連結而感到與有榮焉，但城市若是形象負面則讓人聯想到貧窮不安，而不願產生過多關聯。

　　包含台北中山、雙連街區及赤峰街一帶被劃分在「城北博物館」的範圍內，更被稱為「城北廊帶」。整個商圈從新光三越百貨的入駐到誠品集團相繼在此開幕，許多消費者對台北市記憶的一部分就是由這個商圈的持續發展與堆疊形成，成功吸引不少外縣市旅客有意願前往。老街區的創新與轉型，除了營造創意體驗氛圍與建築實體環境，結合城市所舉辦的節慶活動，讓不同利害關係人之間的需求得到滿足，都是城市行銷長期發展的關鍵。

　　光榮感是城市品牌形象的一部分，當我們對所處的城市感到自豪時，也會強化自身對城市的情感連結。城市品牌再造的目標之一便是建立城市的正面形象，並增強市民對城市的信心、光榮感、認同感或幸福感。利用光榮感的形象來溝通將更具說服力，開創塑造

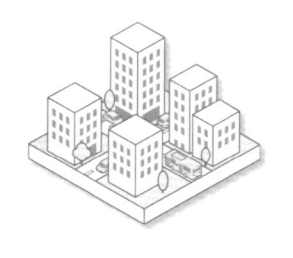

城市美學形象，吸引觀光客和投資者，透過設計城市品牌創造產業經濟發展和觀光效益，同時也能激發了當地居民的榮譽感。

台南市被譽為「美食之都」，擁有眾多傳統小吃和特色料理，並以其豐富的歷史文化遺產吸引了大量居民和旅客。台中宜居與綠色城市發展透過豐富的公園設施與低生活成本，打造「幸福城市」品牌，特別受到退休人口與中產階級家庭的青睞。高雄市成功將過去的工業港口形象，品牌再造定型為「創意與文化港都」，吸引藝術家與年輕創業前往定居。

然而，城市品牌形象的建立並非一次性工作，需要持續的維護與更新，隨著城市發展階段的變化，品牌形象可能需要調整，可能從工業城市轉型為科技創新城市，這樣的變化需要相應的品牌更新。城市品牌形象的呈現，包括了相關的文藝作品、傳說神話、歷史事件、非物質文化遺產、大型活動等，建立城市品牌形象需要政府、企業、市民、媒體等多方的共同努力和長期投入。

城市品牌核心價值和定位需要轉化為能夠溝通傳達呈現的品牌故事，城市品牌故事必須透過適當的敘述，將城市歷史、文化與願景連結起來，增強對人們的情感吸引力。分享當地居民的日常生活、奮鬥經歷和人情故事，使品牌形象更具親和力和真實感。挖掘城市的歷史背景和傳統，通過故事展現城市的發展脈絡，好的故事行銷能夠賦予城市品牌生命力，讓我們在情感上產生共鳴，並建立情感聯繫。

高雄市鹽埕區的駁二藝術特區涵蓋三大倉庫群及鐵道園區，是台灣最大的文化創意產業園區，可經由大眾運輸系統之捷運及輕軌串連鄰近的哈瑪星、西子灣、愛河流域等各種文化設施，包括臨海沿岸的真愛碼頭、光榮碼頭、高雄流行音樂中心、港埠旅運中心、

城市品牌行銷 01

高雄展覽館、高雄總圖書館等，整體有如多功能的經貿園區、亞洲新灣區，成功帶動區域觀光人潮及舊港區的文化復興。使高雄的城市印象從老舊中重生，對提升高雄市的城市品牌獲得極大的關注度，歷年旅客人次大幅成長，象徵城市品牌的正向發展。

視覺表現

　　旅客在前往特定城市之前，心中對該城市的印象與聯想將影響旅客對該城市的認識。包括視覺上的標識、文化符號和象徵建築、獨特的城市地標等都會影響目標群體心目中的感知，因此品牌形象的設計需要結合視覺元素、口號與故事敘述，讓城市品牌更加具象化。透過制定城市品牌視覺與口號，以一致的視覺設計與宣傳語彙，加深品牌的識別度，城市標誌與口號標語設計應簡潔、鮮明，能傳遞城市的核心價值。

　　良好的城市識別系統做為城市品牌的溝通管道，應能有效傳遞城市的特徵，像是自然環境、地理條件、人文歷史等，輔助世人記憶，展現出城市的地域性及文化歷史特色。高雄進行大型公共建設，利用前衛的空間視覺設計與興建輕軌系統，成功使城市形象轉變得充滿創意與吸引力，讓港口遷移後的沿岸空間成為展現城市特色的場域，重新塑造民眾生活與地方的情感連結，塑造光榮感的氛圍。

　　將城市品牌識別元素註冊為商標，不僅能在法律上受到保護，也能提升智慧財產權的無形價值利用，能衍生出更多的城市品牌產品。當城市與在地業者共同合作，創造以城市品牌形象構成的地區商品服務延伸品牌，不但能有效利用提高城市品牌的競爭力，也能

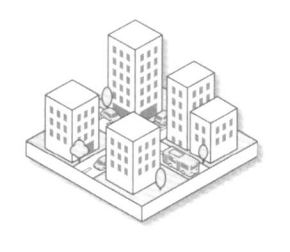

助益當地特色產業的發展。

　　以台南400視覺識別系統來說，台南作為台灣連結世界的窗口，各種歷史與族群在這塊土地上衝突、合作、共生共榮的種種過程，不只形塑了今日的台南，更建構了今天的台灣。「台南400視覺識別系統」包括標誌（LOGO）、標準字（LOGO TYPE）、圖樣（PATTERN）、顏色（COLOR）等視覺元素。概念發想汲取自台南的地理環境、歷史進程與人文精神，並表達對未來的期許。

　　根據「台南400」視覺識別系統自身的說明，其設計概念如下：

- **標誌**：台南400標誌，由西拉雅十字繡、安平夕陽的光芒和熱蘭遮城，三種圖案演化而來，有融合、榮光兩個版本，象徵族群融合及自由希望。
- **標準字**：「台」字取樣自孔廟入口匾額，「南」字取自昭和十一年台南州文件，從跨年代的文書裡找到台南、看見台南，以光陰提煉出的「台南」二字。
- **標準色**：色彩取樣自台南建築、人文、代表花卉與自然景觀，分別為：台南武廟牆紅、台南藍晒圖藍、台南鳳凰花橘、台南鯤鯓沙白。
- **圖樣**：將標誌做成連續圖樣，代表市民緊密連結世代傳承，每個人都發光發熱，一起慢慢改變台南。

　　在實現滿足城市行銷需求的前提之下，運用城市所能提供的重要資源，並且從以人為本的設計找到創新的解決方案。城市可透過打造文化地標與創意空間的方式來強化其文化品牌形象，這些空間將成為展示文化創意產業的重要平台。像是台北的松山文創園區

及高雄的駁二藝術特區，都是通過改造老舊空間並融入現代創意元素，吸引了大批旅客與創意產業聚集的絕佳範例。

蘭陽博物館做為宜蘭縣的地方歷史博物館，地點設置於頭城鎮烏石港城市計畫區內，並成為宜蘭縣的城市品牌特色之一，建館理念為「視宜蘭為一座生態博物館」，展現出宜蘭縣的品牌形象，讓目標受眾對地方歷史與文化有所認識，強化城市的歷史傳遞與文化認同。此處不但成為當地居民的休憩娛樂場域，並且提供外來旅客滿足了觀光的需求。

新北市坪林區有「茶的故鄉」之美稱，坪林茶業博物館以「茶」為主題，帶領大眾認識台灣茶業與茶文化，具備茶葉產業與茶藝生活文化的推廣、茶學教育及休閒遊憩功能，並以國際茶文化的交流平台為目標提升價值感。博物館空間分成三個部分，展示館的展覽帶領大眾認識茶葉文化，體驗館以互動參與為基礎規劃了五感體驗，茶藝教室則是舉辦茶道、茶食等各類茶藝課程講座的教育推廣空間。透過坪林茶業博物館與城市中其他鄰近的文化地標合作，推出旅遊行程與自由行建議，帶動整體城市的特色觀光，也成功凸顯城市形象的差異化。

工業轉型的城市，可經由重建基礎設施，運用創新思維利用公共空間，透過改變城市的整體視覺外觀，改善城市品牌的識別設計和標誌性建築，達到城市品牌再造的目的。像是基隆市就透過品牌再造，修復歷史文化資產、活化閒置空間，改善了基隆市的品牌形象，並藉舉辦如產業博覽會和城市博覽會，成功利用會展帶來人潮。

新北市瑞芳區的新北市立黃金博物館，原是以礦業為主題的博物館，坐落於水金九地區，也就是水湳洞、金瓜石、九份的合稱。

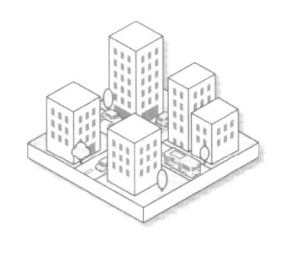

因為擁有豐富礦業地景及礦區結構遺跡，也成了瑞芳區的城市品牌形象代表，其中「生活美學體驗坊」是舊時期員工宿舍群的建築再利用，藉由空間展示與物品陳列，讓參觀民眾體驗跨時空的文化與歷史特色。

城市吉祥物

　　制定城市品牌的差異化定位，可包括從設計城市的品牌標誌、標語和視覺識別，以及城市吉祥物等著手。發揮創造力和策展技巧，將能城市品牌識別的元素和符號內容，應用於多種媒介中，將品牌的特色呈現給更廣泛的受眾，透過有效的傳播和推廣，達成城市品牌的行銷與溝通。城市吉祥物做為城市的代言人，可將吉祥物融入城市品牌的形象元素帶來親切感，用於宣傳活動、提升地方的知名度。

　　城市吉祥物還能透過表演、展示等行為，介紹城市的故事與景點，甚至是傳遞特定文化內容及政策推廣，並促進城市旅遊的發展。城市吉祥物因其外型與行為表現，會影響旅客對城市的印象，實體化的城市吉祥物還可以跟真人互動，甚至吸引「粉絲」喜愛，能讓人慕名前往旅遊消費。造型可愛的城市吉祥物獲得眾多孩童歡迎，但也有特立獨行的「醜萌」吉祥物，能吸引品味獨特的消費者青睞。

　　很多城市都有自己的城市吉祥物，如台北市的熊讚、台中市的石虎家族、桃園市的丫桃與園哥、雲林縣的奇萌籽、新竹縣的皮皮獅、台南市的巷仔 Niau 與菜奇鴨、高雄市的高雄熊等。地方政府在管理及行銷推廣城市吉祥物上需有整體的規劃，並且注意相關規

範，不論透過城市吉祥物提供什麼樣的服務應用，都應幫助城市維持良好形象。

　　城市吉祥物在設計上會加入許多城市特色的角色設定，包括角色的個性特徵、年齡、故事背景等，將本身的特徵與性格和城市連結，並受智慧財產權保護。城市吉祥物具備令人喜愛的療癒特質，可以採用人物、動物、植物及抽象造型。在推廣期間，將城市吉祥物的肖像權，免費授權給當地的產業使用，開發有形及無形產品，能有效帶動城市產業的商機。開發城市吉祥物紀念商品，一方面推動了自身的知名度與支持，另一方面也帶動城市行銷與品牌形象的連結。

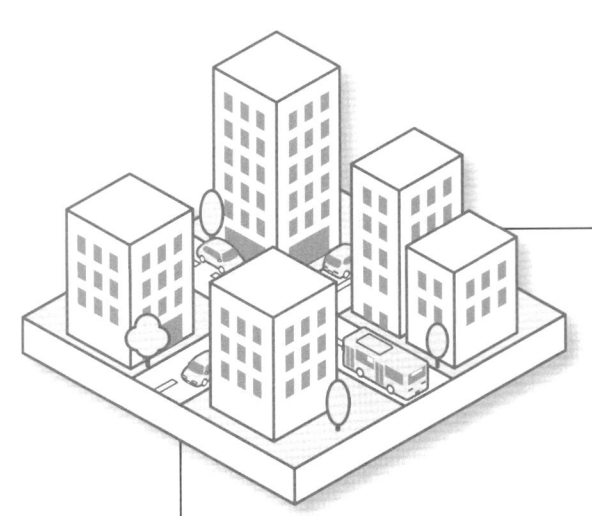

1.4

城市品牌
與
居住吸引力

城市品牌行銷 01

生活的感受

　　城市品牌的建設能提升城市的外部形象，吸引投資和旅客，同時也能提升城市對內的居住吸引力，吸引留住人才，當城市面臨低生育率、老齡化及人才外流等挑戰時，提升城市本身的居住吸引力，成為城市行銷中的重要課題。城市必須提供居民日常生活、娛樂和休閒等需求，並經由景觀、公共設施以及特殊的資源等配合，滿足居民的生活需求與繼續留駐的動機。

　　打造宜居城市應著重經濟、社會、文化與環境等面向的平衡發展，這當中包括基礎建設、經濟發展、社會福利、城市交通、環境景觀等。友善的城市關係能營造出良好的社會氛圍與安全感以及安全的社會環境與和諧的鄰里關係，對提升住戶的居住吸引力至關重要，城市品牌的建設可以通過強調城市的治安狀況和安全措施，提升對居民的吸引力。

　　當我們對城市生活感到滿意時就會產生依賴。居住吸引力涉及的範疇包括經濟、生活質量與社會環境，居民對城市居住環境的各方要求，包括生活品質、教育資源、醫療服務、交通便利性、公共設施、安全性等，這些因素共同影響著一個城市對潛在居民的吸引力。如台中市以適宜的氣候與舒適的生活環境受到青睞，吸引退休族群與新婚家庭；台南市具有豐富的文化資源，花蓮、台東則以自然環境優勢吸引部分尋求慢活的族群。

　　透過城市空間的佈局與交通規劃，提供安全、舒適、便利的生活空間，搭配大眾運輸工具及自行車和人行系統規劃，建立宜居通勤環境。便捷的交通是居住的重要吸引力之一，交通基礎設施和便利性能提升城市對居民和旅客的吸引力，尤其如捷運與共享交通工

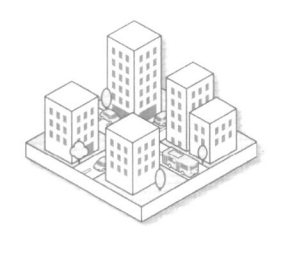

具普及等發達的公共交通網絡更是吸引年輕族群前往的關鍵。

此外，城市對外的開放程度、治安環境好壞，與當地居民的態度是否友善，都很重要。地方政府應提升城市環境的生活品質，創造地方就業機會，以改善地方經濟發展。經濟條件與就業市場，是影響城市居住吸引力的核心要素之一，經濟的發展對城市吸引力有決定性的影響力。城市品牌需結合當地的產業優勢，帶動周邊地區的經濟活力，如新竹縣市因科技園區的聚集，吸引了大量高科技人才。

英國經濟學人智庫「2024年全球宜居指數報告（Global Liveability Index）」針對全球城市進行排名，宜居指數涵蓋173個城市，並依據穩定性、醫療保健、文化與環境、教育和基礎設施五大類別進行評分和排名。根據評比，台北（第66名）、高雄（第72名）、台中（第74名）的表現不錯。台北的總得分超過80分，尤其在「健康照護」方面的得分顯著提升，這點對老齡化社會具有重要意義，不但為居民提供了更為全面和高質量的醫療資源，更進一步提升了生活的安全感和幸福感。

高雄在評比中的得分也超過80分，除了完善健康照護和醫療保障外，豐富的自然景觀和多樣的文化生活也吸引了眾多家庭和年輕人定居，為市民創造了良好的生活品質，讓這座城市展現獨特的宜居魅力。台中在「健康照護」方面的成績顯著，除了具有活力與宜居的生活環境外，豐富的文化資源也深受國際與本地居民的喜愛，每年舉辦的國際花卉博覽會和爵士音樂節，也吸引許多慕名而來的旅客。

同時，優質的教育資源是許多家庭選擇居住地的重要考量因素，通過強調城市的優質教育資源，提升其對家庭和人才的吸引

力。地方政府應致力於教育資源公平化，推動偏鄉教育發展，提升學校硬體設施及前瞻性的教育計畫。如台中市以其多所知名大學和高質量的中小學教育資源，吸引了大量家庭定居；台南市雙語教育的推動方向，在符合教育機會均等與因地制宜的政策理念下，無論是城市或偏鄉學生，都能在既有基礎上計畫性的穩健推進。

　　城市宜居的條件還包括像是增進民眾就業競爭力，提供更多元的交通運輸選擇，發展安全、可信賴與節約能源的交通系統，減少家庭交通成本，重視城市與鄰里環境，規劃設計健康、安全的建設，提升生活的便利性等。生活品質是居住吸引力需求中最重要的因素之一，優質的生活品質包括良好的環境、豐富的文化娛樂設施、便利的交通和高效的公共服務。

　　台北市以豐富的工作發展機會、完整的交通系統和便利生活機能，吸引了不少移居的住民。天母商圈主要吸引中高收入的消費者，特別是外國駐台人士和居住在此的家庭，台北市士林天母商圈是一個結合國際文化、購物、娛樂的高級住宅與商業區，這裡曾因美軍駐地而發展成國際化的購物區，現今依然保留著濃厚的國際氛圍。

　　天母商圈擁有多家國際精品店和生活品牌店鋪，如 SOGO 天母店和新光三越與大葉高島屋百貨，還有許多外國進口商品店。天母區擁有優雅的咖啡廳、餐廳和影城，是適合家庭和外國人居住的高級區域，也常舉辦市集和文化活動。已邁入第 16 屆的「天母搞什麼鬼：萬聖節嘉年華」，是天母商圈最具代表性的年度活動，參與人潮截至民國 112 年成長至 29 萬人次，活動現場可以看見眾多出色、逼真的萬聖節裝扮，不需要出國也能體驗濃厚的異國節慶氛圍。

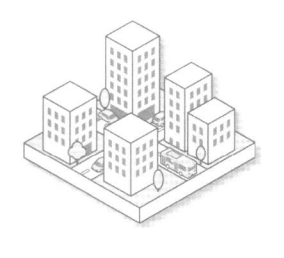

房價與租金的居住成本是影響居民衡量城市居住吸引力的重要指標。地方政府應促進城市入住環境的合理性，使居民有租屋購屋的能力機會，透過地方治理與公共政策的制定，如增加社會住宅供應、控制房價漲幅等，緩解高房價壓力。推動城市活動與文化包容政策，促進城市和諧與居民幸福感。

　　與城市有深度連結、持續為地方關心貢獻與的人可能是懷抱熱情與關懷的過客，也可能是對地方抱有憧憬的支持者，甚至是受限生活尚未展開行動、但正在考慮移居該地，未來有機會遷入的人，都可能透過參與各種形式的活動而與城市產生連結。為吸引不同族群定居，可針對高端人才與外籍家庭實行友善外籍人士的支持政策以提供多語言服務，吸引國際人才，提供專屬的移民政策與生活服務支援，如設立國際學校與多語言城市中心。

安全的維護

　　不論是居民及觀光客都期望能在安心的環境中生活、工作、旅遊，安全、和諧的城市將會吸引更多的旅客和投資者。警政刑案、竊盜以及暴力犯罪的破獲率，不但對維護社會秩序和公共安全來說至關重要，對城市品牌的居住吸引力也有高度關聯。如果犯罪率居高不下，城市將會受到負面影響，當警政機關能夠有效打擊犯罪行為，提高破案率時，社會才有法律和秩序的公正性可言，這樣的社會尊重還能提升城市的經濟發展。

　　根據《富比士顧問（Forbes Advisor）》所發布的「2024全世界最安全城市」評選，該調查依據犯罪、健康、人身安全、資訊安全、自然災害等7項風險指標，針對全世界60座城市進行評比

排名。唯一進入 2024 全世界最安全城市 TOP20 名單的台灣城市是台北市，在評選中的犯罪率項目上獲得良好成績 59 分（滿分為 60 分），這代表犯罪率不高；不過在基礎建設、資訊安全指標上，相較於其他國家，獲得的分數並不算高（基礎建設 36、資訊安全 31，滿分為 60），綜合下來位列在第十二名。

城市的安全宜居和可持續城市的概念緊密相關，面對惡劣的氣候變遷這樣的強大挑戰，若能確保城市能有效預防威脅因應對安全風險，就能維持居住的吸引力。為減少恐怖威脅，應以社會包容性和市民參與為基礎，打造預防暴力犯罪、更安全公正的智慧城市。

原住民的居住需求

因應高山峻嶺、急流陡川的山海生態，原住民族各族因地制宜，逐漸發展出不同型態的農耕、採集、狩獵、漁捕等獨特產業，在空間觀念上強調與自然環境和諧共存。台灣的原住民各族人口中以阿美族 22.0 萬人占 37.3％最多，排灣族 10.6 萬人占 18.1％次之，泰雅族 9.6 萬人占 16.2％居第 3，三者合計占原住民總人數 7 成 2。當原住民離鄉至都會區工作，使族人齊聚的場合除了同鄉會、娛樂場所，更重要的就是教會，因此建立都市原住民對在地的認同感與歸屬感也是城市行銷的重點。

以空間區域分佈來看，目前台灣島上分佈地區最廣的族群為泰雅族，分布在台灣中北部山區；其次為布農族，分布於中央山脈海拔一千至二千公尺的山區，以南投縣境為主，廣及於高雄縣那瑪夏鄉、台東縣海端鄉。各縣市原住民人口數以花蓮縣原住民人口占全國原住民人口數之 15％以上最多，阿美族設籍花蓮縣 5 萬 2,655

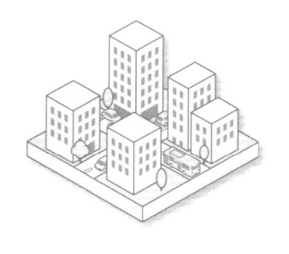

人最多、排灣族設籍屏東縣 4 萬 9,643 人最多、泰雅族設籍桃園市 2 萬 2,528 人最多。

桃園市原住民族人口數截至113年10月底統計有86,132人，居全國第二位，且桃園市之原住民族群完整，可視為台灣原住民族文化的縮影。對居住在桃園市的原住民族而言，生活環境及地方政府支持的良好條件，都使在桃園市生活的原住民族人能持續傳承先人的智慧並保存傳統文化。

「原住民族家庭服務中心」的服務宗旨以「家庭」為核心，為思考原住民的總體需求、推動社會福利服務的相關措施，主要目標是根據部落為基礎，推動原住民族文化內涵為核心的家庭社會工作。透過事先發現需要關懷協助的原住民族家庭，提供信心支持服務，包括生活、經濟、教育、文化、法律等方面的諮詢、幫助、轉介和輔導。目前全國有 66 個原住民族家庭服務中心，分布在 54 個原住民族地區和 12 個都會區，能夠在原住民族和主流社會福利體制之間擔任橋樑的角色。

新竹縣是泰雅族和賽夏族的居住地，有著濃厚的原住民文化，保留許多傳統農業村落和自然生態區。地方政府針對原住民提出部落特色道路改善、原鄉部落老舊房屋合法化、原住民族部落環境基本調查、部落溝通及國土功能分區劃分、經濟弱勢原住民建購及修繕住宅補助、宜居部落建設計畫等提供協助；並於尖石鄉、五峰鄉及關西暨竹東鎮設置原住民族家庭服務中心，深化部落長照、原住民社會服務與關懷救助。

原住民族部落文化健康站所服務的年長者，以55歲以上健康、亞健康、衰弱、輕度失能的部落長者為主，透過照護服務據點服務當地長者提供簡易的健康照顧服務、電話關懷、生活照顧服務、供

餐服務、延緩失能活動及居家訪視服務等。以契約委託地方組織建立關係，並且提供在地就業機會，充分整合原鄉部落社會資源：如教會、民間協會及醫療院所等，針對原鄉部落、福利資源短缺，提供就近地便利性的部落老人照顧，以確保能維護其價值尊嚴。

苗栗縣境內為數最多的原住民族群，也包括了賽夏族及泰雅族，多半居在南庄鄉、泰安鄉及獅潭鄉等區域。其中苗栗縣政府爭取設置的原住民族部落文化健康站就有 13 站都分布在這 3 個鄉鎮內，另有 3 站則是因應部分搬遷至頭份市、竹南鎮、大湖鄉及苗栗市等都會區原住民長者的需求。

未來的發展

城市的歷史將加強居民的依附感，我們之所以對特定地方擁有特殊的情感，常是藉由經常性居住活動與場域產生連結、涉入、記憶堆疊、建立情感連結，對城市產生認同感與安全感，一旦能將自己所處之處視為家鄉或別具意義，就會產生地方認同。

因為身邊好友都在此地生活成家，生命中最美好記憶都在此建立，長時間的生活、經歷生命中的重大事件和環境變遷，因為一段時間的熟悉成長，會產生較多的城市情感連結。也因此，影響人們選擇居住城市的條件，不是只限於硬體的建設，更包含了居民與利益關係人的內在感受。

台灣已逐步邁入超高齡社會，為了有效解決城市既有的住宅問題，更需積極推廣落實城市的品牌再造。先進的醫療設施和優質的醫療服務，能提升其對居民的吸引力。健康的危機已經擴大到涵蓋了城市的環境、經濟及全面的安全，實踐公民健康生活的環境中，

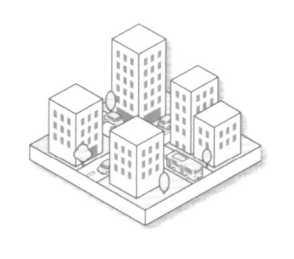

誰能提供更能方便使用的醫療保健並快速因應緊急情況威脅，才能贏得人們青睞。

好的城市通用設計與共融服務能消除環境障礙，通用設計的理念應包容不同需求的使用者，以消除環境帶來的障礙，從而提高各年齡層的生活品質；特別是需要針對婦女、孩童、老年人及身心障礙者帶來幫助。減少城市內使市民行動不便的障礙因素，撤除造成市民不敢動及不想動的無形障礙。隨著人口老齡化，城市應該提供更多高齡友善設施，如適合步行的小徑、座位、無障礙設施等，以滿足不同的需求。

良好的城市應建立對年齡、性別及文化沒有歧視的環境，為了因應人口高齡化的現象，應發展具包容性且具可近性的城市環境。從高齡者的觀點出發，營造出適合居住的環境。根據高齡人口的現狀，持續改善公共空間以符合無障礙標準，如馬路綠燈時間夠長、禮讓行人、維持城市的良好治安等，提供長輩搭車的優惠、便利的交通運輸或接送設計等。

城市應發展適合不同失能程度的住所與服務，還可結合志工，提供送餐和家事服務，使各種服務與活動便於長輩參與，像是位置便利、收費合理、容許親友陪伴參加，提倡敬老文化與增進跨世代互動，並且鼓勵發展各種銀髮服務和產品，支持長者持續就業、參加志願服務或勇敢追逐夢想。主動提供各種重要資訊給長輩，確保長輩與社會連結，提供各種社會服務、休閒娛樂、運動保健活動、講座或健檢服務等，鼓勵長輩多走出來參與。

聯合國通過「兒童權利公約（Convention on the Rights of the Child, CRC）」，從原本的宣言轉為具有約束力的公約，是世界重視兒童權益的重要里程碑；其基本精神為注重兒童的需求，

並確保兒童應受到國家、家庭的照顧及尊重。在少子化的環境中，創造兒童友善空間改善城市生活品質，提供健康、幸福兒童成長環境。透過友善的城市實現兒童的權利，包含安全、可親近的綠地、多元的活動設施、獨立移動的自由、活絡的鄰里環境等。

兒童因身材較為矮小，在穿越道路時，若無法及時察覺危險，又因路旁障礙物阻擋視線，忽略周遭環境的變化，較易發生交通事故傷害。因此，學區範圍內的通學步道應加以規劃管制，使學生擁有安全的通學路徑，這也才能讓有小孩的家長更放心地留在所居住的城市。

在環境公共設施上，規劃完善的人行街道、公園有助於提供增進民眾休憩、社會互動，公共設施的可近性、城市景觀、光線充足、乾淨的飲用水、街道維護也會影響居民的活動意願。在住家附近有維持 好的步 可達公共空間，也有助於增進居民對城市的認同感。

在永續發展的觀念下，以綠色城市為目標追求社會與自然環境的平衡發展已是趨勢，增加城市空間結構的綠地面積與綠視率，銜接自然環境並提升生活品質都是可以具體實施的方式。透過重視空氣品質、綠化環境與城市公園數量，均能提升居民的休閒與生活滿意度，使人感受到生活品質的提升。增設城市綠地與步行友善區域，例如打造多功能的城市公園與人行街區，提升生活空間的宜居性，鼓勵綠能建築與公共設施節能改造，都是打造可持續發展生活環境的好方法。

公園具有調整微氣候、減少城市碳排放與淨化空氣、降低自然災害，如地震、火災、洪泛影響之效，並可提供災民集中避難、救災、救援、復舊所需之空間或災後清理廢棄物時收集轉運等機能。公園在環境、生態、景觀、社會等各方面皆具有重要功能，城市必

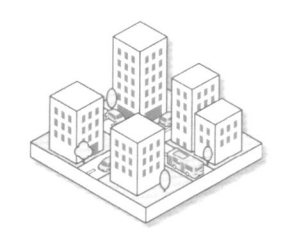

須考量環境變遷，使公園綠地不單只是居民的休閒場所，更被賦予生態與永續發展的任務。

　　透過結合綠色宜居、科技創新與文化魅力，城市可以吸引更多人才與定居人口，促進整體經濟與社會發展。針對不同族群需求打造獨特的居住環境，促進人口穩定與可持續發展；同時各城市需根據自身的特色與需求制定差異化的品牌策略，加強政策協調與資源整合，以形成競爭與合作並存的品牌發展模式，進一步提高台灣城市在國際舞台上的吸引力與競爭力。

　　當局應以不過度破壞生態環境的方式來適當實現經濟成長，唯有當城市在產業蓬勃發展並具競爭力的條件之下，才能滿足居民穩定收入來源與就業機會，在不受經濟困擾下得以維持整體社會的安定。為使居民擁有健康的生活，環境、教育、城市設計、交通等與生活相關的公共事務皆息息相關。想創造支持性的環境，需符合民眾期望與實際需求感受，才能營造理想的城市生活環境。

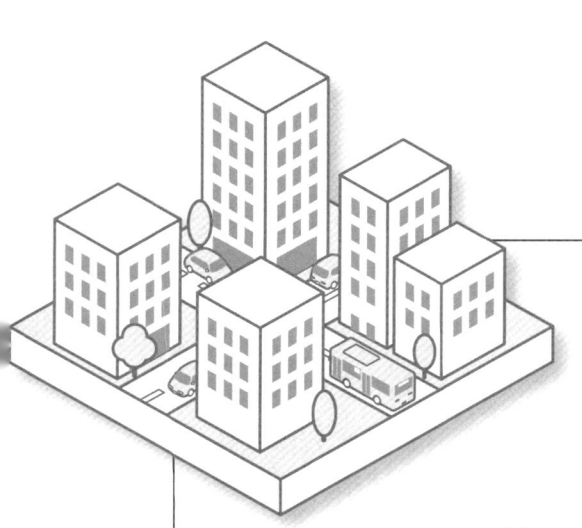

1.5

城市品牌的
傳播策略

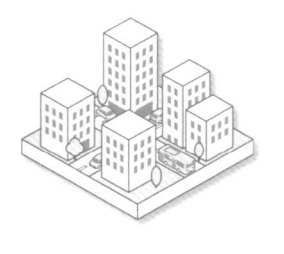

傳播的策略

　　城市品牌的傳播策略正是將城市的品牌形象、價值和核心定位傳遞給目標受眾的關鍵過程，不僅涉及了城市品牌的視覺設計和廣告推廣，還包括更深層次的整合行銷策略。隨著城市的競爭加劇，傳播策略能幫助城市將自身獨特的文化、資源、產業優勢等以清晰的方式傳遞給外界，以提升城市品牌的知名度和影響力。

　　當城市品牌得到成功傳播時，不僅能影響外部受眾，還能夠提升在地居民對城市的認同與自豪，透過傳播活動，居民能更好地了解城市的核心價值和願景，並形塑對城市未來的共同期待。有效的品牌傳播策略能夠吸引投資、推動旅遊業、促進當地產品和服務的銷售，直接為城市帶來經濟效益。同時，通過品牌的提升，城市還能吸引更多的國際活動、展覽和大型會議，進一步促進當地經濟繁榮。

　　人們對觀光地點最初的基本印象，往往經由親朋好友口耳相傳、網路傳播媒體或報章雜誌報導所得，對於潛在旅客具有誘導效果。《整合行銷傳播策略與企劃》一書指出，整合行銷傳播是指將廣告、公關、促銷、數位行銷和直效行銷等多種行銷活動結合起來，形成統一且協同的傳播策略。對於城市品牌來說，整合行銷傳播能有效整合各種資源，使傳播效益最大化。

　　透過多樣的傳播方式，城市可以積極塑造並改善自身的公共形象，尤其在應對外界的負面評價時，能及時發聲、主動引導輿論，塑造積極正面的城市形象。隨著互聯網技術的進步，社交媒體及數位行銷興起，城市行銷的工具和策略更加多樣化。當代的城市行銷更強調數據驅動、品牌互動以及以人為本的體驗設計。

廣告與媒體採購

　　觀光地區的廣告資訊將直接影響對受眾所產生的意象，因此，應由城市品牌管理營運之公民營單位主動控制各種觀光行銷資源，以確保所造成之影響結果。在觀光行銷的發展上，應先了解旅客對目的地的意象，再經由大眾媒體的廣告、旅行社的促銷活動、旅遊指南等商業性質的宣傳推廣，改變城市的操作定位。

　　利用電視、平面媒體、戶外廣告、網路廣告等途徑大規模地推廣城市的品牌形象。這些廣告應具備強烈的視覺吸引力，並傳達清晰的品牌訊息，使之與城市的核心價值緊密結合。廣告宣傳是城市品牌通過各種媒體向目標受眾傳達品牌信息的推廣基本手段。城市可以通過電視廣告、報紙廣告、戶外廣告等形式進行廣告宣傳，來提升城市品牌的知名度。

　　城市還可以利用網路廣告在特定的網站平台上投放品牌宣傳內容，網路廣告包括了多種形式，如展示廣告、社交媒體廣告、視頻廣告和原生廣告等。這些廣告能透過精準的數據分析技術，將廣告內容展示給目標受眾，使曝光效益最大化。展示廣告則包含了橫幅、影音視頻、GIF 等吸引眼球的元素，並串聯至城市的官網或特定活動頁面，達到溝通目標受眾的效果。

公共關係與危機處理

　　城市的公共關係策略包括了媒體關係管理、事件行銷、危機管理和形象管理等，經由與媒體的合作、發佈新聞稿和策劃報導，將城市的故事和特色展現給廣大受眾。透過公共關係的運作和媒體合

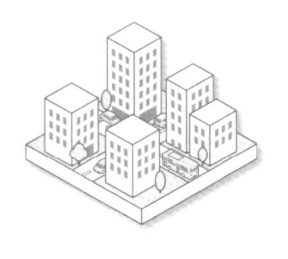

作，主動管理城市的形象、處理負面事件，來維持並提升城市的品牌聲譽。公關報導能增進城市的曝光度，並對外界形成正面認知，是城市品牌推廣的重要手段。

具體的行動包括了新聞發佈會、媒體置入曝光、城市品牌代言等形式的公共關係合作，用以提升城市的曝光度並提升品牌的正面形象。城市行銷還需要借助公共關係和媒體行銷，向國際市場推廣城市品牌形象和核心價值，尤其是社交媒體的興起，更使得城市能夠直接與全球受眾進行互動。

人們對美食和旅行體驗的追求，使城市在公共關係的操作上更有空間，國際美食評論家和媒體主廚開始在不同的城市中尋找創新的烹飪風格、食材和背景故事。潮流趨勢促使美食和旅行緊密結合，並展示在許多知名主廚的旅遊節目中。在探索不同城市的過程裡，廚師不僅呈現當地的美食文化和烹飪技巧，還突顯了城市文化的背景和風景特色。透過介紹當地食材、傳統食譜和烹飪方式，將城市旅遊及美食串聯在一起。

在城市面對負面事件如環境污染、公共安全事件發生時，城市應及時透過媒體發聲，迅速應對並進行品牌修復，防止事件進一步擴大影響。城市在發展的過程中可能會遇到各種負面事件，如治安問題、環境污染等，這些事件會對城市品牌形象造成負面影響，需要及時的危機應對和形象修復。

城市參與和居民合作

城市品牌的傳播不僅僅是對外的，還需要強化與本地城市居民的互動，讓居民成為品牌的代言人，進一步推動品牌內外傳播的整

合。透過組織城市文化活動、社會公益活動等，增強居民對城市品牌的參與感和認同感，使品牌形象更加接地氣。透過與當地商業和非營利組織合作，支持品牌相關的社會責任項目，可提升城市品牌的社會價值和影響力。通過城市品牌宣講、學校教育和培訓課程，讓市民深入了解城市的品牌價值，並學習如何成為城市品牌的推廣者。

台東縣以其純淨、無汙染的自然環境及多元部落文化聞名，當地致力於發展有機農業，種植有機稻米、紅藜、洛神花等作物，不僅具備高經濟價值，還與當地的原住民文化有深厚聯繫。通過發展有機農產品與文化體驗結合的旅遊模式，台東成功打造了具備文化深度與生態永續性的城市品牌形象。近年來台東縣推廣的有機紅藜被定位為高端健康食品，特別受到健康飲食追求者的青睞。

為了推動紅藜的品牌行銷，台東縣結合了原住民的文化故事，將紅藜視為部落文化的一部分而進行推廣，同時透過舉辦紅藜文化節、開設紅藜相關文化體驗活動，讓旅客不僅能品嚐到紅藜美食，還能深入了解台東的原住民文化，成功塑造了台東的城市品牌。

活動行銷

若能善加透過組織舉辦各類城市活動來推廣品牌，不僅能吸引人流，也能提升城市的知名度和美譽，通過舉辦各類活動吸引公眾關注，提升品牌的影響力。如城市可以舉辦國際性的會議、博覽會、藝術節、體育賽事等活動，吸引全球參與者和媒體報導。透過舉辦具有地方特色的節慶活動，好比主辦大型音樂節、藝術展覽、體育賽事，來展現城市的文化多樣性，吸引國內外旅客參與，提升

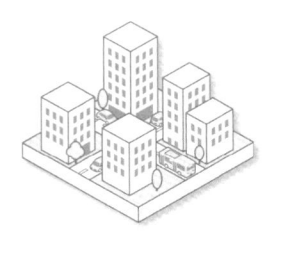

國際形象；或舉辦各類商業展覽、產業博覽會等活動，推廣城市的商業潛力和產業優勢，吸引企業投資。

數位行銷

　　數位行銷工具涵蓋了搜尋官方網站之引擎優化（SEO）、線上廣告、社群媒體、內容行銷和等手段，使行銷資訊能精準觸及目標受眾，並提高品牌的曝光率和互動性，具有即時精準的特點。數位行銷透過即時的互動性和數據驅動，能快速觸達大量目標受眾，優化城市的官方網站，使之在搜尋引擎上有更高的排名。

　　藉由投放 Google Ads、Facebook Ads 等關鍵字廣告，將城市的核心優勢展示在搜尋頁面頂端。這些行銷工具能有效提高品牌的曝光率，並引導目標受眾深入了解城市的獨特價值。利用付費廣告提升城市曝光，像是社群媒體廣告平台如 Facebook Ads 或 Instagram Ads，能根據地區、年齡、興趣和行為來精準定位受眾，有效將預算集中在那些最有可能成為客戶的群體上，精準吸引潛在的旅客和投資者。

　　透過加強景點、活動、住宿等資訊的更新頻率和準確性，提供更可靠的資訊來源，以提升旅客對城市官方網站的信任與依賴，簡化使用者的操作流程、改進界面設計並提供詳細的使用指南，提升城市官網的使用的體驗，增加網站的訪問量和使用率。若能同時增強即時客服支援，提高服務品質，即時解決使用者在過程中遇到的問題，更能提高使用者滿意度。

社群媒體與內容行銷

　　城市應使用社群媒體策略作為城市行銷的一部分，向不同的利益相關者如居民、旅客、當地企業、旅遊行業和政府宣傳自己。不同的社群媒體平台（social networking service，SNS）有不同的受眾特徵，因此選擇合適的平台至關重要；製作讓受眾能夠參與的內容，如問答、投票、意見調查或競賽，能夠增加社群互動性並吸引更多潛在客戶。例如 Instagram 限時動態中的互動功能，如投票或問題框，就能促進用戶參與並引發對話。

　　保持定期且一致的發文時間，能幫助品牌維持受眾的注意力，在選擇發文頻率時，應取決於受眾偏好和平台特性。城市應善用社群媒體帳號發布各類品牌推廣內容，如活動公告、旅遊推薦、文化介紹等，通過精美的圖片、短視頻和故事貼文，展現城市的獨特魅力。

　　運用 Facebook、Instagram、threads 等社群平台，發布城市的動態、活動、旅遊資訊等，並與粉絲進行互動。社群媒體平台提供的分析工具，能幫助我們追蹤受眾的參與度、地理位置、年齡和性別等資訊。社群媒體也具備與追隨者互動的功能，城市可以即時回應市民旅客的疑問反饋，增強目標受眾的參與感。

　　至於內容行銷則可透過撰寫文章、電子報、影片等形式，為受眾提供有價值的資訊，例如城市指南、當地文化介紹、當地名人介紹、歷史背景知識等，以提升受眾對城市的了解和認同。用故事來傳達品牌價值和產品特點是吸引客戶的好方法，可以通過分享客戶故事、品牌背後的故事，來增加城市的吸引力。

　　商圈必須結合在地文化、連結有溫度的故事內涵和城市永續發

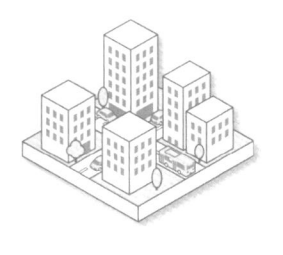

展，以進行整體規劃，善用網路社群經營，與顧客建立良好的互動關係，能進一步推廣商圈發展。運用網路社群作為經營、行銷或服務的通路，設立商圈臉書粉絲專頁和社團、LINE 官方帳號或是年輕族群常使用的 Instagram 及 threads，與顧客建立即時的互動溝通，能增加受眾對商圈的關注和參與度。商圈運用網路社群媒體行銷方式，舉辦不同的體驗行銷活動，能有助於商圈增加曝光率，刺激消費者購買意願。

口碑行銷

　　社群媒體改變了旅客的行為模式，部落格及社群平台使用者之原創內容，改變了用戶尋找旅行城市資訊時的信任意見，在旅遊訊息的交換上特別具有影響力。對旅客而言，旅遊往往具備較高風險，這不僅是因為旅遊評價的好壞出於無形，且旅遊產品通常涉及較複雜的高成本抉擇；為了降低這些風險，旅客在決定購買產品之前通常會事先收集大量資訊。

　　許多旅客在安排旅遊行程時，會參考其他社群用戶所發表的旅遊體驗以決定自己是否前往該地旅遊。由於旅客能透過社群媒體分享自身的旅遊經驗，因此大多數旅客都會透過社群媒體，或大眾媒體來了解城市，這將重度影響旅客對城市形象的認知。社群媒體上的用戶原創內容（User-Generated Content, UGC）如照片、評價、影片等，也能進一步提升品牌曝光和口碑，具有吸引力的圖片、影片設計能吸引受眾關注。由於旅遊服務的評價是基於體驗而來，在消費之前無法事先評估，因此消費者往往更加依賴他人的推薦和評論。

01 城市品牌行銷

　　若能透過大眾媒體與短影音的推動引發消費者打卡跟風，就能在網路上更有效率的傳播。消費者常常會透過網路自媒體的傳播，介紹打卡的熱門景點取景，掀起一種跟風式的時尚潮流朝聖，這也成為一種認識城市的重要途徑，不但能將地方的意象呈現出來，也表達了消費者對城市的主觀感受。自媒體拍攝的社群影片更有許多是以食物為載體，無論是介紹特殊食材、或複刻舊時代製作傳統食物的場景，甚至是將古書或電視戲劇中提到的飲食文化傳統菜色重新逐一呈現。

　　透過旅行時將在城市中的見聞體驗上傳到社群媒體，形成旅客熱點推薦，使旅客蜂擁而至。人們在社群媒體上的照片分享，除了用來維護發展個人的社交關係，通過分享還能夠讓朋友、家人和社群網路中的其他人參與我們的生活，並加強社群聯繫。分享照片也是一種人們表達自我的方式，通過選擇分享哪些照片、如何呈現自己，來展示自己的價值觀、興趣和身分，也經由這樣的累積形塑出城市品牌的面貌。

　　社群媒體上的照片分享也可以用來滿足人們的自我呈現需求，通過這些圖像塑造自己在社群媒體上的個人品牌形象，吸引特定的觀眾或追隨者。透過分享自己拍攝的照片或影片來滿足個人的內在需求，證明自己到過某些城市，透過這些旅遊照片來構建對城市的回憶，記錄生活和旅行中的重要時刻，並能在未來重新體驗當時的情感和經歷。

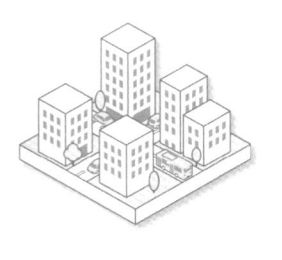

其他行銷方式

　　此外，還能透過 KOL 關鍵意見領袖（Key Opinion Leader）的口碑傳播提升城市品牌的信譽和吸引力，藉由城市所提供的優質公共服務體驗，吸引居民和旅客的積極評價推薦，形成良好的口碑效應。憑藉 KOL 的個人魅力，迅速拉近城市與受眾之間的距離，增強城市品牌的信任感。可以選擇與城市既有或國際的 KOL 合作，這些 KOL 往往擁有大批追隨者，具有較高的公信力和傳播力，能透過個人平台有效推廣城市品牌。

　　然而，相較於與知名的大牌名人合作，與微型影響者合作更有機會觸及到較小的分眾市場，因為這些人的追隨者往往具有更高的忠誠度和參與度。有許多國內外的 YouTuber 網紅，以全台各地的美食作為頻道主題，不僅展現出在地的特色文化，尤其是攤商與旅客間充滿人情味的互動，更是夜市文化迷人之處。逛夜市成了人們日常休閒娛樂的活動之一，透過銅板美食讓人以較低的代價獲得滿足的小確幸。

　　選擇具有代表性的知名藝人、運動員或文化人士，利用其影響力進行品牌推廣，都能增加城市品牌的吸引力和親和力。這些具有影響力的人士通常能針對特定的利基市場精準地接觸到城市的目標受眾。透過個人真實的體驗推薦，比城市自我推銷要來得更有說服力，這些社群媒體上真實的見聞感受分享，能激發受眾的好奇心，推動目標受眾產生實際行動。

　　另外，城市還可製作虛擬導覽影片或 3D 建模，展示景點的真實樣貌和互動細節，讓受眾在線上先行體驗，為旅客提供了身臨其境的 AR ／ VR 體驗。這樣的做法特別適用於行銷景點、博物館和

文化活動，透過這些工具，受眾可以在線上感受目的地的氛圍，這種沉浸式的體驗能增強受眾的興趣與參與感。

隨著全球化進程腳步的加速，城市之間的競爭日益激烈，如何在眾多競爭者中脫穎而出，是城市品牌傳播面臨的重要挑戰。然而不少城市品牌傳播資源有限或運用方式不當，致使傳播規模和影響力不彰，將導致行銷效果難以達到預期。尤其城市品牌傳播的內容必須與實際城市經驗相符，否則將可能引發品牌形象的信任危機，過度包裝和誇大的宣傳易導致外界對城市的期待與實際體驗產生落差，不可不慎。

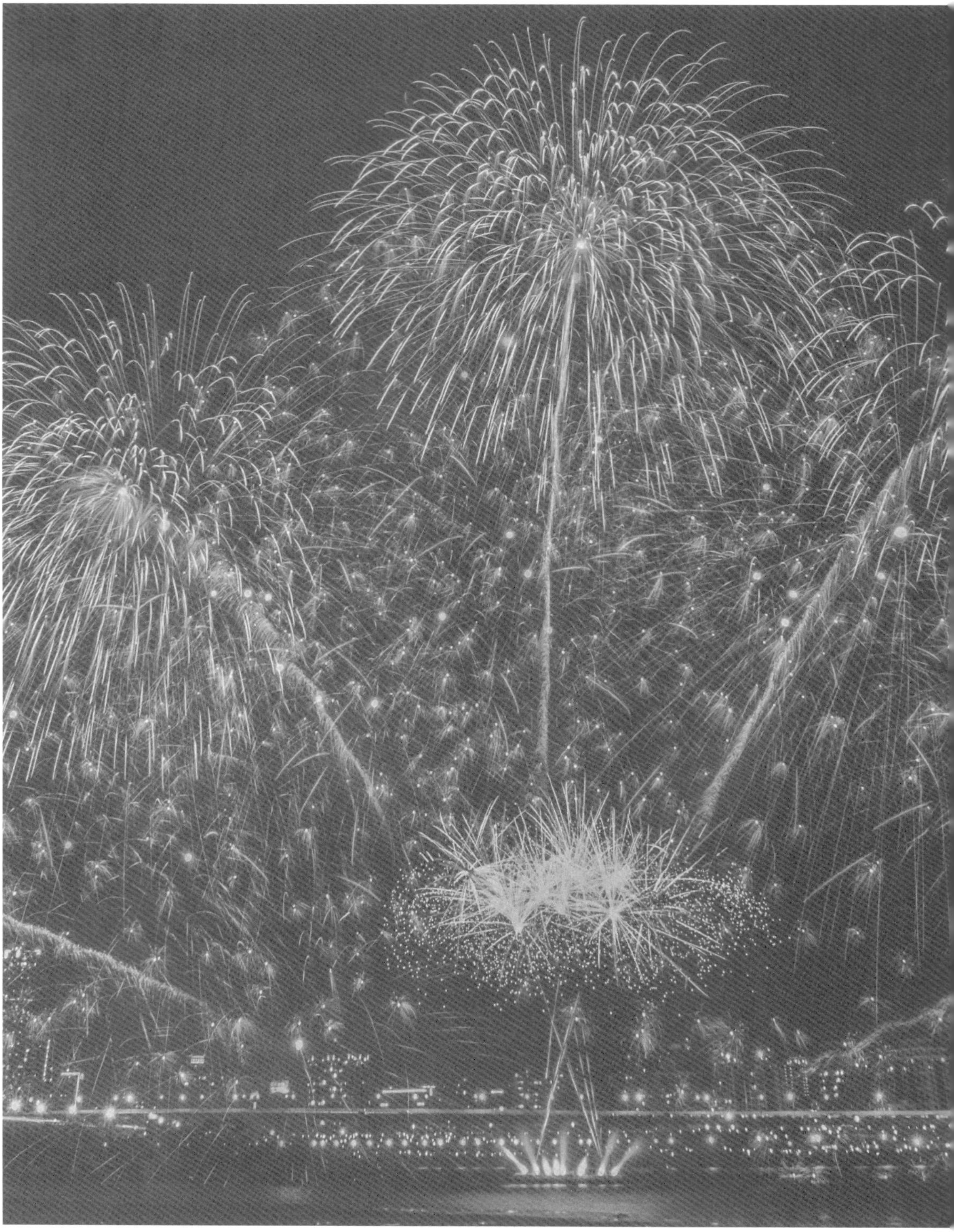

02

台灣城市品牌的塑造與挑戰

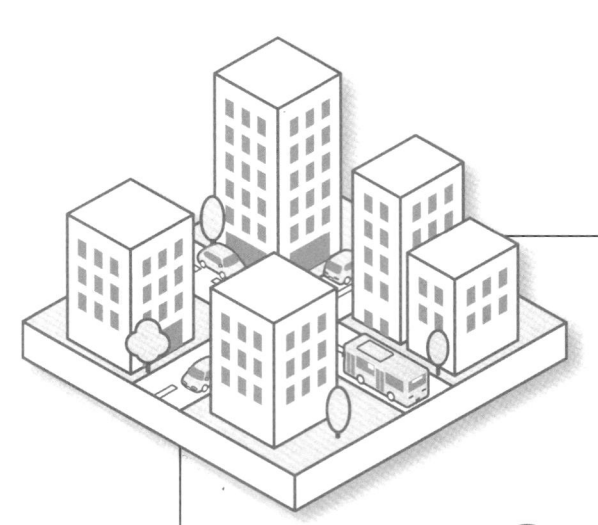

2.1

城市品牌
與行銷
的問題點

差異化不明確

　　隨著國際化與數位化發展，城市行銷在推廣地方文化、吸引觀光資源和促進經濟發展上扮演了重要角色；然而，在實踐城市行銷的過程中常常會面臨許多問題挑戰，這些隱憂影響了城市品牌形象的建立與長期成效。對城市而言，應該找到屬於自己的目標，挑戰現有的思考方式，發掘更多城市資源及其可能性。透過經濟發展規模使城市不致發生「衰退」或「消滅」，城市的經濟發展與地方高度產業相關，應結合當地人民、團體與政府，形成一種因地制宜的經濟發展模式。

　　城市品牌的文化、社會與政治環境是深具有影響力的重要資源，要具備吸引並影響消費者前往居住或觀光的能力，與受眾溝通說服的整個過程中，最重要的就是必須能聚焦。部分城市品牌的形象模糊，像是與其他城市都一樣主打餐飲文化卻缺乏差異化特色，導致城市在推廣的過程中無法有效吸引目標群體，或是城市在行銷的過程中強調過多特徵，反而讓品牌形象變得模糊不清。當城市的品牌定位不夠明確時，便會缺乏清晰的核心理念。

　　其實我們常常發現，不少城市行銷活動在規劃前未能深入進行市場調查，因此無法具體全面了解目標受眾的需求和偏好，導致策略難以精準對應市場需求。部分城市的行銷計畫缺乏系統性、連續性與長期目標，過度集中依賴於短期的單一活動，僅只在特定活動時期進行宣傳，且活動宣傳不足，導致當活動結束後行銷效益便迅速減退。而非全年性的城市品牌建設，也常導致城市無法建立可持續發展的核心品牌價值，使城市的品牌形象未能穩定與群眾溝通。

　　當城市品牌的建設缺乏連續性和統一性時，也可能導致品牌形

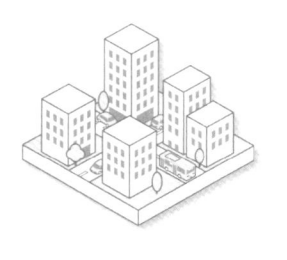

象不穩定，不同時期的行銷活動風格內容若差異較大，將削弱品牌的整體形象。成功的城市品牌吸引力，我認為應是獨特且其他城市難以模仿的。城市的自然吸引力，主要由天然環境或具特色的自然景觀組成，至於文化吸引力則是由人為塑造為主，這包括建築物、人工造景及特殊的節慶活動。當城市對當地文化、歷史資源或自然景觀的宣傳力度不足時，便會產生無法讓旅客感受到地方特色的遺憾。

我在《獲利的金鑰：品牌再造與創新》一書中提到，越是形而上的品牌再造，越需要整體性的溝通策略。在我過去輔導業者進行劇烈規劃改變時常常提及，那些經歷過多次衝擊後卻仍能走過風雨、重新站起來的企業，常有非常重要且相似的思維邏輯，經歸納後可運用「品牌耶誕樹」的概念來加以說明。

品牌的發展就像一棵大樹的成長，其成長方向的指引就是「品牌核心發展策略」，而能夠讓品牌持續成長茁壯的七條樹根，就是環境解讀與預測能力、專案企劃能力、年度規劃架構能力、節慶主題企劃能力、促銷活動設計能力、數位整合行銷思維以及消費者需求認知思維。

金門縣長期身兼守護台海安全的重責大任，在開放觀光後因其特殊的歷史文化背景與造林植樹使黃沙瘠壤的自然景觀轉變成綠意盎然的「海上公園」，有「海上明珠」的美譽，奠定了觀光產業的基礎。金門縣地勢低緩，海岸線曲折蜿蜒，沙岸與岩岸交錯，景色宜人，在與國家公園的努力下，仍保有完整的閩南傳統聚落風情，深具文化旅遊潛力。在農業部分，由於種植旱作雜糧及高粱，特別適用於釀酒，因此金門酒廠為當地重要的特色產業，金門高粱酒的銷售帶來的豐厚收益支撐著城市經濟，同時帶動觀光。

城市品牌行銷 02

　　金門未來整體的發展願景，將朝向國際級的永續觀光休閒島嶼發展，透過城市品牌形象的差異化，善用戰地特色，將利用長期備戰經營下的紀念館、紀念碑、坑道等設施，深刻表現出戰時居民與國軍捍衛台澎安危所付出的努力。以現有的戰役史蹟加上互動性的導覽規劃來深化景點之內涵，以發揮其在戰事文化上的獨特觀光價值。

　　也有城市因行銷預算不足以支持長期的品牌推廣計劃，這顯示地方政府對城市可持續發展性的重視度嚴重不足。當地方常見的行銷活動仍仰賴傳統方式，缺乏多元化行銷，特別是在數位行銷和社群媒體的應用上未能充分利用社群媒體的互動性和廣泛性提升行銷效果，透過數位行銷的大數據應用等科技提升行銷效果精準觸達目標受眾時，便無法全面觸及年輕族群和國際受眾。

　　台灣城市在國際市場上面臨來自其他國家城市的競爭，許多城市在行銷方面投入了更多資源，為了吸引投資、旅遊和人才，競爭越來越激烈。在這種情況下，缺乏差異化優勢的城市將難以在競爭中脫穎而出。若城市行銷多半各行其事，將導致城市之間彼此產生競爭而非合作。

更深度解決問題

　　當人們在同一個城市生活，舉凡是與在地有相關的任何事件，無論在文化、歷史、經濟、環境等，均會對居民和其他來到這裡的人產生經驗的連結及主觀看法。城市品牌形象的建立須符合居民的認同，因為期望城市成功發展的關鍵之一，就在於居民的共識。但城市在進行品牌再造與行銷時，也不能僅考慮當地居民，更得包含

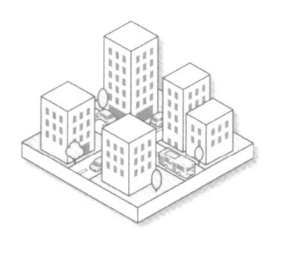

短中期的移居者、觀光客,以及希望能吸引前來的企業及其他關係人,都必須納入思考範圍。

高雄市的美濃區是客家文化的重點發展城市,透過打造客庄城市品牌,成為南台灣重要的客家聚落,以客家紙傘和傳統文化保存著稱。美濃紙傘融合了傳統工藝與藝術價值,美濃客家文物館則展示了客家族群遷徙與生活的歷史。當客家鄉鎮中的傳統工藝逐漸與現代設計結合,延續其文化價值,美濃區的紙傘融入了現代設計,邁入精品市場。美濃是客庄重點發展區域,保有最傳統的文化,多數店家都在當地深耕多年,因此累積了不少熟客,在顧好客家料理品質的同時,更可在服務客人時展現出熱情,主動介紹招牌菜或向旅客分享鄰近的景點。

城市的利害關係人有可能是一般居民、商家、旅客、非營利組織、媒體或民意代表、城市管理者等,在現今快速變遷的社會發展下,人們與在地的情感關係越來越薄弱,隨著城市品牌再造策略的發展,更需要創造具備包容力的城市環境,雖然城市品牌行銷突出了城市的吸引力,但若居民實際的生活品質卻未能跟上,就可能產生好比城市過高的房價與品牌宣傳中的「宜居城市」形象自相矛盾的現象。

當城市行銷的策略過度商業化,則可能與居民的生活需求產生矛盾,如夜市周邊的房租和物價因旅客湧入而上漲,影響居民日常生活。過多的大量旅客湧入可能導致居民生活品質下降、交通擁擠和噪音問題而引發不滿,應慎防空氣、水質污染等環境問題對城市品牌形象造成負面影響,一旦環境質量低下,就影響旅遊吸引力和居民生活品質。

對於城市的居民來說,長期生活在特定領域,受城市的社會文

化及自然生態環境因素影響，也會產生主觀認知。不同的環境會形成不同的風俗文化習慣，部分城市在行銷中未能充分挖掘利用當地的文化資源，導致行銷內容缺乏深度特色，未能充分展現推廣地方傳統文化和民俗活動。好比台灣的原住民文化與客家文化擁有極高的特色，但在以城市為面向的國際行銷中，這些元素的曝光率仍然有限。

南投縣境內高山聳立，依山傍水，地理景觀豐富，也被稱為台灣的心臟，境內著名的景點如玉山國家公園、清境、日月潭等都是知名的旅遊勝地。南投縣提出包含交通配套、景區整備、整體行銷、資源整合及總量管控等五大面向，希望能藉此改善旅客服務加值體驗。透過結合國家級風景區整合發展、區域觀光整合和城市觀光建設，以優化觀光服務設施，打造友善的觀光環境；並將城市內特殊的鎮村文化、農林產業、原住民文化與體驗性文化活動結合，為旅遊注入更多元、創新的思維，吸引更多的年輕族群。

當城市的品牌故事不夠鮮明吸睛，品牌故事的傳播力和影響力則有限，無法引起目標受眾的共鳴，一旦缺乏創意和情感共鳴，文化品牌的塑造力度不足，就無法形成特色鮮明的城市文化。若城市品牌故事的傳播效果不佳，可藉由影像、動畫等多媒體形式的應用，協助完整有效的傳達品牌內涵。須注意避免品牌推廣與在地文化的矛盾，有些城市行銷為了吸引旅客而過度商業化發展，將導致既有的文化逐漸失去真實性。

城市品牌的發展尤其強調更多公眾的參與及公司協同，包括城市的規劃和設計，應該考慮到居民的需求和偏好，反映人們的期許，創造宜居、便利、永續的城市。解決這些問題需要建立長期的城市品牌行銷規劃，建議城市以至少10年起跳的長遠目標為基礎，

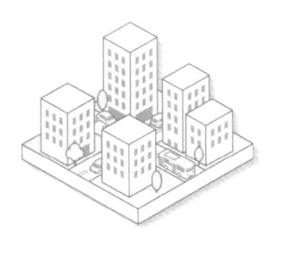

制定系統化的城市發展策略,並定期檢視調整,促進居民與城市行銷互動,加強城市與地方社群的合作,融入居民意見,確保行銷活動不僅能吸引旅客,也能惠及居民生活。

另外,還應提升數位化服務的基礎設施,投資於城市公共交通、智慧旅遊設施和多語種資訊平台,提升當地居民及國內外旅客的便利性。加強地方文化的挖掘與國際化,結合不同族群的文化資源,設計多元且具國際吸引力的城市品牌形象。在城市品牌行銷發展的過程中,促使更多人親自投身參與,從不同的面向為城市帶來幫助,也為自己爭取更好的生活、工作經驗或旅遊服務。

人口問題與城市產業轉型

國家發展委員會推估,我國 2025 年已邁入超高齡社會,65 歲以上人口占總人口比率超過 20%,預估 2028 年時 15 至 64 歲的工作年齡人口將開始低於總人口比率的三分之二。當對經社發展有利的人口紅利消失,代表社會的勞動力已不如以往充沛,社會的經濟負擔也會相對加重。這點將使原先勞動力就不足的特定城市雪上加霜,因此我們必須提前思考如何因應改善。為此,我建議城市必須建構在地化之多元服務場館、多機能服務的社區式服務機構,提昇在地化長照服務量能,完備照顧服務體系。

檢討現況,無障礙設施的全面性與可及性不足依然存在,基礎建設仍有一定缺陷,許多舊有的建築物仍未符合標準,如缺乏電梯或坡道。相較於大城市,偏鄉地區的無障礙設施在普及率與質量上更是顯著不足,城鄉差距明顯。部分城市對身障者需求的認識有限,當無障礙建設未能深度融入城市的品牌核心,將導致城市品牌

再造的推行阻力加大,產生社會意識與資源分配問題。現有城市旅遊中,很少城市會特別強調對身障旅客的友善設計,這也是導致城市吸引力不足的原因之一。

此外,在面對人口問題與城市產業轉型時,不少城市也透過推動地方創生,優先推動地區發展,這樣的狀況主要集中於中南部、東部等非六都;其中農山漁村類型共計有 62 處鄉鎮區,主要分佈於中南部山區及沿海地帶、中介城鎮共計 24 處鄉鎮區,位於城市與農山漁村、原鄉共計 48 處鄉鎮區,皆位於原住民族居住地區。農山漁村雖然天然文化資源豐富,但由於人口規模過小,且缺乏足夠的青壯人力,因此工商類產業的發展相對困難。中介城鎮為地方型生活及就學核心的重要地帶,原本應串聯城市與農山漁村、原鄉,但現況則是街區老舊且呈現沒落景況,產業活力不足。

位在苗栗縣大湖鄉的薑麻園休閒農業區因為環境氣候適合薑的生長,生產優質薑種提供給下游薑農,也種植高海拔水果桃、李,藉由觀光果園將產業漸漸整合成觀光農業區,每年吸引大量觀光客。在地生產的薑所研發成的副產品,如薑黃粉、薑黃麵、薑黃洗髮精、薑黃沐浴乳等二級加工品項,其盈收正可用來支付行政人員的薪資、清潔維護山村的費用等。

以原住民族居住為主的城市,常礙於土地發展的諸多限制而面臨轉型困境,導致青年就業機會偏低,城市必須著重尋找資源進行公共基礎建設的改善,提升原住民族的生活環境品質,並協助原鄉尋找新的經濟發展方向,促進多元產業發展,才能提升原住民留在城市的動力。

原住民族的生活模式隨著季節、自然環境的變化與自身的生活緊密關聯,許多人以狩獵、採集、漁撈等方式為生,也使城市衍生

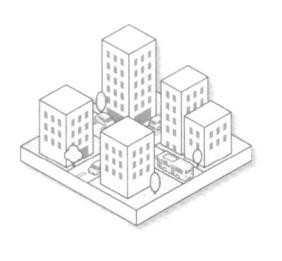

出更為獨特的品牌發展模式，這時更需要城市適度且妥善的規劃協助，讓原住民的生活與經濟結合。因此當城市在與民眾溝通與品牌再造時，必須在原民文化的差異化及大眾可理解的範圍之間，找到合適的平衡點。

花蓮縣的太魯閣族原住民，主要以內秀林、萬榮、卓溪這三個鄉鎮以及縣內吉安鄉慶豐、南華、福興等三村為主要的居住地，族人重視織布與文面文化，重要祭儀為祖靈祭，擁有豐富的自然人文資源、工藝技能及發展條件。織布不但是族人的生活技藝，並具有護體裝飾、儀式象徵、藝術美學、性別分工與價值交換等多重社會文化意義，且是太魯閣族織女們懸命一生的追求境界。

原住民文化發展中心與太魯閣族、傳統智慧創作保護共同基金管理委員會，在花蓮簽署了「太魯閣族傳統智慧財產權授權簽約」，其中涵蓋「五大圖織」、「平紋布」及「男女日常服飾」等三項專用權。主要在於保護原住民族的傳統文化與智慧創作，此次的授權是確保文化資產不被濫用或商業化，以保障太魯閣族的文化主體性與經濟利益。

雖然台灣擁有完善的高鐵與特定城市的捷運系統，但部分城市內部的公共交通仍不夠便捷，像是由於花東地區的交通接駁不夠順暢，限制了旅遊發展。城市中的餐飲及住宿服務、可行的交通運輸工具、各項休閒遊憩資源、旅遊及生活費用水準等，在在都影響了旅客或潛在居住者是否有興趣接觸並深入探索了解城市的意願。當城市內的景點具有地理優勢，公共交通設施又較完善時，就能同時滿足旅客及當地居民的需求。

另外，推動城市地方文化空間的保護和活化經營，鼓勵文化應用和產業的發展，可以打造具有獨特特色的城市場域，實現文化資

源保護與活化的目標。但目前仍有部分觀光熱點周邊的建築雜亂、缺乏特色，或未能妥善利用老舊建築，甚至城市品牌定位無法與基礎設施相符，這都會影響旅客的體驗感受。

　　鄉村城市的旅遊發展有豐富的自然風光、獨特的城市文化形象和樸實的人文風情，但同時面臨著資源有限和競爭激烈的挑戰，因此，產業的發展關鍵在於更深度挖掘特色文化資源，將之轉化為有吸引力的城市產品與服務項目。推動特色產業發展，同時加入創意設計元素，突顯城市的特殊風格，進而導入循環經濟、數位工具及深度體驗的城市經營模式，才能促進城市永續發展。

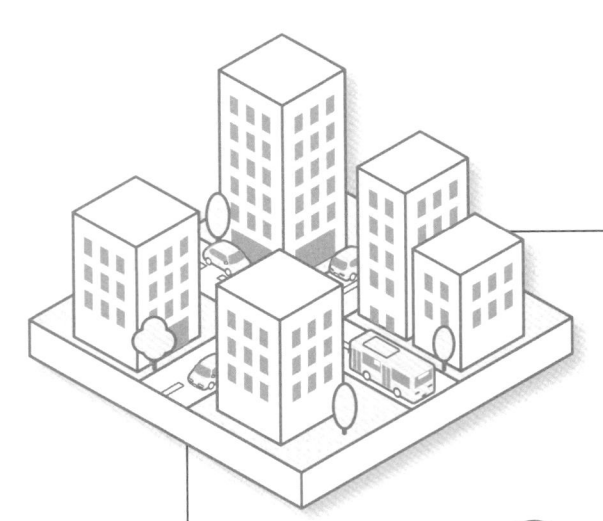

2.2

城市行銷
與
觀光挑戰

資源有限

　　設定目標客群及城市品牌定位是發展觀光產業的重點之一，旅遊資源中的餐飲、住宿、交通、景點、購物及娛樂，將決定遊程的多元組合。旅遊行銷是城市行銷的重要一環，城市通過發展旅遊業來促進經濟增長，而旅遊行銷則是吸引外來旅客的重要手段，具體的旅遊行銷活動包括：

- 設計吸引人的旅遊產品，如歷史景點、文化節日、藝術展覽。
- 提供完善的旅遊基礎設施，如飯店、餐飲和交通。
- 利用數位行銷工具推廣城市品牌，並通過社群媒體與潛在旅客互動。

　　台灣的城市觀光在吸引國際旅客上面臨了強大競爭，與鄰近國家相較，在行銷、語言服務與設施國際化方面仍然有不少進步空間。近年來國際旅客減少，國內旅遊成為觀光發展的主要驅動力，因此城市觀光吸引的旅客多集中在假日旅遊，雖帶來季節性的經濟效益，但對於整體城市發展深度仍嫌不足。觀光也會帶來環境和社會文化的負面衝擊，因此在發展時需考慮對當地文化和環境的影響，當觀光資源開發與自然保育產生衝突時，一旦稍有疏忽將可能導致環境惡化無法永續發展。

　　尤其是高山或海岸地區如出現過量旅遊，對自然生態可能造成不可逆的影響。必須避免城市觀光過度依賴單一資源，如自然景觀或文化活動，部分城市觀光景點以自然景觀為主，若未能持續創造附加價值，缺乏創新與多元化開發，則難以吸引回流旅客。氣候變

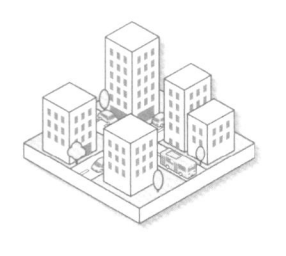

遷與旅遊之永續性對城市觀光景點的長期影響十分顯著，特別是高山、海岸和森林。同時受季節氣候或觀光的淡旺季影響，導致部分城市只有特定時間能發展觀光的困境，像是屏東縣恆春半島的墾丁或澎湖縣的群島就在此列。

屏東縣以其熱帶氣候和豐富的自然資源著稱，品牌形象深具熱帶風情，同時墾丁國家公園是著名的海濱度假勝地，擁有美麗的沙灘和碧藍的海水，是進行水上活動和露營的理想場所。恆春古城則是台灣保存最完整的城牆之一，具有重要的歷史價值；同時當地農漁業發達，盛產熱帶水果、咖啡、可可與漁產品。不過其觀光產業整體而言仍過於依賴墾丁，應可更加善用原住民與客家文化的文化多樣性開發更多觀光資源。

可以預見的是，當城市的觀光旅遊人口增加時，原有的交通系統將可能擁擠不堪負荷，環境資源的破壞、當地物價的上漲，甚至會影響其他居民的居住安全品質，在吸引旅客到訪的同時也必須控制旅客人數，透過旅遊人次的管控降低對當地環境的壓力。永續經營的挑戰包括了水資源管理、垃圾處理等問題，將可能對城市觀光的未來構成威脅。如何使觀光發展不危及當地生活品質，並將獲益回饋給當地居民，甚至幫助在地人口就業與維繫自然環境，將成為城市發展的重要方向。

至於旅遊吸引力的欠缺，一部分發生於城市的主力景點未能持續產生強大的吸客力。當城市觀光計畫由政府主導時，居民可能因被動參與而認同不足，因此對城市形象的認知模糊且缺乏主動性。像是看到歷史建築後能經由導覽或網站介紹進一步得知訊息，又或是在眷村園區的特定介紹讀到在地相關的歷史故事，都仰賴週邊支援的定期更新與創意才能持續吸引旅客。對城市品牌來說，吸引旅

客上門固然重要，但也同時得爭取居民對城市推動觀光產業的支持才能讓城市的品牌發展更為長久。

　　目前城市的觀光服務，從住宿到導覽，整體品質尚待提升，專業的觀光從業人員人力資源不足，更可能影響旅客體驗，影響了觀光服務的質量。部分城市的旅遊景點的服務水平參差不齊，品質不夠標準化。許多景點的資訊在國際旅客眼中仍不夠友善，部分地方甚至缺少英文標誌或外語宣傳，也影響了海外旅客的體驗。

　　至於數位化浪潮所帶來旅遊模式的變革，使旅遊方式快速變化，部分城市缺乏智慧觀光基礎建設，資訊未能導入數位化設施，透明度與數位化不足；如線上導覽、AR／VR應用，因此無法滿足新世代旅客需求。若是無法應用大數據協助觀光策略的調整，使對旅客行為偏好的數據收集分析能力有限，十分可惜！只要善用智慧城市應用之科技技術，就可以提升觀光產業經濟效益。

　　台北市推動各項觀光產業專案，包括如渭水行史蹟導覽結合了AR／VR體驗應用、國際展會真人翻譯服務、WCIT展會活動試吃體驗機、信義商圈Kiosk多媒體資訊站等。同時亦發展服務型機器人，透過服務型機器人特有的問候互動、動態人臉辨識、AI互動、資訊查詢推播等多元技術，均能有效提升城市觀光的服務品質。對不少人來說，這些服務不但能增加旅客在台北市觀光時的好感，同時也建立了正面的城市品牌形象。

墾丁的觀光困境

　　近年來原本倍受觀光客青睞的景點之一——墾丁，各遊憩區的旅客人數大多呈現下跌趨勢，多家知名的餐飲業者陸續退出當地市

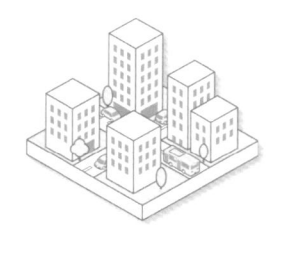

場，連旅遊旺季的暑假住房率也節節衰退。墾丁作為南部最著名的旅遊城市之一，擁有美麗的海灘、國家公園以及豐富的自然資源，曾經吸引大量的國內外旅客前往，然而如今卻面臨了沒落，尤其是國際旅客的減少最為明顯。對許多小型商家而言，在旅客量減少卻仍需承擔高額租金、人事成本增加和經營成本壓力下，使許多業者無以為繼而黯然選擇結束營業。

　　換成從旅客的角度來看，若只前往墾丁一地，交通的時間成本偏高，因此必須納入屏東或高雄的其他城市景點旅程才較完整。尤其隨著國內外旅遊趨勢改變，各地常舉辦大型節慶活動來支撐觀光，因此當其他國際城市有類似活動時，就可能吸走不少觀光客群。《節慶行銷力：最具未來性的品牌營收加值策略》一書中指出，若缺乏持續且吸引力足的節慶活動，旅客旅遊的目的性也將無法持續。

　　以國內自身的商圈發展而言，墾丁商圈內不少店家的商品銷售與其他知名商圈同質化嚴重，削弱了旅客的回訪意願；尤其當交通更便捷的高雄崛起，不但變得較以往更為成熟並具備特色，在高雄的競爭之下，也吸走了不少國內旅客。

　　我認為現有的《台灣觀光雙年曆（Taiwan Tourism Events）》做為與國際觀光客溝通的重要工具，應能使其能快速認識台灣各城市的觀光節慶活動；除了彙整各部會及地方縣市政府活動，納入周邊餐飲、購物、伴手禮、住宿、交通、遊程規劃等相關資訊外，在溝通的功能與選擇上更該與時俱進，並根據遴選的目的與標準，透過評選機制篩選出具國際宣傳效益及獨特魅力的觀光活動。

　　雖然《台灣觀光雙年曆》確實涵蓋了全國各地主要活動和節慶，像是宜蘭國際童玩藝術節、台北國際書展、台灣國際熱氣球嘉

年華、澎湖國際海上花火節、台灣桐花祭、台北最 HIGH 新年城跨年晚會、新北市歡樂耶誕城、台灣米倉田中馬拉松、台灣餐飲展及其他國際級的活動⋯⋯但核心問題則是在於──因為是從台灣整體宏觀的角度呈現，若單從各城市的角度而言，卻難獲得更多的能見度。

許多旅客在前往目的地旅遊之前，多會上網搜尋相關資訊，包含城市及活動的觀光網站、旅行社的旅程介紹，以及其他觀光客的遊記心得分享。作為面對國際觀光客的重要資訊來源，卻發現《台灣觀光雙年曆》只是將各地的活動經篩選後放上連結，表列了 40 個國際級、68 個全國級的活動，卻很可惜的未能結合觀光政策的整體規劃，使最終結果的呈現更像是徒具制式形式、雨露均霑的分享平台。

當中其實有多條被列入的活動並不適合用來吸引大量觀光客，造成節慶實際上看得到卻參與不了；另外，也受限於遴選對象主要為政府機關主辦之獨特知名定期觀光活動，就算民間團體主辦的節慶與大型活動適合做為觀光推廣主題，卻不容易被納入。

單從屏東入選《台灣觀光雙年曆》的節慶活動，如國際級的大鵬灣帆船生活節，以及全國級的屏東落山風藝術季、南島族群婚禮、屏東黑鮪魚文化觀光季等，其他民間舉辦的墾丁熱門活動像台灣祭、春天吶喊及恆春民謠節等均不在其列。此外，在暑假的六到九月期間，更是沒有大型節慶活動來支撐觀光。雖說各城市對觀光活動的依賴和需求不同，但以墾丁來說，若是沒有特別議題及活動時，相對沒有足夠的吸引力。

或許我們可以思考，透過重新定位《台灣觀光雙年曆》的行銷溝通角色，擺脫以往各城市只能在不同月份才曝光重要大型節慶活

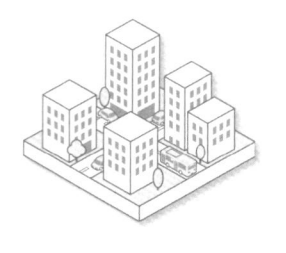

動的思維。以城市品牌觀光發展的角度來思考，協助各城市將一整年度的重要活動都有機會推廣分享，讓國內外的旅客更容易查詢了解不同時間、不同城市的重要觀光節慶與大型活動；同時納入更多合適的民間主辦活動，才能更接地氣的帶動各城市自己的觀光活力。

國旅挑戰

從 2024 年的端午連假來看，根據宜蘭縣政府統計縣所轄風景區，端午連假旅客比去年少約 2 成 5，人潮只有去年的一半；而根據花蓮旅宿業者估計，端午連假住房率剩下 1 成 2，與往年的 8、9 成相去甚遠。不過對比台南市推動建城 400 年活動，國華街商圈連假人潮眾多，屏東琉球、恆春半島端午連假前 2 天住房也達 8 成，住房率其實不錯。

針對國人為什麼不支持國旅而是選擇出國，不能單純只用金錢高低來衡量，也可能是旅遊目的地的景點特色無法滿足消費者的期待。最終當我們遠赴海外旅遊、買好買滿伴手禮心滿意足地歸國，背後的原因其實是消費者在情感與實質層面獲得了總體性的滿足感。當國內各城市持續進行產業升級與品牌再造的同時，也希望能使有意願進行國內旅遊的消費者開始重新愛上國旅所提供的旅遊內容，並逐步改善過往的缺失。其實在不少城市所發生的旅客糾紛，其原因還是出在城市的整體規劃及旅遊環境的品質上。

從城市品牌之於觀光策略的整體規劃思考，畢竟許多城市不是一開始規劃觀光發展時就具備完整的思維。事實上，雖說為了帶動觀光產業，因此值得持續投入國旅，但釜底抽薪的從根本的交通、

秩序和觀光策略來進行整體規劃，才是長遠之策。與其是遇到旅遊時前行無路，或是遇到其他惡質旅客，以及想購買伴手禮卻都看不上眼時，下次再重返此城市旅遊的意願就不會太高了。

事實上，在擁有捷運、大眾運輸便捷的城市，旅客將更容易達成旅遊的目的；然而在部分城市，我們仍常見行人與車爭道的危險現象。有的地方缺乏行人安全行走的空間規劃，或是旅客居民隨意違規停車，以及毫不遵守秩序的機車騎士，都讓人感到不安全。當城市缺乏理想的交通規劃與足夠的維護警力時，旅客更容易在觀光中發生危險，或感到恐懼。

此外，我們也可以發現，其實推廣城市、跟城市品牌自身有關的伴手禮商品買氣還有相當的發展空間。原因在於，現存許多的城市品牌推薦的產品其實大同小異，缺乏地方特色。對遠道來訪的觀光客而言，若在不同城市卻買到類似物品，購買意願自然就會降低；甚至有些品牌號稱限定販售，卻到處都有，更讓人感到荒謬。

轉型的機會

不少國人曾經歷不愉快地國內旅遊經驗。像是遊程有不如預期、行程規劃不佳、體驗活動無趣、甚至被迫購物的糟糕行程、感覺被坑的消費經驗。這些年我個人因輔導與授課的關係，常有機會順道在國內的不同城市旅行，也希望能為國旅找出新的解方。

針對過去幾年討論熱度高，以及在國內旅遊市場中有相當商機持續發展的類別，包含以下幾種：

・**自然季節景觀的期待**：相較於在室內活動，戶外行程的放鬆感

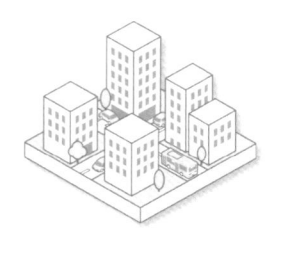

更容易獲人青睞。台灣向來有許多美景值得去旅遊的，像是特色花季或是高山大海，以及專人定期維護的國家公園景緻。

- **休閒農業的戶外體驗**：台灣的休閒農場事實上是很特殊的一種旅遊形式，在農漁牧產業轉型導入觀光體驗的元素後，不但能使旅客在產地看到農產品的原貌，或是自己動手採蚵、餵養動物，也用更實惠的價格購買這些休閒農場及園區的產品。
- **文化體驗的新鮮感**：不論像是原民部落的慶典餐飲、眷村的復古回憶、客家庄的特色建築、鄉鎮社區的文化重塑，甚至是文化園區的歷史主題再現，消費者對在地文化的歷史比以往更感興趣，也願意多花一些時間認識這片土地的故事。
- **露營產業的價值升級**：在市場區隔之下，消費者願意付出更多費用享受露營，而因愛好露營展開國旅的消費者也持續增加。不論是露營區的提升、露營車及相關周邊的購買需求均持續成長，當中還包括更具質感的中高端產品服務也越來越受消費者青睞。
- **商圈及夜市的主題效應**：過去以在地與國際型態經營劃分的商圈及夜市，現在界線變得較為模糊，具備國際評鑑認證的餐廳及特色小吃的夜市，或國際品牌進駐的都會百貨購物商圈，都能吸引消費者造訪。
- **節慶活動的參與期待**：消費者透過參與這些國內的盛會，包含地方政府的特色觀光主題造節，或宗教慶典、耶誕節及跨年等既定節慶，都能使消費者感到輕鬆愉快。

對於國旅旅客來說，希望能經由城市具備的景觀地貌、人文歷史及休閒活動，以緩解日常壓力並恢復平靜的身心靈。不少城市與

當地業者合作，針對自身的特色改變與消費者溝通的方式，讓旅客願意主動選擇其商品服務作為贈禮。其實，不應視伴手禮產業為一般商品，而是一種代表各城市品牌特色的延伸，用飲食文化進行溝通。

休閒農業旅遊具備特殊性與獨特意義，能呈現城市文化、自然環境及農業資源的多元應用，對於食農教育的推動上有密不可分的關係。具有城市背書的指標性休閒農旅場域，不但品牌知名度高，同時也有相當程度的口碑推薦肯定，也較容易被旅客接受。像是不少得獎的休閒農場，農業特色、體驗行程與食農教育等項目的表現都很亮眼。

適合原住民城市的觀光

原住民部落發展觀光產業時，主要受制於部分地區缺乏適當的交通、住宿、通訊、觀光設施等基礎設施，而限制了發展，因此在推動部落旅遊發展時，如道路、橋樑、水電設施等方面的建設改善，都能提升原住民城市旅遊的品質。當然，城市觀光的快速發展，也可能對當地的生態環境造成衝擊，損害自然資源和生態環境。

原住民部落以其豐富的傳統文化與自然資源成為深度旅遊的重要推動力，部落旅遊的多元化，原住民族群保有的生活方式、儀式節慶、歌舞展演及服飾與器物等文化資產由部落將文化傳承，如泰雅族的編織技藝或排灣族的琉璃珠製作，吸引更多旅客前來體驗。

發展部落旅遊時，需要重視文化傳承和發展，並溝通居民對於城市發展的認同，發展部落旅遊需具備相關的專業知識和技能，應

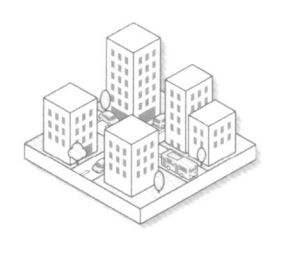

透過培訓和教育來提升旅遊的服務品質和管理。除了優美的自然景觀，原住民旅遊常結合生態保育與環境教育，由部落導覽員帶領旅客探索森林生態，介紹傳統知識與自然資源保護的重要性，結合永續發展理念，建立部落與自然共生的旅遊模式。

　　台中市和平區的泰雅族部落蘊含豐富自然環境資源、人文特色、歌唱舞蹈、原民風味餐、工藝建築、農特產品、登山步道以及歷史文物等特色資源。因地理位置、天候條件與歷史事件，發展出獨特的產業特色及在地故事。當地整合大安溪流域 5 個部落，包括雙崎部落、竹林部落、香川部落、達觀部落和桃山部落等，共同發展了接待家庭、部落工藝、部落導覽體驗、農特產品伴手禮和餐飲，推動 6 條深度見學體驗遊程。

　　由於文化價值未能充分展現，傳統文化常藉由「表演性」的方式呈現，忽略了真實性與深度，同時需要解決部分旅客對原住民文化不尊重和理解不足所引發的問題。若當地居民對自己的文化和傳統缺乏認同感，或者年輕一代對傳統文化的興趣不高，這時推廣部落文化傳統就可能受限。觀光旅遊產業必須以更好的工作福利水平，吸引並留住部落人才，並建立原住民居民的認同感，以及強化對外宣傳觀光時必須注意的禮貌和禁忌。

旅遊轉型解方

　　促使旅客前往觀光地點的吸引力，包括了地理位置、當地氣候、地方文化和歷史、節慶提供的活動或是娛樂形式，以及歷史建築或知名建築。整合城市所轄觀光遊憩建設，塑造高品質旅遊景點形象，能提昇整體的觀光遊憩價值。通過提升國內旅遊的吸引力，

在一定程度上可以減少國內旅客的外流，促進城市經濟發展。特別是對於偏遠地區和原住民鄉鎮來説，發展旅遊產業可以提供就業機會，提升當地居民的生活水平；並且保護傳承文化，通過旅遊的形式將城市品牌介紹給更多的國內外旅客。

關於客家圓樓的古蹟保育，如新竹北埔老街及苗栗客家圓樓，已成為文化旅遊的重要據點，結合文創產業吸引年輕旅客參訪消費。推出文化導覽，讓旅客了解客家建築的歷史背景與設計特色。客家文化節慶的推廣還有如「油桐花季」或「擂茶文化節」，結合地方農業資源及客家文化，形成特有的觀光吸引力。以客家農業為基礎，開發結合農業與觀光的創新模式，藉茶產業體驗帶領旅客參觀茶園、學習製茶技術並享用擂茶餐點。旅客也可以參與農產品 DIY 活動，製作柿餅或採摘水果，提升旅遊的體驗價值。

以往不少消費者主觀想到的國旅行程選擇多半是擁有獨特的風景，或是參與特殊節慶活動。吸引旅客到城市觀光時，其景觀、文化、購物、娛樂及遊憩體驗皆扮演了重要角色，城市的自然或人文資產、活動參與、體驗的回憶以及能滿足旅客的服務設施組成讓旅客造訪旅遊地點消費體驗，是旅客前往城市的動機，經由複合性的城市品牌，使城市更具吸引力。

像是嘉義與阿里山、花蓮與太魯閣國家公園、澎湖與國際海上花火節、新北市與歡樂耶誕城，以及台北市與最 HIGH 新年城跨年晚會。從城市品牌的角度來説，塑造目的地的正向形象，必須從實體的產品服務和情感精神層面同步著手，讓我們心中對城市品牌形象產生期待，甚至在旅遊過後，仍對城市念念不忘。

對於選擇城市品牌的潛在觀光客而言，成功的城市品牌能有效吸引旅客前往，如觀光產業、基礎設施、交通便利與氣候的穩定

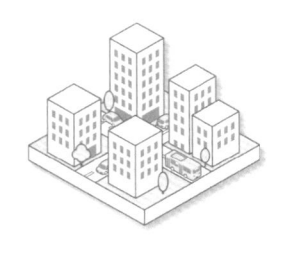

等，旅客對照記憶中對城市品牌之印象，會蒐集外部資訊來降低旅遊風險。當地居民眼中的「所在地」正是旅客旅遊的目的地，無論人們是否去過該旅遊地點，民眾都會自行建立對目的地城市的品牌認知。

人們將根據以往對城市品牌形象的預期所產生的初始認知前來，當達到目的地後若發現認知有所誤差，就會再次進行修正。藉由親身造訪目的地體驗之後，融合真實的體驗心得，進而延伸出對城市的新印象。當旅客願意再次前往體驗消費同一個景點，即表示對景點感到滿意，將因正面感受使未來有機會再次前往；但若對城市的評價負面，則可能不願再重遊城市，並透過不同方式表達並影響其他人。旅客到城市遊玩之後，若有高度重遊意願，則可為城市提升長期收益並利於永續經營。

在城市的觀光發展中扮演著重要角色的包括了：擬定發展政策、培訓專業人員、規劃並建設公共基礎設施、制定措施獎勵促進民間投資、並確保觀光品質和進行品牌行銷推廣。城市需要更積極了解自身觀光發展，評估自然、人力、資源等方面的需求，爭取合適的資源與開發經費改善當地觀光水平，提供更多創新和改革的機會，鼓勵發揮創造力，以及在城市經營管理的能力。

若以整體旅遊考量而言，觀光景點、交通選擇、住宿需求及餐飲品質之中，餐飲的重要性在台灣可能更甚於其他項目，除了好吃與否的判斷自有主觀、是否值得嚐鮮以及食材用料和品質都是消費者重視的考量因素。

當我們期望更進一步提升國內旅客願「跨縣市、增加天數」的旅遊升值時，就得透過夜間經濟來填補晚上的消費服務，並推出更在地化的餐飲，才有吸引觀光客額外支出的空間。

當城市擁有豐富的自然生態資源時，可以增加旅客前往的機會，城市綠地及公共空間則是潛在滿足消費者的因素。具有環保意識的旅客會選擇減少對環境造成衝擊的旅遊方式，甚至親自參與環境維護的行程。考量永續發展的問題，城市可以積極推動觀光產業落實永續旅遊，並強調人文歷史的保存與地方經濟的支持，以及促進城市的經濟活絡。

　　雲林縣的農業和自然資源為永續發展提供了可能性，盛產稻米、蔬果、甘蔗，擁有豐富的農村景觀與自然資源，適合推廣低碳旅遊和綠色生活方式，成為環保與健康生活的典範。城市以農村旅遊和文化節慶吸引旅客，融合了農業與城市文化特色，成為吸引旅客的重要資源。雲林縣的城市品牌定位強調品味農村、擁抱永續的核心價值。以慢活的生活方式與健康的飲食文化，滿足現代人對身心平衡的需求，結合稻田景觀、農事體驗與米食文化，吸引家庭旅遊市場。

未來發展對策

　　經由城市提供一系列有意義的記憶內容，使旅客花一些時間感受良好的體驗而產生正面的想法，是觀光旅遊的核心產品跟價值所在。城市觀光的發展不僅是帶動地方經濟成長的手段，更承載了文化保育、社區營造與永續發展的價值。通過吸引旅客流量，城市觀光可以創造就業機會、促進在地產品銷售、推動基礎設施建設，並提升地方居民的生活品質與認同感。

　　讓旅客能以輕旅行的方式，行李簡便的放下一切的負擔，以輕裝、輕便、輕鬆的讓心情讓精神在旅途中得到放鬆。隨時出發、說

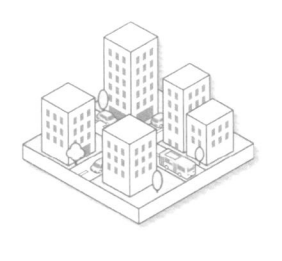

走就走的輕旅行已成為一種流行的旅行方式。歷史記憶與城市空間是傳承文化的重要方式之一，城市所提供的「記憶環境」，如大型建築物、紀念碑、手冊或標語等等，便具備直接的作用，在保存文物與文化資產的博物館所提供的服務中，導覽解說正是博物館與觀眾之間的橋梁。

像是文化歷史的研習和古蹟巡禮導覽，以徒步方式在街巷環境進行生態解說、遊覽城市，帶有懷舊風情，十分受到歡迎。導覽員在輕鬆散步的過程中，還能讓旅客與當地的文化產生直接互動。徒步導覽以親臨現場的形式，使參與者置身特定景點之間移動，並與居民的日常生活實際互動，通常帶有特定主題、建築及事件地點等，導覽員除了扮演知識的傳遞者，更帶領聽眾在散步的過程中找到樂趣。

像是正興街商圈位於台南市中西區，聚集了許多文創店鋪、特色咖啡廳和獨立書店，成為年輕人和藝術愛好者的聚集地。商圈充滿了濃厚的台南老街風情，但又融入了現代的設計元素，開設了不少小店販賣手工製品和藝術品。旅客來到正興街商圈，不僅可以購物，還能感受到台南的歷史文化氛圍。

透過城市導覽凝聚社群意識，解說文化資產的故事，能讓城市的文化永續發展。經由強化在地居民的參與和公私協力，城市品牌行銷導向的觀光模式能有助於培訓居民成為導遊或手工藝教師。透過與企業合作鼓勵企業投資城市觀光，促進資源共享與市場開拓。

在旅客有機會再次前往同類型城市景點旅遊時，很容易會將過往造訪過且感到滿意的景點列入優先考慮，一旦旅客有意願舊地重遊，則代表消費者對城市的觀光產品服務感到滿意，可說是具備了一定忠誠度的滿意度延伸。當旅客結束觀光，主動回憶起城市旅遊

體驗時能產生正向的記憶評價，城市品牌就成功為旅客創造了美好且難忘的情感連結。

　　面對不同的旅程，旅客會產生不一樣的情緒與期望，也因此，旅遊紀念品不僅只對觀光產業具有重要的經濟意涵，也是旅遊體驗與旅遊回憶的重要串聯。增強旅遊紀念品的意義能使旅客擁有難忘的旅遊體驗、不斷憶起，讓旅客透過遊程了解旅行的意義。如旅客有意舊地重遊，這不僅反映出旅客在心理上對該地的好印象，同時也預示了他可能因此積極主動向親朋好友介紹、推薦該地，製造正面的口碑行銷效果。

　　對於國旅來說，觀光雙年曆上許多主題城市的節慶活動，都是吸引國人前往的原因之一，只是隨著國人旅遊需求和生活型態改變及他國旅遊產業的高度競爭，台灣國旅的整體策略也應重新思考，以「年度規劃」的角度，考量後續 24 個月的兩年時程，分階段滿足消費者的國旅需求。

　　城市應制定長期規劃的差異化發展戰略，好比深入挖掘地方特色、調研地方文化與自然資源，找出城市品牌觀光的差異化亮點，塑造獨特的品牌形象。通過讓旅客體驗到不同以往的獨特經歷來激發旅客的好奇心，儘管有的旅客曾到訪同一地點，可藉由不同視角的導覽講解體驗將遊程形式不斷更新，才能提供旅客獨特且多元的文化體驗。城市必須鼓勵觀光業者持續開發高附加值的產品，並設計融合文化、更具吸引力的特色餐飲。

　　透過提供多語言標示與導覽服務，提升國際旅客的便利性，以加強國際行銷與市場拓展；可根據不同國家的需求與偏好，針對目標市場制定行銷策略。同時建議加強智慧觀光與數位行銷，智慧旅遊的應用應引入數位技術，如電子導覽、線上預訂系統等，提升旅

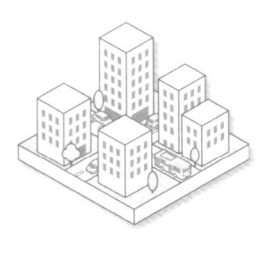

遊的便利性與吸引力。透過社群媒體行銷，善用數位平台與網紅資源，提升城市觀光的曝光度與品牌價值。

只要城市與觀光餐飲業品牌業者能有足夠的力量及合適的思維架構，按國旅消費者的期望方向堅持發展；再透過外顯性新媒體傳播工具吸引消費者目光，建立更多好口碑，使有意願前往國旅的消費者產生期待，就有機會吸引更多國人重新嘗試，在國旅中感受到不凡且美好的旅遊體驗。

旅遊服務中心

根據統計，2024 年來台的海外觀光客已超過 700 萬人次，其中日本再次重返來台國際旅客冠軍寶座，旅客約 118 萬人次；其次為港澳旅客，約 116 萬人次，韓國旅客也有近 90 萬人次。同年美國來台旅客已達近 60 萬人次，成為台灣第四大國際旅客市場。可見國際旅客的對台灣觀光的影響和重要性，能否滿足各國不同的旅客需求和服務，是建立城市品牌形象的重要關鍵。

為了提升旅客服務品質，交通部觀光局訂定發布「交通部觀光局輔導地方政府設置旅遊資訊服務中心作業要點」，輔導各直轄市、縣市政府設置旅遊資訊服務中心、旅客中心及借問站。第一層級的旅遊服務中心由觀光局管轄設置，在國際機場及交通部觀光局共成立 4 處；第二層級的旅服中心由各地方政府設置，在重要的交通場站共成立 54 處；第三層級的旅客中心，在國家風管處各景區內之重要遊憩據點共 59 處；第四層級借問站則設置在旅客經常出入之站家或定點，共 634 處。

據桃園市政府觀光旅遊局的統計，民國 112 年共有 101,200

人次使用旅遊諮詢服務，包含了桃園火車站、中壢火車站及桃園高鐵旅遊服務中心等。台南市則有台南火車站、新營火車站、高鐵台南站、台南航空站、安平、原合同廳舍、台南左鎮化石園區、無米樂、德元埤等九處旅遊服務中心。

高雄市的旅客服務中心則服務面向更廣，包含高鐵左營站、高雄火車站、小港機場等交通節點及田寮月世界生態解說中心。諮詢服務包含了日本、韓國、中國大陸、港澳、東南亞、歐美、其他等外籍旅客，成為城市品牌與外界聯繫的良好接觸點。

旅遊權威指南《Lonely Planet 孤獨星球》2022 年發布全球十大最佳旅遊國家、地區及城市榜單，當中台北市獲選全球十大最佳旅遊城市第 2 名。為了提升觀光旅遊之服務品質，共設置了 8 處旅遊服務中心、3 處旅客中心；並根據每個旅遊服務中心所在位置分別提供包含「旅遊景點資訊」、「交通食宿資訊」、「遊程諮詢」、「文宣、地圖索取」、「旅遊圖書查閱」、「放大鏡、老花眼鏡出借」、「行動電話緊急充電」、「Taipei Free」等服務。

同時考量降低外國旅客因語言不通無法即時找到定點旅遊服務中心的不便，台北市在西門町、士林、信義、永康街及北門規劃了五條走動式旅服路線，由精通英語、日語、韓語、越語、泰語的旅遊服務員循固定的執勤路線，主動提供旅客交通指引、觀光資訊詢問等走動式觀光旅遊服務。

此外，提升旅遊服務中心的功能，包括像是保持廁所的乾淨整潔、空間設施的維護、提供導入合適有用的文宣品及數位服務設備，都能提升旅客的使用機會及便利性。並藉由足夠的人力提供完整專業的在地區域歷史特色建築等旅遊諮詢內容，才能滿足國際旅客的實際需求。

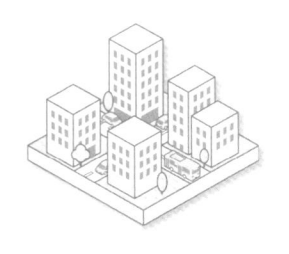

其實不論是國際旅客還是國旅消費者，仍有很多人不了解旅遊服務中心的功能服務，甚至不太敢走進去，因此強化與消費者的溝通相當重要。我建議旅遊服務中心應更強化包含身障者服務與無障礙行程諮詢，才能更全面滿足不同旅客的需求。

另外，城市的特色餐飲及文化活動以及旅客的特殊餐飲需求，也應適當納入旅遊諮詢範圍。讓城市藉由透過旅遊服務中心的空間展示、活動舉辦、文宣及數位內容，以及服務內容和人員互動接觸觀光客，達到城市品牌形象的強化，才能真正的發揮旅遊服務中心的功效。

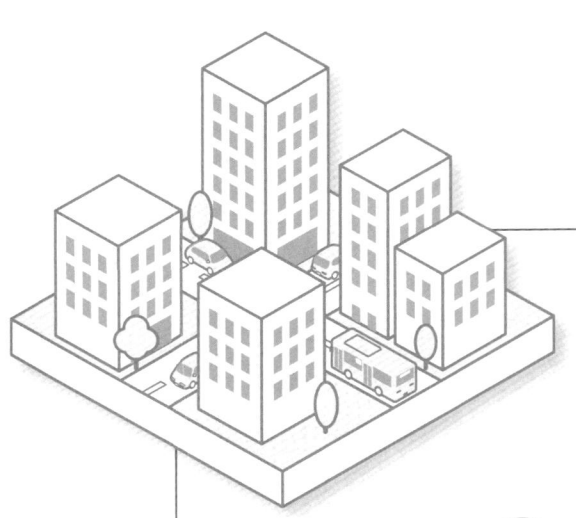

2.3

商圈觀光
的轉型
與新商機

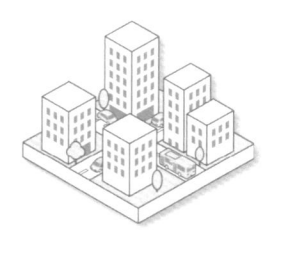

每個城市均擁有各自獨特的商圈，這些地方不僅是當地的經濟核心，也是外來旅客感受台灣在地文化和生活方式的最佳場所。商圈發展的特色反映出城市的產業結構、歷史背景與人文風情，為每個城市增添了與眾不同的豐富個性。商圈是消費者前往逛街購物的區域，是城市內的精華區與鬧區。根據經濟部商業司的解釋：「商圈是由多數店家所組成，聚集於一定的地區所形成的商業聚集體。」

商圈是為專門從事商品服務交換活動的營利性空間，由多數零售業、服務業及其他事業聚集，如商店、市街、商場、車站、辦公大樓、飲食商店、娛樂中心等，各自經營的一定地區範圍。城市經由不同的年代發展，形塑出不同的商業風格與空間樣態，將影響周邊區域的經濟發展。商圈代表著城市品牌的現代化、創新和商業形象；因此，應善加運用商圈的地理位置、特色產業和文化傳統強化城市特有的品牌定位與核心價值，以吸引外地旅客並滿足當地居民的需求。

台中市的電子街商圈以販售電子用品聞名，而自由路商圈則以糕餅產業聚集，大隆路商圈、精明一街商圈與美術園道商圈以店家、餐廳林立，一中商圈及逢甲商圈鄰近大學，商業發達，深受年輕群族喜愛。和平谷關形象商圈則以溫泉聞名，而新社區形象商圈與東勢區形象商圈以豐富的農特產品聞名，東海藝術街商圈結合了藝術、生活與商業特色，吸引許多藝術工作者進駐，打造街區巷弄的彩繪與裝置藝術，極具特色。

由於商圈的地理位置能反映當地特有的歷史人文背景、風俗民情以及餐飲特色，不僅可以滿足居民平日的生活所需，也能成為重要的觀光特色。不同文化背景與發展沿革所產生的不同店家在商圈

消費需求擴大時，還可能帶動商圈擴展至其它街區，進而形塑另一種消費群聚。

商圈依照消費者的背景與流動性等因素，可大致分為都會時尚型、生活社區型、上班辦公型、交通轉運型、校園週邊型、旅遊觀光型及夜間市集型等七個種類，不同類型的商圈能提供消費者不同的服務體驗。為了滿足消費者需求、提升商圈業績和商圈客流量，商圈發展應不斷尋找創新的商業模式，以滿足當代的消費趨勢和需求。

新北市板橋府中商圈位於板橋車站附近，集合了各類型的零售店、餐飲店以及娛樂場所，是新北市最繁華的商圈之一，隨著高鐵、捷運及台鐵等交通樞紐的發展，商圈也逐漸成為新北市的經濟核心。不僅有現代化的購物中心如大遠百、誠品書店，還有許多小型獨立商店和街頭小吃店，吸引了年輕人和家庭消費者。

商圈是否具有足夠的競爭力，除了取決於位在商圈核心的消費者數量與當地原有的產業外，即便當地的消費者不多，但若能找出新創方式推出特色旅遊產品服務，規劃有吸引力的節慶活動，仍能提升外地旅客和消費者前來觀光消費的意願。現有不少大學商圈具有足夠的師生數，也有機會藉由商圈轉型計畫找到未來發展的可能性。像是夜市通常設置在學生人潮眾多的知名學校附近，主要就是為了滿足居民和學生的日常需求而逐漸發展起來的。

持續轉型的重要

以商圈發展而言，商圈的主題特色與政府的支持、交通與軟硬體設施、周遭環境的整潔程度、服務品質水準，甚至是能否持續創

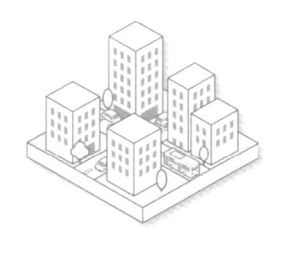

新等，均是我認為十分重要的元素。透過環境共同維護管理，將可大幅改善消費者滿意度，並配合提升公共設施、活用空間，創造出特殊風格，以增加競爭力，吸引更多顧客，提高營業額。

城市為發展觀光產業，應積極規劃營造新的旅遊景點商圈，創造更高的經濟價值，並配合節慶舉辦主題創意活動吸引旅客，創造商圈經濟效益，使商圈永續經營。許多商圈通過與政府、協會和商圈經營者合作，成立商圈組織，協調中央、地方政府和居民，促使商圈發展更上軌道並具規模；同時更應塑造出難以被其他商圈取代的商圈獨特性，才能成為品牌記憶點，吸引消費者。

花蓮市的舊鐵道商圈以舊花蓮火車站為中心，附近有許多特色小店、文創商品店和咖啡館，商圈結合了花蓮的歷史和文化，讓旅客在購物的同時，還能感受到花蓮的歷史氛圍。這裡也時常舉辦音樂會和手作市集，吸引年輕族群和文青們前來。

商圈為提升業績和客流量，應積極探索創新商業模式，並保持自身特色。透過建立當地組織，以共同參與的模式改善商業環境，進而達成商圈應有的效益，創造出商圈獨一無二的特色；包括如地方小吃、伴手禮、文化資產特產或是特色商家，使商圈具備特色，難以被取代。也有商圈導入大數據應用，透過分析消費者行為軌跡，了解商圈的消費者規模和需求，藉由人流統計及偏好分析，讓商圈的組織成員能為以後的發展找出更理想的策略及溝通方案。

位於墾丁國家公園附近的墾丁大街，是屏東縣最著名的旅遊商圈，這裡的商圈充滿了濃厚的海灘度假風情，聚集了許多酒吧、餐廳、紀念品店和民宿，是世界各地旅客的聚集地。傍晚時分，墾丁大街的夜市開始營業，熱鬧非凡的街頭表演、音樂和燈光交織，旅客可以在這裡品嚐海鮮燒烤、冰品和台灣特色小吃，讓此地成為墾

丁夜生活的核心。

若由商圈成員合作，配合節慶舉辦主題活動，將能增加商圈的曝光率，並帶動整體業績的提升。《節慶行銷力：最具未來性的品牌營收加值策略》一書中指出，傳統的商圈經營方式可能已無法滿足年輕一代的消費者，同時為吸引喜歡嚐鮮的國際觀光客，商圈必須找出自身的特色才能持續經營下去。網路時代的消費者普遍習慣先從網路搜尋商家評價，再前往實體店面消費；也因此，商圈應用數位行銷與目標消費者進行社群溝通的比例持續不斷攀升，透過建立商圈資訊並和粉絲互動，拉近與消費者距離的同時，也能建立品牌的主體性。

商圈的發展形成主要來自於交通便捷的人口流動，再經由長期的發展而來。期間會受到時空變遷、區域發展轉移的影響，將使原本活躍的商圈逐漸趨於沒落，人口也跟著轉移至其他地區。所以，若想再次活化商圈、城市重新再造，不僅得帶動人潮、產生新商機，更應使都市發展有進一步的提升，使城市發展與商圈環境相輔相成才行。透過改變傳統商圈的經營方式，來因應未來消費型態的改變，其中空間再利用是商圈轉型的重要一環；可將部分空置的店面改造成共享辦公空間、創意市集或展覽館，讓商圈內的空間能更有效被利用。這不僅能為商圈帶來更多人流，也能提供當地創意產業發展的機會。

以景福宮為中心的桃園市老城區發展為例，昔日繁華熱鬧，是桃園商業活動的起點，更是桃園最優先發展的聚落，自商圈再造的概念發展至今，曾進行街區走道重整、舉辦亮點店家選拔等活動。位於中壢區元化路一帶的六和商圈，以元化路兩側之 SOGO 百貨及威尼斯影城為主要商業核心，主要客群包含周邊年輕家庭族群之

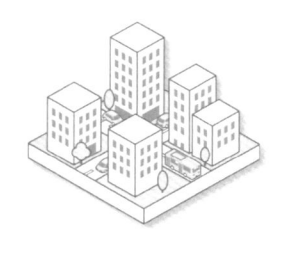

住戶、商辦工作者等，屬於都會型商圈。至於藝文特區商圈則位於桃園展演中心一帶，近年來快速發展，主要客群包含周邊高級集合式住宅居民、商業工作者，以及飯店商旅的消費者等，屬於社區型商圈。

大學商圈

對於當代的高中生而言，大學選校除了考量學測分數與學校排名、自身興趣等因素外，大學校園交通方便、周邊生活機能是否熱鬧優渥，也會是學生選校的重要依據；其中甚至有不少學生以大學商圈的聲譽考量未來四年生活、甚至打工之需求。像是桃園中原大學旁的中原商圈學生聚集者眾，店家商販豐富，大學商圈所形成的消費能力，甚至能帶動城市發展，成為城市品牌的指標之一。

台中市的一中街商圈鄰近台中一中和台中科技大學，聚集了許多學生族群，成為年輕人購物、聚餐、休閒娛樂的熱門商圈，使大量的流行服飾店、餐飲攤販、文具店和娛樂場所在此聚集。一中街商圈也是夜生活熱點，晚間時分，商圈內燈火通明，熱鬧非凡，是台中市年輕人聚集的活力商圈之一，其間著名的小吃攤林立，如章魚燒、雞排、珍珠奶茶等，價格實惠且選擇多樣，吸引了大量的學生與年輕族群。

此外，當大學商圈位居較為專門的商業商圈時，更有機會提升文化及創新的機會，或具備消費轉型成長的空間可塑性。比如讓位處偏僻的大學商圈，經由進一步的 USR（University Social Responsibility, 大學社會責任）計畫合作，結合地方創生概念，讓當地的居民更願意鼓勵子女留在住家附近讀大學，當在地居民與

大學商圈業者更願意支持大學的存續時，也就為大學商圈的發展找到了新的可能性。

位於台中市西屯區逢甲大學附近的逢甲夜市，是台灣最大、最具規模的夜市之一，吸引了大量的學生和年輕人前往。這裡的餐飲創意十足，夜市攤位量大，特色是多樣創新。緊鄰東海大學的東海藝術街商圈則位於台中市龍井區，以學生和年輕族群為主，這裡充滿了濃厚的學術氛圍和創意文化，特別是在小巷裡隱藏著許多富有個性的獨立設計店鋪，吸引喜愛手作與設計的消費者，也是台中市文創愛好者和藝術家的聚集地。

大學商圈以新創和學生族群為導向，成為地方創意的象徵，商圈內經常誕生引人注目的話題性餐飲，迅速在全台流行曝光。由於鄰近大學，能吸引大量學生族群，形成年輕的夜市文化，並透過社群媒體快速傳播。

未來，面臨轉型的大學商圈必須具備不同以往的特色和吸引力，可從結合原有的地方特色著手。當然，大學本身的支持參與也很重要，透過形成完整的產學生態，提供大學商圈有別於一般純商業的商圈、更具青春文化特色的體驗，這樣不但能帶動商圈活絡，更能提升大學本身的形象，甚至為教育機構在少子化的風暴中找到一線生機。

桃園市中壢區的中原大學周邊商圈，包含了中原大學校門口外圍之中北路、大仁街、實踐路、日新路、弘揚路以及學校側門外的柏德餐飲廣場。位在學校周邊的商圈，為滿足學生族群的消費需求，中原商圈以便宜、平價、CP值高著稱，附近的商業活動興盛，媒體爭相報導的知名店家攤前總是大排長龍。因應大學生的生活需求，文具店、眼鏡店、服飾店、美髮店、藥妝店、扭蛋玩具店、桌

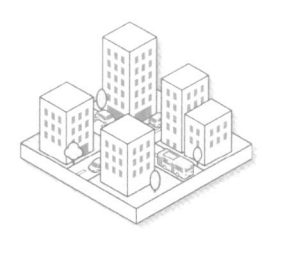

遊店、手機電信門市等蓬勃發展，有些夜市攤商甚至從下午就開始做生意，也帶動了當地的經濟規模。

北市東區商圈和信義商圈的競合

　　台北市的東區商圈和信義商圈是兩個鄰近且具代表性的商業區，彼此間既有競爭關係，也有合作的潛力；尤其隨城市的發展和商業中心的位移及大巨蛋營運後帶來的周邊影響，都對這兩個商圈的未來發展產生同層面的衝擊。而這兩個商圈因大巨蛋的營運，加上松菸文創園區及 24 小時營業的誠品書店，逐漸產生了接軌的效果。

　　由於商圈的概念並非是單一固定範圍，通常以「定錨地標」或固定街區鄰里為基礎，進而加入周邊熱鬧區域形成的空間。以東區商圈為例，泛指大安區光武里、仁愛里、建倫里、車層里、正聲里、華聲里、建安里等為主要範圍；而信義商圈則是由信義路、忠孝東路、基隆路和松仁路所包夾而成。

　　早期的東區商圈以忠孝東路沿線和附近巷弄起算，其間充滿了流行的品牌服飾店、特色餐廳和泡沫紅茶店，此處可說是都會年輕人和潮流愛好者的聚集地，主要客群為中高端消費市場，吸引了大量時尚潮流品牌與高級餐廳進駐，尤其 1989 年台股第一次上萬點之際，更是市場消費力的指標。

　　東區商圈位於台北市信義區、松山區以及大安區交界處，包括忠孝東路、敦化南路及延吉街等核心地區，是北市最早發展的繁華商圈之一。隨著 1999 年年底捷運板南線通車，覆蓋的範圍主要包括了忠孝復興、忠孝敦化等捷運站沿線，如 SOGO 百貨（復興館、

敦化館)、微風廣場、太平洋崇光百貨等。

當時忠孝東路沿線的商業活動相當密集。尤其是忠孝東路四段一帶，聚集了大量的精品店、連鎖咖啡廳和知名餐廳，構成了東區商圈的消費核心。這一帶以便利的交通進一步鞏固了繁華的商業地位，成為時尚男女購物飲食的天堂。這裡集中了多家百貨公司、品牌旗艦店、餐飲娛樂場所，吸引了大量的消費人潮。

東區商圈不僅擁有頂級的商業設施和交通網絡，還匯集了大量的年輕族群和外來旅客，使這一區域成了各類時尚、文化、娛樂活動的重要集散地，商圈內的業態也日趨多元。然而，隨著消費習慣的改變和其他新興商圈的崛起，東區的百貨公司也面臨不少挑戰。自 1997 年信義區的新光三越啟用，信義區百貨快速崛起，也給東區的百貨公司帶來了競爭壓力，信義區更大規模的百貨設施和現代化的購物環境，吸引了更多的年輕消費者和外國旅客，分流了原本屬於東區的消費人群。

直到 2003 年，正式開幕的台北 101 成為台北城市時尚文化的象徵。至此信義計畫區商圈坐擁多家高級百貨公司，包括新光三越、微風信義、BELLAVITA 等，主打國際精品和設計師品牌，吸引消費能力強的顧客，成為台北最繁華的新商圈。不但經常舉辦大型戶外活動與演唱會，尤其台北 101 的跨年煙火秀，更吸引國內外旅客來此慶祝。信義商圈擁有完善的公共設施，如公園、廣場、步行街等，為旅客提供了更舒適的購物與休閒環境，同時享便捷的交通網絡，不但捷運站、市府轉運站聚集，甚至鄰近高速公路出口，交通四通八達。

信義商圈同時在餐飲業上也展現出高端、多元的特徵，無論是米其林餐廳、國際連鎖餐廳，還是特色火鍋店、咖啡館及頂級吃到

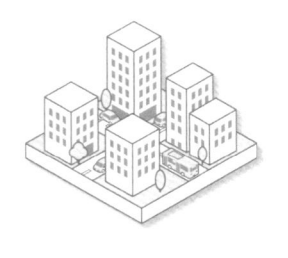

飽，提供了一系列高品質的餐飲選擇，吸引台北市的高消費群及大量的國際觀光客。由於信義商圈內匯集了眾多跨國企業與金融機構，成為許多白領上班族和商務人士主要的活動區域，這些人具備高消費能力，許多商務會議和社交活動在此進行。在地更增加了夜市、酒吧、現場演奏等娛樂設施，使消費者享受更豐富的夜生活。

信義商圈也是節慶假日年輕人聚集的地方，來自各地的年輕人會選擇在此逛街、購物、聚會。隨著信義區內的多家購物中心推出符合年輕人口味的餐飲品牌，這裡成為年輕人和潮流消費者喜愛的聚集地。他們往往喜歡追求新穎的用餐體驗，如特色手搖飲、創意甜品店、結合新潮科技的互動式餐廳等。

東區商圈與信義商圈在台北市內形成了一個競爭格局，兩者之間的競爭主要體現在消費群體的重疊、商業品牌的重複引入、以及餐飲和娛樂業態的競爭。東區商圈的主要消費者群體以年輕人、學生、白領階層為主，而信義商圈則聚焦於商務人士、外國旅客和高收入群體。

雖然兩地的消費群體不盡相同，但存在一定程度的重疊，特別是年輕人和商務人士，這些群體對時尚的敏感度高，重視生活品味的提升與餐飲娛樂的要求。信義商圈憑藉著國際化的形象和大規模的商業規劃，質感購物百貨商城齊聚。至於東區商圈也有不少老牌的百貨公司，且在巷弄中還有較多樣化的創意餐廳和個性商店，提供難以被取代的獨特消費體驗。

儘管信義商圈和東區商圈之間的競爭激烈，但在城市規劃和市場定位上，仍有一定的互補性。信義商圈以其高端的國際化形象吸引大量的外國旅客及高收入客群，而東區商圈則提供更多本地特色和創意餐飲選擇，吸引年輕人和創意工作者。消費者可自由選擇在

東區享受平價的潮流服飾和創意餐飲，或在信義商圈進行高端消費和國際品牌購物，這樣的購物路徑能同時滿足不同的消費者需求。

大巨蛋的影響

2023年底啟用的台北大巨蛋位於松山區，緊鄰著東區商圈和信義區商圈，交通的便利性使其具有重要的戰略地位，包括捷運、道路擴建以及自行車道等規劃便捷，內部設計涵蓋了購物中心、餐飲娛樂等多種商業業態，有助於提升對人們的吸引力，使消費者有更多的時間選擇停留。大巨蛋作為一個多功能的體育與娛樂場館，不但能舉辦各類大型比賽、演唱會與展覽活動，還能吸引大量的國內外旅客，進而帶動周邊商圈的餐飲、住宿和零售業發展。

隨著大巨蛋的落成，其周邊地區成為台北市內新興的商業與娛樂熱點，人流的增加有望經由分眾行銷的商圈品牌定位，將不同的消費族群各自導入商圈內。例如年輕消費者若是喜歡有特色的咖啡館和餐廳，東區商圈內店舖獨特的裝潢氛圍能提供百貨公司無法取代的消費體驗，而信義商圈的特色街頭表演和露天酒吧文化，也有其地域專屬性。大巨蛋的影響將成為兩個商圈競合的催化劑，讓東區商圈和信義商圈在競爭中尋求合作，有機會共同提升台北市的商業吸引力，滿足國內外消費者的生活與旅遊需求。

大巨蛋的啟用不僅只是一個體育場館的開放，更是一個能帶動東區商圈商業發展的新契機，這將大幅提升東區的商業活力。東區商圈的百貨公司也可以考慮與大巨蛋合作，推出針對大巨蛋觀眾的專屬優惠或活動。這樣的合作不僅能促進消費，還能提升東區商圈的整體吸引力。此外，大巨蛋內的商業設施如餐廳、購物區等也能

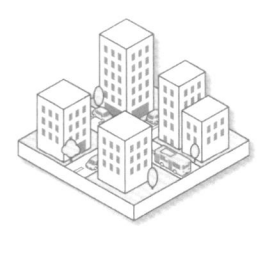

與東區的商圈形成互補關係，為消費者提供更多選擇。

西門町商圈的轉變與商機

還記得多年前，年輕人要溜冰就上「冰宮」、想聽民歌就到「木船」、學生情侶約會就到「U2 MTV」，買舶來品就會去「小香港」跟「西門新宿」，而這些都曾是西門町商圈最具時尚回憶的象徵地。西門町以其獨特的歷史背景、多元文化的體驗氛圍，與接地氣的商店和餐飲類型，吸引了眾多旅客和本地居民前往。

不過即便再有特色的商圈，經過了前幾年疫情的影響，也帶來了不少轉變。除了原本一些老店消失，新的品牌進駐，或既有的伴手禮因到訪國際觀光客的需求改變，及像 KTV 等娛樂場所隨年輕世代偏好改變而轉型，都讓西門町商圈的面貌一直在轉變中。

西門町是台北市的時尚文化重鎮，吸引了眾多年輕人和國際旅客，以其潮流服飾、動漫商品、電影院和創意餐廳聞名，也是許多電影、電視劇的拍攝地，並擁有台灣最古老的劇院之一——紅樓劇場，經常舉辦各類藝術活動市集。

這裡也是最具代表性的青少年時尚文化商圈之一，具多家大型電影院的電影街是喜愛電影的民眾常光顧的地方。特別是快時尚品牌和動漫周邊商品店，每到夜晚及假日便人潮湧動，街頭表演、塗鴉藝術和各種文化活動成為商圈的獨特標誌，在五光十色霓虹燈的交織下展現出熱鬧繁華的生命力。

根據台北市政府旅遊局的數據顯示，2024 年西門町的國際旅客人數較 2023 年同期增長了許多，這樣的增長主要來自日本、韓國、東南亞等國家。這些旅客的回流為西門町的飯店、餐飲和零售

業注入了新的商機。國際旅客的消費促進了當地商家的營收成長，尤其是知名品牌門店和特色餐飲，成為旅客到訪的重要目標。國內旅客也是西門町經濟復甦的重要支柱，特別是在節慶活動、周末假日時分，西門町的人流顯著增加，這不僅促進了消費，也增加了商家的營業額。

這樣的發展促使西門町商圈的業者開始重新評估其經營模式，例如品牌透過快閃店創造出動態的零售環境，吸引短期消費者的興趣前往嚐鮮。加上大型燈會活動的體驗行銷，不但強化了商圈的互動展示和店內的活動連結，也讓消費者逐漸回流。店家經由利用數位工具提升其運營和行銷執行，也使西門町商圈的餐飲業成為較早引進無接觸用餐選項如 QR 碼菜單和自動點餐系統的業界先驅。透過採取數位支付方式，如移動錢包和無接觸支付，也增加了疫情期間民眾消費的便利性和安全性。

為促進經濟增長並吸引創新企業，西門町商圈持續舉辦了各式主題性的活動，以提高消費者重複到訪的機會，也強化了商圈整體的節慶氣氛，使年輕族群及國際觀光客感到新奇。2025 年台北燈節以「蛇來運轉」為主題，結合「時來運轉」的吉祥寓意，燈區橫跨捷運北門站至西門站，途經中華路一段、中山堂，並擴展至西本願寺設置祈福燈區。

另外紅樓市集成為民眾支持微小企業的創業通路，使獨特的文創商品有銷售管道，為商圈帶來創業延伸的機會。隨著科技的進步和消費者行為的改變，業者可以利用大數據分析消費者行為，提供個性化服務，並通過智能支付系統提高交易完成的機會。

不過，現實的問題在於台北市內外的其他商圈，如信義區、東區等，也在積極發展提升自身競爭力，這對西門町形成了激烈的競

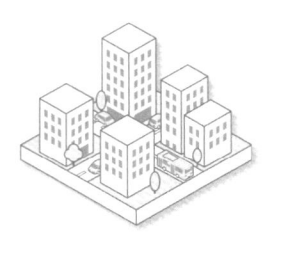

爭。此外，商圈的同質化使消費者缺乏新鮮感和吸引力，可能導致客群流失。同時，隨著商圈的復甦，業者面臨租金和經營成本不斷上漲，將可能導致部分商家無法持續經營，這時更該提升品牌的營運和獲利能力。此外，還有基礎設施和公共服務有待提升，交通壅塞停車困難、公共廁所不足等問題，均影響了消費者的購物體驗。

其實，隨著消費者對多元化消費需求的增長，西門町可以引入更多的創新業態，例如主題餐廳、體驗店、沉浸式娛樂場所等，提升商圈的多樣性和吸引力，增加消費者的停留時間和消費意願。年輕族群依然是西門町商圈的消費主力，隨著數位社群媒體生活的普及，年輕人更加注重購物和用餐的體驗，喜歡新奇、有創意的產品服務。

西門町擁有豐富的動漫歷史和文化資源，我認為可以透過舉辦動漫及玩具的節慶活動，結合店家帶動購買消費，藉此吸引更多動漫愛好者。此外，大型看板廣告可導入 VR 虛擬實境（Virtual Reality）和 AR 擴增實境（Augmented Reality）技術，創造互動展示和沉浸式體驗，也能有效行銷。而未來隨著環保意識的抬頭，推動綠色與可持續發展成為新課題，透過採用環保材料、減少浪費和節能減碳措施，並舉辦可持續發展主題的活動市集，也有助於提升商圈品牌形象和市場競爭力。

台北貓空商圈茶食文化商機

還記得在 90 年代，當台北人想選擇清幽一點的地方欣賞風景用餐時，總會優先想到貓空商圈。位於台北市文山區的貓空，自 1895 年引進鐵觀音茶種後，便以其豐富的茶文化和自然景觀聞名，

除了盛產包種茶和鐵觀音外，也逐漸發展成為台灣重要的茶葉產區。

然而歷經數十年的轉變，貓空商圈的消費客群與餐飲產業發展也有了明顯的變化。早期以當地茶農、批發商及品茗愛好者為主要客群，除了當地居民會來此飲茶，商圈內的經濟活動以茶葉種植、製作等茶葉交易批發為主。

到了90年代，台北市民與登山客成為主要消費者，由於市區發展與交通便利性的提升，不少市民包括登山健行族群、家庭客等開始將貓空視為週末的休閒好去處。隨著觀光業的興起，貓空的農業與餐飲產業，也隨之轉型朝多元化發展，逐漸以結合茶文化與觀光的方式進行轉型。

貓空纜車通車後，湧入了大量國內外觀光客，貓空商圈開始轉型為「都市近郊觀光景點」。主要消費客群擴展至觀光旅客、外國旅客、年輕族群、家庭客與團體旅客。假日常有排隊人潮，除了喝茶，旅客開始尋找更豐富的餐飲體驗與特色打卡景點。

夜晚來貓空賞夜景的年輕族群增加，情侶、網美族群、攝影愛好者成為消費主力，甚至像是101跨年活動時，也有人來此觀賞煙火、順便體驗不同的氛圍。這時在整體茶文化與餐飲的推廣及服務上，卻顯得因現有店家的經營內容而稍有受限。

茶葉不僅是貓空的經濟作物，更是地方文化的象徵，貓空商圈的茶園與茶坊，不僅見證了傳統製茶技藝的發展，也承載著當地農村與都市交融的歷史記憶。從早期的傳統茶室，到現代結合創新料理的茶館，均展現了當地對傳統茶藝精神的尊重與再創造。

貓空商圈的餐飲業態也逐步由供應簡單的茶點轉型為兼具茶藝、創意料理與跨界文創的綜合體驗。商圈的餐飲業者開始利用當

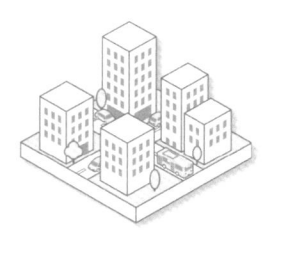

地的優質茶葉,將茶香融入雞湯、麵食、火鍋,甚至甜點中,不僅豐富了旅客的味覺層次,也使消費者能在餐飲過程中體驗深厚的茶文化底蘊。隨著貓空纜車的開通,貓空商圈的旅客人數顯著增加,部分業者也結合了咖啡、甜點等元素,開設風格獨特的咖啡店,提供旅客更多樣化的選擇。

也有餐廳與茶館採用結合自然景觀與藝術設計的空間規劃,既提供美食,也成為拍照打卡的景點,為消費者實踐空間體驗再造。同時,貓空商圈積極進行品牌聯名,與商家合作開發創新產品,例如與金色三麥合作推出「鐵觀音茶啤酒」,為傳統茶產業注入新元素,吸引年輕族群關注。

茶園、步道、纜車與古蹟共同構築了貓空獨特的景觀,不僅讓旅客能感受山城風情,也能深入了解台灣農業與茶餐飲文化。利用貓空豐富的自然景觀,強化生態旅遊資源,開發生態導覽、步道健行等活動,讓旅客在欣賞茶園風光的同時,體驗大自然之美,推動永續觀光。

但要使更多年輕世代對貓空商圈感到興趣,我認為必須強化互動式茶藝體驗的文化深度,推動茶葉採摘、製茶工坊、茶席品茗等互動活動,讓旅客從體驗中更深刻地理解茶文化的價值,形成口碑傳播。

貓空的茶農應在茶葉的種植過程中強調環境永續與品質提升,採用有機的草生栽培技術,避免使用除草劑,並利用魯冰花作為綠肥,提升土壤肥力,進而提高茶葉品質。更有許多茶園開始將自身的歷史、文化故事融入品牌行銷,形成獨特的文化符號,提升市場競爭力。

在餐飲延伸方面,部分茶館推出了 VIP 茶席、限量套餐,以提

高客單價。貓空商圈的業者可以與知名文創品牌、設計師或藝術家合作，推出限定茶品、茶具與特色餐點，提升品牌故事與市場競爭力，或是推出文創茶具、茶香蠟燭、茶點禮盒，擴展經營模式。

同時貓空附近的自然資源豐富，適合規劃生態導覽、山林健走和環境保護活動，可將永續發展的理念融入觀光產業。利用 AR 等數位工具輔助、線上直播茶藝教學等方式，將傳統文化與現代科技融合，吸引年輕族群與國際旅客。

為了提升商圈活力與知名度，商圈及業者可規劃如茶文化節、特色市集或季節性賞花活動，如魯冰花季，藉此吸引不同族群的旅客。這些活動不僅豐富了當地的觀光內容，也能促進周邊商家之間的合作與經濟循環。未來更可延伸茶文化、甚至結合耶誕節慶活動，讓貓空成為全年無淡季的旅遊熱點，吸引更多在地與國際旅客。

隨著台北夜景旅遊盛行，台北市周邊地區開始有餐飲業者以在地主題文化景點的方式經營觀光，如何維持獨特性與服務品質成為業者的核心挑戰。未來貓空商圈的夜間消費市場將可持續增長，透過增加夜景茶館、燈光裝置藝術，將有機會成就亮點。

貓空商圈的餐飲觀光發展，不僅體現了台灣傳統茶文化的歷史沉澱，也展現了在新時代背景下的文化創新與市場轉型活力。未來，透過深化體驗、跨界合作、永續發展等多重策略，貓空商圈可望進一步鞏固其在地的文化地位，同時成為具有國際競爭力的休閒觀光餐飲新據點。

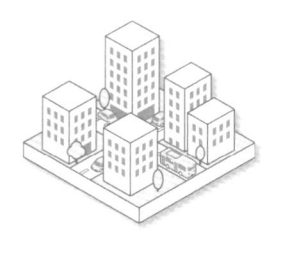

高雄新崛江商圈的品牌再造

　　記得 20 多年前當我第一次造訪新崛江商圈，便感受到一種獨特的時尚活力，當時的商圈發展頗有「北西門町、南新崛江」的態勢，以時尚潮流和青年文化為核心，成為年輕人購物、娛樂地點的首選。一直到日前，我因為工作之便，特別重返該地，看看現在是否如同網友所言，當地發展已發生消費行為的改變。

　　新崛江商圈是高雄市的時尚潮流中心，以年輕人為主要消費族群，以往新崛江商圈吸引了大量的國內外旅客，店家主要集中在服裝、配件、鞋包、化妝品等時尚商品的經營，並成為高雄市夜生活的代表之一。以時尚服裝與配件店聞名，主要銷售年輕人喜愛的潮流品牌，包括服裝、鞋子、包包和配件等。這些店家多為中小型獨立店鋪，提供相對平價時尚的商品。商圈內還有各式餐飲，滿足消費者在購物過程中的飲食需求，此外，也有娛樂與服務業態，這些設施為消費者提供了多元化的娛樂選擇。

　　商圈主要的消費客群包括：學生、初入職場的年輕人以及熱愛潮流文化的消費者，族群對新潮、獨特的品牌敏感度高，傾向追求時尚、個性化的產品。當地居民也成為新崛江商圈的消費主力之一，這些族群常在周末假期前來商圈購物、用餐、娛樂。商圈同時吸引了許多外來旅客，尤其是來自台灣中北部地區的國人及海外旅客，常會規畫將新崛江商圈納入高雄的旅遊行程中，享受購物並體驗當地文化。

　　然而，近年來新崛江商圈的發展面臨了諸多挑戰，包括市場競爭加劇、消費者行為改變、租金壓力等問題，導致商圈面臨轉型。隨著高雄市其他商圈和購物中心的興起，當交通便利性與商圈活力

成正比，旅客的消費習慣也逐漸改變，新崛江商圈的發展面臨著越來越大的競爭壓力。新興商圈不僅提供了更為多樣化的購物選擇，還在品牌引進和消費體驗上更具優勢，成功吸引了年輕消費者和外來旅客。

像是位於高雄左營區的漢神巨蛋商圈，便吸引了不少國際品牌進駐，提供更高端的現代化購物體驗，成為吸引高雄年輕人和家庭客群的重要地點。瑞豐夜市作為高雄最大的夜市之一，以其多樣的餐飲、遊戲攤位和熱鬧的夜生活吸引了大量本地居民和外來旅客。由於瑞豐夜市低價的消費定位和豐富的娛樂選擇也分散了對新崛江商圈原有年輕消費客群的吸引力。

至於夢時代購物中心因為設有眾多國際品牌和特色餐飲，以及 IMAX 影城和摩天輪等大型娛樂設施，這些元素都成功吸引了大量的家庭和旅客。駁二藝術特區則是集結了多元的藝術展覽、文創市集和文化活動，吸引大量追求文化和藝術氛圍的消費者，尤其是年輕的文青族群。另外，高雄仍有不少特色消費景點也在持續發展中，如 SKM Park Outlets 高雄草衙與施工中的高雄三井 LaLaport，不但具有話題性，更有市場吸引力。

在激烈的商圈競爭之下，反觀新崛江商圈在過去幾年的租金水平仍居高不下，但隨著消費者人流減少，許多店家面臨營業壓力而選擇關店或搬遷，導致商圈內出現不少空置店面，進一步削弱了商圈的吸引力。商圈周邊基礎設施更新改造的速度較慢，如停車場配套不足等也都影響了消費者在商圈的消費體驗，使商圈整體形象逐漸老化。

未來如何重新針對新崛江商圈品牌再造、引入多樣化的品牌業態、改善基礎設施、策劃有吸引力的活動，將成為新崛江商圈轉型

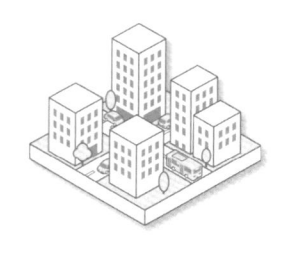

的關鍵。為了吸引更多的消費者，新崛江商圈可藉由發展夜間經濟，吸引年輕人和夜生活愛好者。例如營造熱鬧的夜間氛圍，吸引更多人流。同時引入更多複合型業態，如餐飲與零售結合的概念店、融合購物和娛樂的體驗店等，增強消費者的購物體驗，延長消費者在商圈內停留的時間，從而提高整體人流量。

關於品牌行銷的整體面向上，則可定期舉辦大型活動，與藝術家或設計師合作舉辦限定市集或藝術展，吸引年輕消費者和文化愛好者。商圈內的店家可以推出聯合折扣或積分計劃，鼓勵消費者在商圈內的多店進行消費，從而增加人流量和銷售額，並利用社群媒體進行宣傳。當消費者再次感受到商圈活力時，就有機會重新上門，再次認識新崛江商圈。

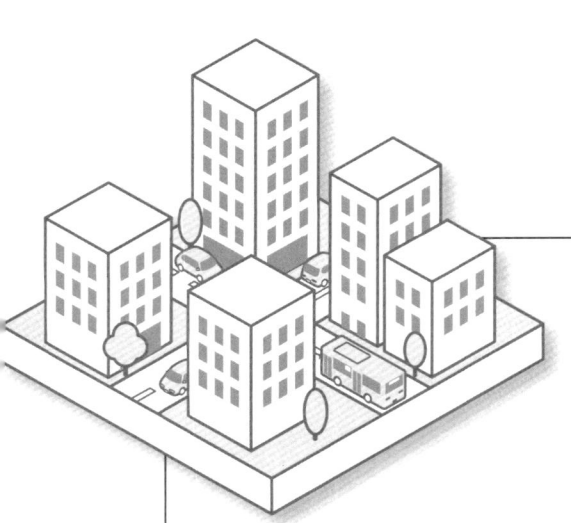

2.4

夜市與攤販的在地生命力

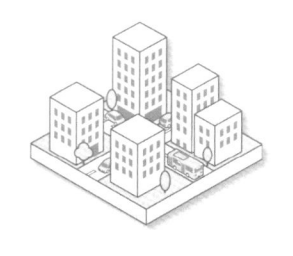

在 地 性

　　夜市和攤販是台灣城市文化的一大特色，也在城市行銷中扮演了不可或缺的角色。不僅反映了當地的生活方式和飲食文化，也在城市行銷吸引國內外旅客、促進經濟發展和強化城市品牌形象方面發揮了重要作用。夜市與攤販是承載當地文化與生活方式的窗口，攤販穿梭往返於各鄉鎮間銷售商品，部分攤販慢慢集中形成市集，主要聚集於宗教信仰場所周邊、市場鄰近處、大學旁邊及特定交通要道等，隨著規模的擴張，成為商業特色及常民文化的象徵之一。

　　夜市與攤販是台灣旅遊行程中的重要一環，高辨識度的品牌形象，常常成為城市旅遊推廣中的焦點。許多國際媒體將台灣夜市列為「必訪景點」，如 CNN 推薦士林夜市，提升了城市的國際知名度。夜市活動吸引旅客在城市停留更長時間，從而帶動了住宿、交通等相關消費。夜市作為一個城市的標誌性場所，能幫助城市建立鮮明的品牌形象，夜市的燈光、攤販叫賣聲、各式各樣的小吃等，都能成為城市行銷的視覺和情感元素。

　　基隆廟口夜市是基隆最具代表性的夜市，位於基隆市的仁愛區，與基隆港口相距不遠。這裡的特色是大量的海鮮餐飲，如螃蟹湯、烤蚵仔、鱔魚麵等，吸引了眾多饕客前來品嚐新鮮的港口海味。由於基隆市經常下雨，廟口夜市設置了遮雨棚，方便旅客在各種天氣條件下來訪。廟口夜市的歷史可以追溯到數十年前，擁有深厚的文化底蘊，是體驗基隆生活的一個窗口。

　　夜市的消費以熱鬧平價著稱，能吸引不同收入水平的消費者，特別是自由行的旅客。每個城市的夜市都有其獨特性，其地域特色也可以強化城市行銷的差異化定位。攤販具備靈活的流動性，能快

速適應市場需求和潮流，攤販所販賣的商品通常反映了當地的消費趨勢，能提供旅客更多元的購物體驗。例如台南的花園夜市與台南古蹟旅遊相結合，形成「白天遊古蹟、晚上逛夜市」的行程，強調本地特色小吃，如棺材板、牛肉湯，成為台南文化的重要象徵。

在城市規劃與建設發展的過程中，為了滿足民生需求，逐漸在特定的地區形成夜市，且通常具較強的城市地域特色，與當地居民的生活息息相關。根據經濟部中部辦公室（2023）調查，全台灣22個縣市被列管的夜市中，公有夜市有23個，民有夜市有141個，全台灣列管的夜市合計高達164個；其形態大致可分為兩類，也就是傳統夜市與觀光夜市。有些夜市則起源於公有市場周遭，這些市場原本在早晨就有熱鬧的買賣活動，隨著時間推移，販售活動逐漸延伸至夜晚，形成了夜市。

樂華夜市是新北市永和區的知名夜市，擁有大量的本地餐飲攤位，由於鄰近住宅區，更具當地生活氣息。這裡的餐飲以平價多樣著稱，吸引了大量學生和家庭前來消費。由於交通便利，樂華夜市也是居民週末聚餐、消費的熱門選擇之一。饒河街夜市位於台北松山區，胡椒餅、藥燉排骨等小吃都頗具盛名，各攤有獨特的口味和特色，夜市規模適中，攤位排列整齊，旅客能夠方便地穿梭在各個攤位之間享受餐飲，夜市的消費者除了當地居民，還包括觀光客和外國旅客。

歷史文化中心多半建於交通要道、產業中心、行政中心等，能吸引地方人潮，人潮湧入後的熱鬧氛圍更促成攤販進駐擺攤，匯聚成夜市。熱鬧的夜市文化不僅喧嘩，還是種獨特的生活方式，保留了在地文化的特色價值，尤其在知名夜市前往消費，更可說是一種獨特的體驗行銷，使民眾樂於前往。走訪夜市接近人群，可感受到

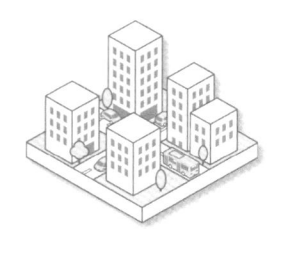

滿滿的人情味與熱鬧氣氛，同時能滿足飲食玩樂及購物等需求。獨特的餐飲小吃和休閒娛樂吸引了大量觀光客，使得夜市文化得以永續發展。逛夜市成了融合傳統與現代、本土與外來歷史文化最接地氣的活動。

位於前金區六合夜市是高雄市最具代表性的夜市之一，不僅吸引本地居民，也吸引了大量外國旅客，像是木瓜牛奶、烤鱔魚、擔仔麵等，是高雄旅遊必去的餐飲景點。六合夜市販賣各種小吃，提供多元化的商品服務，以觀光客為主要的消費族群，並透過媒體宣傳的方式傳揚夜市的歷史、知名度與各方餐飲，能吸引許多觀光客前來體驗。更透過結合地方活動與夜市連結，增加旅客的互動體驗，成為高雄城市行銷的亮點。

夜市若位於學校附近，通常主要的營業內容會以飲食為主。攤販之中設備最輕便的擺地攤往往只須一張草蓆或布墊鋪在地上，擺上貨品就能叫賣。如果是固定攤位則在固定位置設有棚架，往往攤位面積較大且攤販常登記有案，攤位型態近乎簡陋的商店規模。或以貨車或推車設立攤位，生財器具都架設在車上，有些還備有桌椅擺在車旁，大多為飲食攤的經營。如果攤販具備商店型態，裡面的設備與貨品就相對高級。

台南市北區的花園夜市是全台規模最大的夜市之一，每到開市時總是人潮洶湧。擁有上百個小吃攤位，提供的食物種類繁多，從傳統小吃到創新料理都有，深受饕客喜愛。花園夜市也是台南當地人的休閒場所，不僅有餐飲攤位，還有遊戲攤位和生活用品攤販，是集吃喝玩樂於一體的夜市。另一個武聖夜市則位於台南中西區，同樣擁有豐富的餐飲選擇和熱鬧的攤位。由於位置離市區較近，這裡吸引了大量當地居民和學生前來消費。

城市代表性

　　夜市是台灣的重要文化特色，代表了台灣人民對生活消費和休閒娛樂的需求，能吸引各地旅客和當地民眾慕名而來。夜市不僅是購買商品的地方，許多知名夜市之所以受到旅客和民眾的喜愛，正因提供了深具特色和傳統美味佳餚。當攤販聚集的數量增加，就能吸引更多旅客民眾光顧，使生意更加興隆，並通過口耳相傳，吸引更多人前來。

　　台北士林夜市是台北市極具代表性的夜市之一，也是國際旅客的首選地點。士林夜市頻繁出現在國際媒體的報導中，CNN 和《Lonely Planet 孤獨星球》均將其列為台北旅遊必訪之地。這些曝光為台北市打造了國際化的城市形象。士林夜市多次被國際媒體報導，其多語言服務的友善環境吸引了大量海外及本地旅客與附近學校的學生。餐飲部分以豐富的台灣小吃著稱，士林夜市的攤位不僅數量龐大，而且種類豐富，無論是遊戲攤位、服裝攤販還是餐飲攤都可以在這裡找到。附近還有士林官邸、故宮博物院等景點，讓士林夜市成為旅遊行程中的熱門選擇。

　　夜市文化是台灣獨特且具吸引力的特色之一，也有不少部落客網紅用開箱探店的方式進行推廣，在消費者重視觀光品質的期待下，夜市一些具有特色的攤商，像是簡化版德國豬腳、改良版泰式料理、杯裝東北燒烤等，在異國風味的包裝下呈現出「台灣夜市」的特仕版。然而，現存於台灣不同城市中所得到的餐飲感受雖然存在差異，但卻難以和城市特色畫上等號，即便刻意將夜市區分為在地性、觀光性及國際性，我們的國旅體驗卻常令人感到各城市的差異不夠明顯。

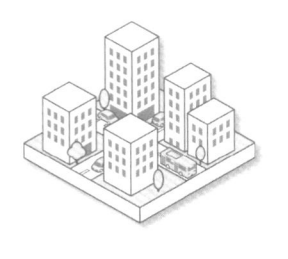

作為夜間經濟活動，夜市往往承載了豐富的本地文化內涵。台灣夜市以多樣化的小吃聞名，餐飲已成為象徵，吸引大量餐飲愛好者，夜市常透過結合傳統小吃與創新料理，展現城市文化的創意和包容性。畢竟當許多連鎖餐飲品牌在各縣市都有進駐的情況下，消費者的跨縣市需求自然是以嚐鮮獨特的在地特色為重要選項。對於不同縣市的消費者來說，若是能以接地氣的氛圍加上當地特有的主題規劃來體驗各地的夜市氛圍，自然會對城市留下深刻的正面印象。

忠孝夜市是位於台中市南區的老字號夜市，專以餐飲聞名。攤販主要以傳統小吃為主，如著名的筒仔米糕、鹽酥雞、忠孝烤肉、忠孝豆花、牛排、麵線糊、臭豆腐、蛋包飯、排骨飯、甘蔗汁等。由於地點鄰近台中市第三市場，因此市場打烊的時刻，就是忠孝夜市開始營業的時間，主要顧客是當地的居民家庭，這裡的氣氛樸實親切，是附近居民日常消費的好去處。

透過夜市商品的多樣性能滿足消費者的心理需求，並有助於促進人與人之間的情感交流，同時也能吸引眾多國內外旅客，提升台灣在國際上的知名度和形象。許多觀光宣傳影片都以觀光夜市為主題，將台灣的特色推廣到國際，夜市不僅提高了城市的社會價值，還兼具觀光休閒價值，並展示了台灣當地的文化特色。

寧夏夜市位於北市大同區，以地道的台灣傳統小吃聞名。夜市街道雖然不長，但小吃種類豐富，保留了許多老字號的攤販。寧夏夜市的餐飲以蚵仔煎、鱔魚意麵、魯肉飯等台灣經典小吃為主，吸引了許多在地餐飲愛好者。寧夏夜市的消費者以國際觀光客為主，NVIDIA 輝達共同創辦人暨執行長黃仁勳熱愛逛夜市與庶民小吃，他更邀請台積電創辦人張忠謀夫婦、廣達董事長林百里一同逛寧夏

夜市而造成轟動。

夜市在台灣具有重要的社會、經濟和文化價值，提供了各種商機和就業機會，吸引大量的觀光客，使得夜市文化成為台灣的重要象徵。各地的攤販與夜市發展各具特色，從台北的國際化商圈到台南的歷史文化夜市，每一個攤販和夜市都反映了當地的生活方式與文化傳承。無論是購物還是品嚐餐飲，這些攤販與夜市不僅滿足了當地居民的需求，也吸引了眾多國內外旅客來此體驗台灣多元且豐富的文化魅力。

東大門夜市是花蓮縣最知名的夜市，融合了傳統台灣夜市與原住民文化，夜市內有各種特色小吃攤位，不同區域販賣不同類型的餐飲商品，是花蓮觀光的重要支柱之一。夜市內設置原住民餐飲區，提供如山豬肉串和竹筒飯等，展現當地少數民族文化。藉由花蓮獨特的自然景觀結合夜市文化行銷，讓旅客感受「白天遊山水，晚上品餐飲」的完整旅遊體驗。

夜市觀光產業已經成為台灣吸引國際旅客的一種重要方式，因為夜市觀光產業不僅能帶動當地的商業發展，還能創造許多就業機會，進而促進當地經濟繁榮。因此，透過對夜市的經營和管理，提升夜市觀光產業的品質和形象，城市能藉此展現當地的創新能力和發展潛力，成為當地經濟發展的一個重要支柱。

高雄瑞豐夜市位於高雄捷運巨蛋站附近，交通便利，是當地居民，特別是年輕人最喜愛的夜市之一。主打年輕化與多元化商品，如手作工藝品、創意料理等，形成城市化夜市的新風貌。攤位排列整齊，各式小吃、遊戲攤位、服飾配件店鋪應有盡有，成為了高雄市民和旅客夜間休閒的熱門地點之一。

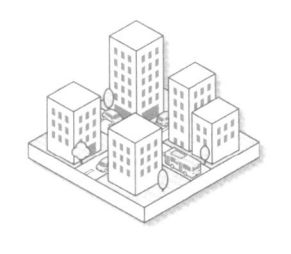

發展與挑戰

　　夜市的發展不僅刺激了周邊產業的繁榮，而且提供了更多就業機會，活絡當地生活，帶動經濟效益。夜市攤販不需要店面擺設裝潢，只需一台攤車或貨車，就能創造無限商機。夜市與攤販對當地的經濟貢獻不容忽視，尤其是對小型企業和自主創業者而言。夜市不但能提供低成本的創業機會，更吸引大量年輕人參與，活絡當地經濟，同時每天吸引的旅客量可直接轉化為攤販收入，進一步帶動周邊商圈發展。透過夜市與攤販提供了商圈的就業機會，從攤販經營者到後端供應鏈，形成完整的就業生態系統。

　　又稱為臨江街夜市的通化街夜市，位在台北市大安區，是一個地道的小型夜市。這裡以實惠的價格與地道的台灣小吃聞名，知名的如豆花、燒餅油條、鹽酥雞、紅豆餅等均廣受歡迎，價格親民，是當地人經常光顧的夜市。其中有不少餐飲業者就是從攤販一路發展到店面，並成為旅客到台北市必訪的景點。

　　人聲鼎沸的熱門夜市的周邊常因為人潮湧入而造成交通堵塞，因而影響了旅客的旅遊體驗，當城市的基礎建設不足以承受大量人潮時，就容易造成旅客因壅堵產生不愉快的體驗。此外，小型夜市經常因缺乏創新而無法吸引年輕人和長期旅客。還有部分夜市缺乏有效管理，導致環境衛生和食品安全出現問題，更可能影響城市形象，或缺乏完善的垃圾處理機制，導致環境污染。

　　因此，城市應升級商圈基礎設施，加強停車場、廁所等配套設施的建設，以改善旅客體驗，並提升夜市管理水準，引入數位化的智慧管理系統，如數位支付、線上攤位查詢、即時人流監控、線上排隊和衛生評估機制，提升夜市的管理效率。推動攤販使用環保餐

具和可回收包裝，減少垃圾產生，吸引環保意識強的旅客群體。

根據各城市特色重新定義夜市主題，避免商圈同質化，提升各區域的吸引力。透過品牌行銷將夜市與城市的品牌連結，挖掘地方故事，形成商圈獨有的文化特色，打造具有文化深度的夜市活動，提升其附加價值。夜市與攤販是城市行銷的重要資產，具有獨特的文化價值和經濟貢獻。透過結合創新科技、強化管理與深掘文化內涵，夜市可進一步成為台灣城市品牌的核心象徵，吸引更多國內外旅客，並促進城市的可持續發展。

攤販轉型與升級

攤販可說是我們最熟悉的傳統商業模式之一，從四處流動擺攤到落地固定經營，在市場外圍、住宅區及商業區附近的騎樓走廊、馬路邊都能看到他們的身影。根據主計總處最新公布的「2023年攤販經營概況」調查，全台攤販數驟降至23.3萬攤、從業人員下降至35.7萬人，整體營收約3954億元，這些數據都2018年的前次調查大幅降低，調查並指出攤販經營數據下滑的原因一是受到疫情影響，二是由於網購與外送平台發展，以及第三點來台旅客人數尚未恢復等因素影響。

據「2023台灣五星集優良市集暨樂活名攤評核計畫」顯示，台中市傳統市集總星數為3,719顆星，成績領先第二名1,465顆星的台南市及第三名1,234顆星的新北市，連續四年蟬聯全國第一名。透過提高攤商的星等為策略目標，輔導各地攤商主動挑戰高星等名攤評核，使得台中有將近一半的評核攤商獲得三星以上認證，逐步實現從「量」轉為「質」的提升，成功帶動了台中整體傳

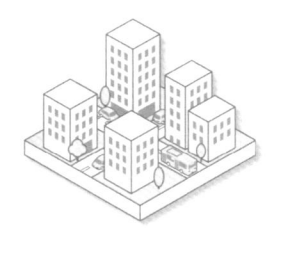

統市集的繁榮發展。

在優良市集方面，台中市新增 5 處市集獲選四星優良市集，包括第二公有零售市場、大甲第二公有零售市場、福安公有零售市場、大甲蔣公路觀光夜市及捷運（總站）夜市等，均為各行政區指標性的傳統市集，在環境和服務品質上均獲肯定。台中市南區民意街文創市集的攤販集中區，以及忠孝觀光夜市攤販集中區在自評中得到 3 星評價，許多忠孝夜市的攤商也都有入圍樂活名攤 4 星殊榮。

在《食與慾：大快朵頤的餐飲趨勢全攻略》一書中，正針對「傳統市場」、「主題市集」、「夜市」與「行動餐車」進行分析，其中最重要的組成要素之一就是攤販。像是占 53.61% 的小吃、食品及飲料類攤販共 12.5 萬攤，以及肉菜蔬果生鮮食品類 5.6 萬攤與成衣、被服、紡織品及鞋類 2.3 萬攤。就現況而言，我認為台灣的城市再造策略不但是影響攤販數量的主因，也可能是未來攤販轉型升級的重要機會，這背後與近年來 受注目的食安問題，以及消費者希望獲得更多保障息息相關。

第一個原因是──六都加一都的城市現代化。當城市中的傳統市場逐漸邁向轉型，一部分將被更為光鮮亮麗的超市與量販店所取代，另一方面則仰賴公有市場的改建進化，這也使得具備品牌意識、想現代化經營的攤販，有了更理想的經營條件。像是台北市的南門市場、台中市的第二市場及高雄市的果貿市場都是很好的例子。另外調查中也提到，集中場（區）平均每攤的營業收入不但高於非集中場（區），其中生鮮蔬菜更是可達到 1.9 倍。

當有越多年輕族群開始前往這些經過改造的現代化市場採購生鮮食品或品嘗在地餐飲時，當中的攤販也必須提高自身的衛生管理

標準，才能持續提供消費者令人滿意的服務。當在新市場採購更有保障時，消費者到傳統市場的意願就會受到影響，部分的攤商的經營若沒有跟著調整，自然會逐漸被市場淘汰。

第二個原因則是──有更多的新一代的攤商轉移陣地，進駐到特定的城市節慶活動市集，這些市集包含了不同的餐飲節、音樂節、耶誕節或是主題活動，除了地方與中央政府大量投入資源舉辦節慶活動，也需要攤販進駐來吸引觀光客上門，同時可藉此振興經濟，幫助微小企業更有生存的機會。

此時進駐主題市集的攤販，不但需具備創意風格，像是餐點創新、飲料包裝的獨特性、整體攤位的設計感，甚至是品牌的經營，都必須用心投入資源。也由於在政府標案的主題要求下，新一代攤販更希望能長期經營，因此賣相普通的商品的攤位不但難以進駐，更可能因不受消費者青睞而無法維持營運。

第三個則是城市本身的產業升級，像是以往販賣成衣、被服、紡織品及鞋類的攤販，消費者除了前往有品牌偏好的實體店面消費，其於除了少數在街邊店或百貨公司消費，其餘需求多半可能以網購滿足。近年來全台各地的商圈也在轉型中，希望能藉此增加店鋪的利用率，同時像是 OUTLET、購物中心以及百貨的數量與業績也都在持續提升，這點跟城市的招商與規劃都息息相關。

再者，像是部分遊憩類型的攤販，以往在消費者娛樂有限的情況下，總希望能以小搏大，像是套圈圈、吊酒瓶或氣球打靶，都有一定的生意。但是有越來越多消費者選擇到有口碑的可換物娃娃機店、百貨商城的電子遊樂場，甚至直接跳過這些休憩型態，在家打遊戲機或手遊，也使得這類遊憩攤販的數量銳減。

也因此，攤販就必須思考如何轉型提升消費者信任，並加強販

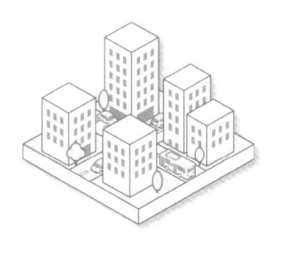

售產品的獨特性，不然將逐漸式微。也有不少攤販在長期經營的評估下選擇加入連鎖體系打團體戰，或是升級進駐到實體店面。但攤販經營接地氣的低成本體驗感仍是「台灣文化」不可或缺的特色，只要能跟上城市發展的時代腳步與消費者需求，即便需求的數量減少，但只要未來有機會在「質」的層面提升，那麼業績持續成長仍然指日可待。

　　為了延長旅客在夜市停留的時間，不定期發起集點活動或攤商聯合推行消費套票，便可誘使消費者為了優惠集點接觸新攤商，使店家有效曝光。也可針對在地旅客推出市民卡享優惠、推出商品買十送一或家庭套餐優惠券等方案來穩固在地客源。夜市及攤商還可針對年輕的學生族群祭出學生方案優惠，商品價格另訂學生價等等。

　　攤商應提供高品質的多元新奇商品，並盡可能維持衛生整潔、使攤商服務快速簡潔，以提高滿意度，滿足顧客的需求；在商品的價格上夜市與攤商應達到有效共識，讓價格穩定親民，才能抓住客源。

　　可串聯網路熱搜的優質特色店家加強關鍵字引導，或做成旅遊地圖，讓旅客有拍照打卡的意願；舉辦活動、設計集點卡也能有效提高消費者再度回訪的次數。透過社群平台打卡增加網路的曝光度，透過網路的渲染力提高知名度，增加年輕人的好奇心，吸引不熟悉品牌的新朋友也想到此一遊。與網紅或是餐飲節目合作，可以舉辦購物節或餐飲節的方式，共同行銷攤商活動。

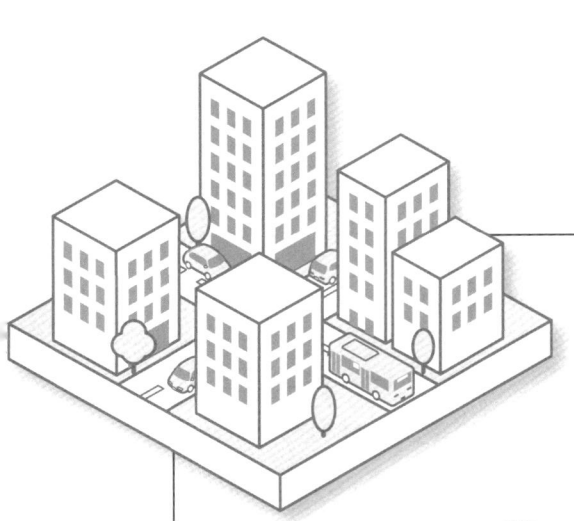

2.5

餐飲發展
與
城市品牌

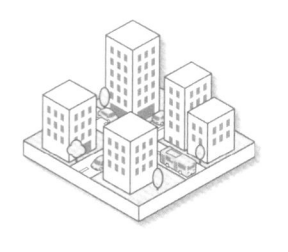

餐飲對城市的意義

　　創新餐飲已成為全球餐飲業中的重要趨勢，因為能吸引顧客、提升品牌形象並促進市場競爭力。隨著社會文化與餐飲技術的快速變遷，消費者對食物不再只限於口味的追求，而期待透過餐飲體驗帶來更豐富的感官、情感、環保價值。創新餐飲的定義隨著時代變遷不斷演變。廣義而言，創新餐飲是指透過新技術、新材料、新理念或新經營模式來改變傳統餐飲經營的方式。

　　食物所呈現的味道、香氣和外觀，以及其背後所蘊含的文化、歷史和故事，都成為我們品嘗飲食的一部分。消費不只是為了滿足生理需求而吃飯，而是在品嘗食物的過程中，和食物建立連結，從更深層次感受並體驗飲食所帶來的樂趣和滿足。不將焦點停留在食物的外觀、味道和香氣上，更著重於食物背後所蘊含的文化價值和意義。透過飲食化身為城市文化的象徵，並深入了解食物背後的故事、歷史和社會背景。

　　經由將食物加工處理至適宜食用的過程，涉及不同的烹飪技巧與食材組合，製作出各種不同風味的菜餚。透過對飲食文化和美食的研究，將烹飪視為一種文化建構，探究食物在社會文化背景下的象徵意義，使人們能共享並表達飲食的記憶體驗。對於年長者來說，享用帶有濃厚的古早味的傳統小吃是重溫記憶，對於年輕人而言，受懷舊風潮影響，也開始尋找具有阿嬤味道的風味餐，透過餐飲發展達到城市的永續發展。

　　在台灣有許多特色菜系，如原住民料理、客家料理，以及全球化浪潮帶來的異國料理。從日常飲食種類、烹調特色、進食習性到飲食所使用的餐具等，都可以反映出城市的文化特色，相似的食物

在不同城市的發展下，可能產生與其他地方不同的面貌。不少城市的重要特色包括到夜市、路邊攤及各式小吃店享受餐飲，更有部分料理已成為地方代表餐飲，例如滷肉飯、米粉湯、肉圓、牛肉麵、小籠包、麵線及珍珠奶茶等。

從構想到烹調料理，各種廚藝基本功及創意發想的過程，以及各種食材、餐具及飲料酒品的搭配，都需要人們經由故事來傳遞。飲食文化不僅是我們日常生活的一部分，也是城市獨特性和文化特色的體現，餐飲業更強調在地性與當地的獨特差異。居民在做飯或吃飯時所烹飪或消費的特定場域並不限於廚房或飯廳，城市中的食物供應地點，可以是 24 小時的便利商店，也可以是晚上才開的夜市，或是正常營業的一般餐廳，沒有絕對的時間限制，因此飲食更成為城市與旅客間普遍的文化連結。

不同地區的飲食傳統和料理技巧，代表著人文、地理、氣候、歷史和文化的多樣性，然而除了部分的老店會考量持續守住品牌特色，越來越多的咖啡館或異國餐廳，會根據經營者理念將自己打造成該城市的專屬餐飲品牌，使消費者願意慕名而來。

不只從食材製作成料理的過程，食物還串連了自然還有整個城市的品牌價值，特色烹飪技藝也是凸顯城市經濟的元素之一，運用餐廳經營的面向，透過料理連結在地飲食文化與特色食材，從眼睛所見的風景、水質到空氣的味道，都是向外傳遞文化的方式。飲食文化從食物的生產、獲取，食用方式到相關儀節都含在內，飲食文化之形成受自然環境與人文環境影響，涵蓋了主食、副食、烹飪方式、調味料等。

透過食農教育將地方的食材、農業實踐和飲食文化、地方故事、傳統知識和文化價值傳達給在地居民與旅客。家庭日常餐桌是

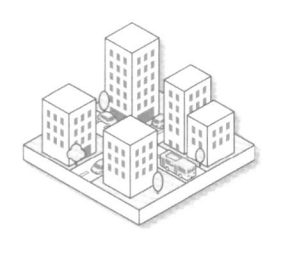

飲食文化與食農關係相結合，料理技能和知識可以增加個人的社會認同與社交能力，居民家中傳承的家常菜，也是種飲食文化的傳承，家庭地方特色菜餚的製作技藝及節慶飲食的製備理解，反映了人文教育水平、文化背景和經濟實力。飲食文化也與社會身分地位息息相關，擁有高水平的飲食文被視為是社會上層的象徵。

食農教育的興盛讓許多小農開始自主經營有機農夫市集，打造食農友善的綠色餐廳，並透過多元的傳播管道，擴大影響力。農會家政推廣人員通過烹飪技藝課程，將知識普及化，給予地方居民提升烹飪能力的機會，在農會成立「農村婦女副業經營班」，獎助投入經營田園料理的學員。在中央與各地農會的協力支持下，「田媽媽餐廳」成為具有地方特色的料理餐廳，也是地方烹飪技藝傳承和創新的重要據點。

每個城市都擁有獨特的飲食習慣、傳統食材和烹飪料理技術，將特色轉化為可傳達共享的形式，通過飲食，使人感受到當地的歷史、環境、社會結構和價值觀。透過居民追溯傳統飲食來重新詮釋和發掘價值，建立我們對城市的認同感和情感連結，使人對地方有更深入的理解和興趣，有助於居民找回自我認同和增強自信心，這更是個重新詮釋和發現的過程。

由城市認同所形成的飲食文化，包含了對地方上的人、地、產的飲食知識、職人技能、地方歷史、宗教信仰和社會價值觀等，形塑消費者的個性，也改變城市與消費者之間的關係。城市亦可將自身的優勢和特色，以及傳統食譜和烹飪方法，通過結合當地的農產品特色、有機生態農業，展現綠色永續價值。

體驗的媒介

　　飲食是深入了解城市特色的一種媒介，為城市品牌不可或缺的一部分，良好的飲食條件對觀光產業具有重大影響力。飲食文化不僅具有歷史性、娛樂性和教育性，而且能展示歷史文化的價值。從旅行中體驗當地的飲食文化，可以使旅客更深入了解當地的歷史、風俗和文化，透過品嚐各地的特色小吃，既能滿足味蕾，也能讓人感受到當地的生活方式。

　　旅遊體驗的過程以具娛樂性或以休閒為主的特定型態，從食材原型到後續加工料理、桌邊秀、品茶與酒、主題餐飲市集等較為特別的模式進行，希望引發旅客主動前往探索城市的機會。同時餐飲經營業者得在餐飲品質及品牌上用心經營，才能真正提升消費者的期待感，並經由城市背景的差異化體現，讓旅客願意為了餐飲特別前往。

　　原住民料理以健康、自然為主要特色，其獨特的飲食文化受到越來越多消費者的青睞。透過料理的創新推廣能對城市的餐飲觀光帶來正面助益。經由精緻擺盤及創新改良，將原住民料理升級進入高端餐飲市場，餐廳結合文化主題，打造以原住民部落為設計靈感的用餐空間，提升消費者的文化體驗。舉辦以原住民飲食文化為主題的活動，如「部落野宴」或「山林餐桌」等，邀請旅客深入部落，體驗山林自然與特色餐飲。

　　越來越多的旅客會藉由尋找新的餐廳與當地口味獨特的特色餐飲，來體驗不同的城市文化，透過獨特而難忘的過程促進對城市的品牌記憶，也透過延長旅客的停留時間來強化自身感受，即使事隔多年，也能通過吃到當地風味喚醒記憶中的文化體驗。餐飲成為

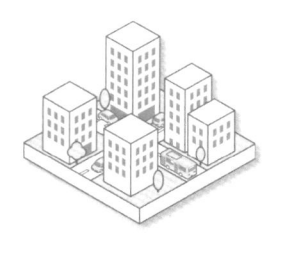

旅客旅遊決策和度假體驗的重要關鍵之一，藉由享用餐飲、參加烹飪課程與和體驗當地餐飲節慶等，都可以延長旅客停留在城市的時間，強化在地體驗。

深具特色的客家料理，在餐飲市場上有很大的發展潛力，可透過城市品牌行銷，將客家料理打造成飲食文化的象徵。如創新菜色開發結合健康飲食潮流，或是將梅干扣肉、鹹豬肉及客家小炒等經典料理，推出具城市主題特色的即食客家料理包伴手禮。由城市舉辦「客家飲食文化節」，吸引旅客品嘗客家特色料理，並了解客家文化歷史。

當我們前往不熟悉的地方工作生活時，可藉由品嚐家鄉食物得到慰藉，對於國際留學生及外籍工作者來說，家鄉飲食與身分的認同相互連結。透過結合當代烹飪技術與創意呈現，如具有歷史故事的主題料理等，不僅能豐富飲食文化的層次，還能成為行銷城市特色的重要方式。

新住民的飲食文化不僅影響了台灣的餐飲業，也成為吸引旅客的重要元素，隨著新住民人口的增加，東南亞餐飲逐漸嶄露頭角，城市以餐廳主廚的移民故事為主題，吸引旅客感受異國風情。越南河粉、泰式咖哩及印尼沙嗲等異國料理日漸普及，成為部分城市的餐飲亮點。越來越多由新住民經營的餐廳出現，以地道料理結合文化故事，業者將異國料理融合了當地口味，以吸引更多本地消費者光顧。

在新住民聚集的地區，如台北萬華或桃園中壢，城市積極舉辦東南亞餐飲節慶、市集活動，讓旅客體驗異國風味。以「東南亞文化週」或「新住民之夜」等活動結合餐飲觀光，吸引國內外旅客參與購買相關食材或手工藝品，加深對新住民文化的認識，提升飲食

文化價值，創造更多就業機會。

未來的發展

　　透過飲食能顯著反映一個地方的在地特色，傳統食物與鄉村料理是城市品牌最有吸引力的觀光元素，因此尋訪在地特色料理也變成遊人旅行的重要體驗行程。旅客透過餐飲體驗當地的歷史文化，使餐飲逐漸成為當地帶來更多人潮的重要吸引力。新竹縣客家人口比率高，北埔鄉更是客家文化生活圈，因其特殊歷史背景保留了完整的客家聚落風貌，豐富的觀光資源吸引大量旅客前往，體驗歷史建築與客家餐飲。

　　旅遊期間可參與各項餐飲相關活動，包括從到餐廳用餐、參觀食材原料產地或食品製造觀光工廠、體驗與當地餐飲傳統飲食文化、參與在地飲食節慶，到購買伴手禮等。旅客可以靜態的方式享受知名主廚的桌邊服務，或參觀蔬果農園，體驗當地的飲食文化技術，還可廣泛地整合當地的食材和社區文化，營造難忘的回憶。

　　優質的飲食體驗是吸引旅客回流的重要因素，可透過當地的食物帶動地方的經濟發展。當餐飲具獨特性才能吸引觀光客再度造訪，食物不僅是營養的來源，更是一種文化經驗交流的載體，代表了城市的風味和特色。當我們吃到當地的食物時，會產生獨特的飲食記憶，像台南的偏甜料理，也是使城市品牌令人印象深刻的記憶點之一。

　　至於創新也可能表現在食材的選擇、烹飪技術的改進、服務模式的革新，甚至是在餐廳空間設計和客戶互動的全新體驗上。城市的創新餐飲產業，不僅限於食物內容的創新，還涵蓋了餐飲產業鏈

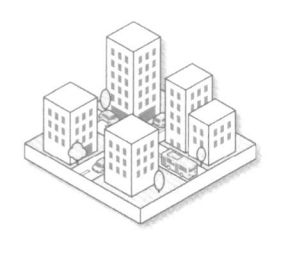

的所有層面；包括從供應鏈到廚房技術、顧客服務，到食材來源的可持續性等各個面向。這些創新可以提高運營效率、降低成本、增進顧客忠誠度，使品牌在競爭激烈的市場中脫穎而出。

隨著全球化科技的進步，消費者的餐飲需求也在不斷改變。傳統的餐飲模式已無法滿足現代消費者的多樣化需求。現代消費者的餐飲需求不僅限於傳統的味覺享受，更加重了視覺餐飲體驗，包含從視覺到情感，從文化到社交。創新餐飲若能結合多媒體技術，為顧客提供多感官的感動，從而能吸引更多客戶群體。

提升城市品牌價值與市場競爭力，創新是餐飲品牌建立核心競爭力的關鍵要素。通過創新的菜單設計、服務方式、行銷策略，幫助城市中的餐飲業能脫穎而出，吸引更多目標客戶。尤其在競爭激烈的市場環境中，業者更得透過創新來保持市場關注度。創新餐飲不僅意味著華麗的菜餚，還可通過創新的技術應用來提高運營效率，降低人力成本和食材浪費。例如使用自動化烹飪設備、智能點餐系統和 AI 技術來進行餐飲數據分析，提升餐廳的營運效率。

隨著消費者對健康飲食的要求提升，特別是健康、有機、可持續食材、環保和可持續發展的觀念，正在成為消費者選擇餐飲考量的重要因素之一。創新餐飲通過選擇城市本地食材、減少碳排放和食物浪費，能迎合現代消費者對環保和可持續發展的追求，同時增強城市品牌的社會責任形象。結合傳統文化與現代烹飪技術，或將世界各地的飲食文化進行跨域融合，更能吸引對異國風情感興趣的消費者。

米其林

　　米其林輪胎（Michelin）為 Michelin 兄弟於法國創立的輪胎製造企業，該公司同時以《米其林指南》的餐廳評鑑聞名全球。為了提高汽車的銷售量和輪胎採購頻率，該公司於 1900 年巴黎萬國博覽會期間，開始編撰一本納入各種訊息的實用手冊，詳載何處適合休息、用餐、住宿等豐富資訊。後來手冊中的「餐廳」部分影響力越來越大，為此公司還特別招募了一批秘密評鑑人員，以匿名的方式前往各餐館並給予公正的評價。

　　依照各式評級與標示，《米其林指南》主要分為三類，包含：「米其林星級（Michelin Star）」、「必比登推介（Bib Gournand）」以及「米其林入選餐廳（MICHELIN Guide Selected）」。《米其林指南》通常只以幾行簡短的文字，對受評鑑的小吃或餐廳給予評價，然後以一系列符號進行額外補充，透過不同的符號來顯示當地的餐飲特色。像是台灣的街頭小吃為該指南推薦旅客認識並體驗台灣飲食文化的代表之一，手冊中特別用兩個車輪加上一個小屋頂的標示，用以表示所介紹的飲食是美味的街頭小吃。

　　米其林星級就是得到星級評鑑殊榮的餐廳，評鑑等級從一顆星到三顆星不等，有越多星星則代表越被米其林評鑑人員推薦，這也是《米其林指南》中的最高榮耀，而這些星級餐廳更成為全球饕客爭相到訪的熱門餐廳。必比登推介則以集團品牌吉祥物米其林寶寶的名字「必比登」為名，所評鑑推選的是物超所值的美食。

　　2018 年起台北首次登上了米其林評鑑，將此一系統帶入台灣餐飲業，這對台灣的飲食文化和餐飲行業來說是一個重要的里程

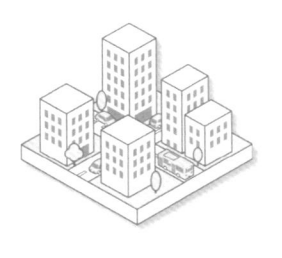

碑，不但體現了台灣當地飲食文化與全球飲食潮流的結合，更有眾多台灣餐廳憑藉獲得米其林星級榮譽，成為了國內外食客矚目的焦點。尤其是台灣在地食材的使用和當地文化的體現，也開始受到國際的高度關注。2018 年《米其林指南》推出台北版，2020 年的第三屆則是加入台中，2022 年第五屆米其林再新增高雄跟台南，每年所發布的名單都是餐飲界關注的焦點，整體已涵蓋超過 20 樣各式料理種類。

米其林餐廳的國際影響力，隨著指南的發布，逐漸成為國際餐飲界的重要一環。許多獲得米其林星級餐廳的國際知名度不僅提升，也使得所在的城市成為餐飲地圖上的一個重要座標。台灣米其林餐廳以多元化的風格見長，融合了本土台灣菜、法國料理、日本料理、中餐及其他國際餐飲。這種多樣性反映了豐富的飲食文化與其多元化的歷史背景。餐廳融合了傳統的台菜與現代烹飪技術，並將本地食材融入到高級料理中，創造出具有地域特色的菜餚。米其林指南中所涵蓋的餐廳，不僅僅強調技術和創新，還著重於餐廳對於本地文化與食材的尊重。

米其林推薦的小吃或餐廳對台灣餐飲文化有著重要的影響，不但能讓台灣的餐飲能走向國際化，亦能提升消費者對餐廳或小吃的信任和重視，有助於提升小吃或餐廳業者的知名度和商譽。米其林推薦也促使餐飲及小吃的創新發展，業者將台灣傳統菜餚及本地食材注入現代化的創意，並融合異國的元素，進而打造出獨特的餐飲文化風格。米其林指南的推薦也成功吸引更多海外旅客前來台灣品嚐美食，進而促進台灣觀光旅遊業的發展。

台灣餐飲服務業在國際上向來有一定的知名度，對多數人來說，是否吃過摘星或推薦的餐廳並非日常選擇，但在特殊節慶、重

要交流活動時，這樣的特色餐廳自然成了眾人選擇的參考指標。甚至像我日前到海外旅遊時，也發現不少觀光行程的賣點就是以享用當地的米其林摘星餐廳作為宣傳訴求。摘星代表肯定，能找到新的切入點吸引更多國際高端旅客上門，就能創造新一波的商業契機。

隨著全球飲食趨勢的變化和消費者需求的提升，台灣的米其林餐廳面臨著機遇與挑戰並存的未來。許多城市的業者及市民期待自己所居住的地方也能有被米其林評選的機會。雖然要能納入評鑑必須付出一定代價，也有部分業者並不在意自己的品牌是否能納入評鑑，但總體來說，當城市與米其林評鑑能產生連結，就等於找到了一條觀光新路。

此外，餐廳還可考慮與國際知名廚師或品牌合作，進一步擴展品牌的全球影響力。台灣的米其林餐廳在未來有廣闊的發展前景，無論是在本地文化的傳承與創新，還是在國際市場的競爭力提升上，都充滿機遇。餐廳也面臨著來自創新、國際競爭和人才管理等方面的挑戰。通過加強本地特色、擴展品牌影響力以及投資科技創新，台灣的米其林餐廳將能夠在全球餐飲市場中持續保持競爭優勢，並成為引領亞洲甚至全球餐飲潮流的重要力量。

台灣的米其林餐廳已經展現出對本地食材的高度重視，未來這樣的趨勢將進一步加強。隨著本土飲食文化的國際化，未來的米其林餐廳可能會更加專注於挖掘本地特色食材和菜餚，並與現代烹飪技術結合，創造出具有台灣文化特色的高級餐飲體驗。例如，更多台灣米其林餐廳將可能引進，本地小農種植的特色作物或養殖的肉類食材，並強調季節性和在地化，讓顧客不僅品嘗到美味，還能體驗到台灣獨特的風土人情。

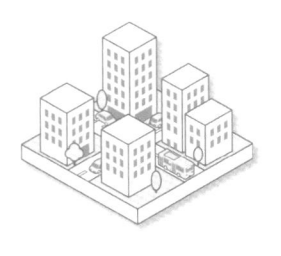

綠色餐飲

　　隨著全球對健康和可持續發展的關注，越來越多餐飲業投入到健康飲食和可持續餐飲的發展中，更加強調使用本地食材，尤其是有機食材、可持續海鮮等。這不僅符合全球的環保趨勢，也能吸引重視健康飲食的消費者。食材來源和供應鏈的透明度將變得越來越重要。顧客不僅關心食物的味道，還會關注食物的生產過程是否符合環保和道德標準，也因此透過城市推動綠色餐飲，也能帶來更多的關注與商機。

　　綠色餐廳強調環境保護和資源節約，其目標是在餐廳的經營過程中最大限度地減少對環境的負面影響。通過使用節能設備、改進烹飪技術和優化能源管理來降低能耗，減少碳排放。推行資源回收再利用，例如水資源的合理使用和廢棄物的回收。選擇可持續發展的材料，如可降解的包裝材料和可再造資源。優先選擇本地食材，減少食材運輸過程中的碳排放，並支持本地農業。取得相關環保認證，確保其環保措施達到一定標準。

　　對城市的餐飲產業來說，隨著環保意識的提升，永續餐飲是更廣泛的概念，核心理念是滿足當前的需求而不損害後代滿足需求的能力。確保餐廳的經營模式能夠持續發展，並且為城市經濟帶來積極影響。採取措施保護生態系統，如避免使用有害化學品，並推廣有機農業。如城市推動「綠色餐廳標章」計劃，認證符合環保標準的餐廳，並提供相應的政策支持和宣傳推廣。

　　調查顯示，越來越多消費者在選擇餐廳時會考慮其環保措施，並願意為綠色餐廳支付更高的價格。城市也可推出針對餐飲業的環保補助和獎勵政策。由於現代消費者對環保和健康的關注度不斷提

高，這促使產業在經營中更加重視可持續發展。隨著科技的進步，越來越多的創新技術被應用於餐飲業，如智能廚房設備可以幫助餐廳更有效地管理能源消耗，而廚餘回收技術則能將廚餘轉化為能源或肥料，減少環境污染。這些標準通常涵蓋了能耗管理、廢棄物處理、食材來源等多方面，為餐廳提供了具體的操作指南。

綠色餐廳及永續餐飲不僅是未來餐飲業發展的重要方向，也是城市保護環境和促進社會可持續發展的重要手段。通過政策推動、技術創新和消費者需求的引導，以及尊重和保護員工權益，確保公平交易，並支持城市發展，綠色餐飲將會得到更廣泛的應用和發展，發展出多樣性和可能性。

03
城市品牌與生活連結

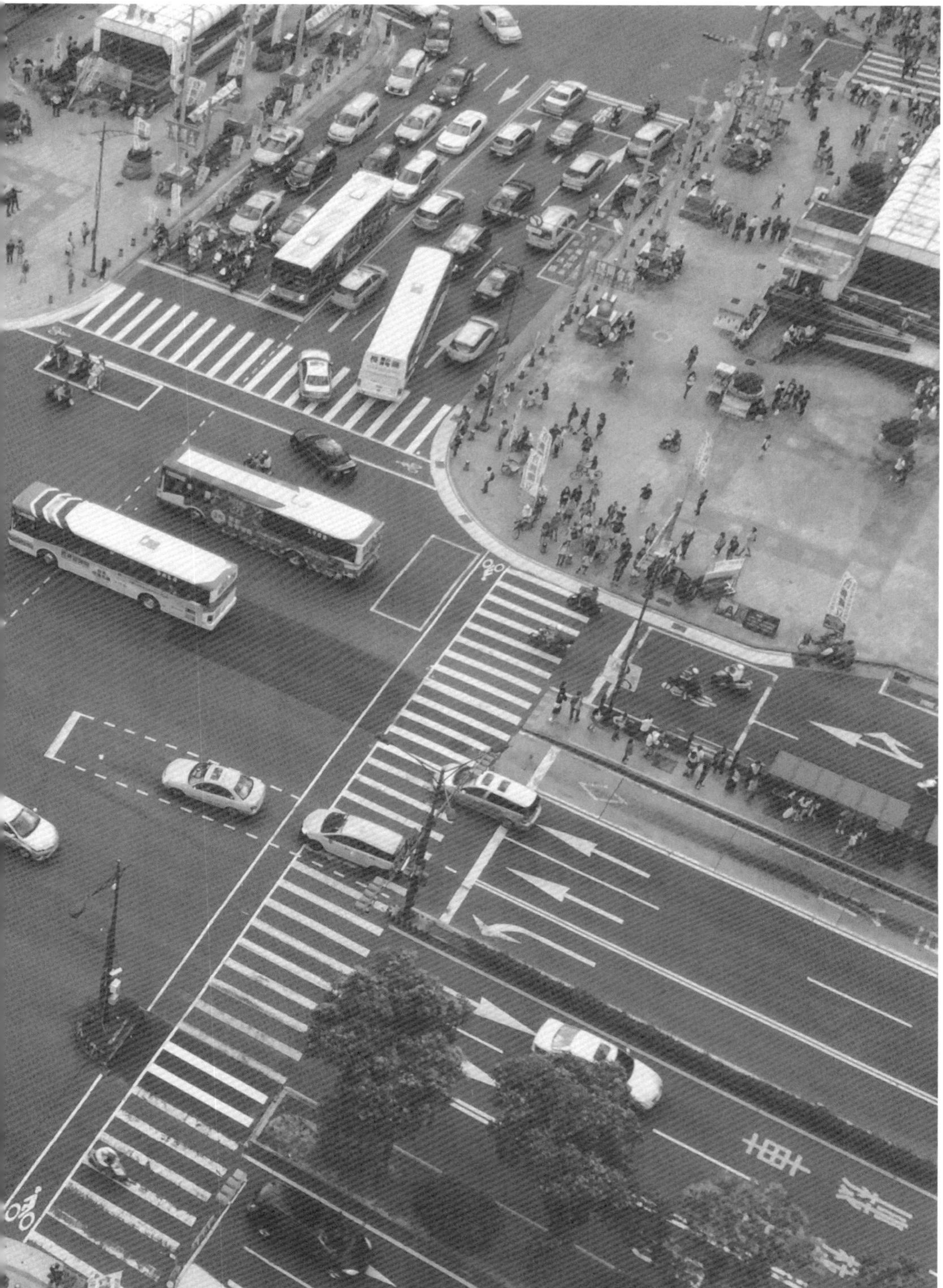

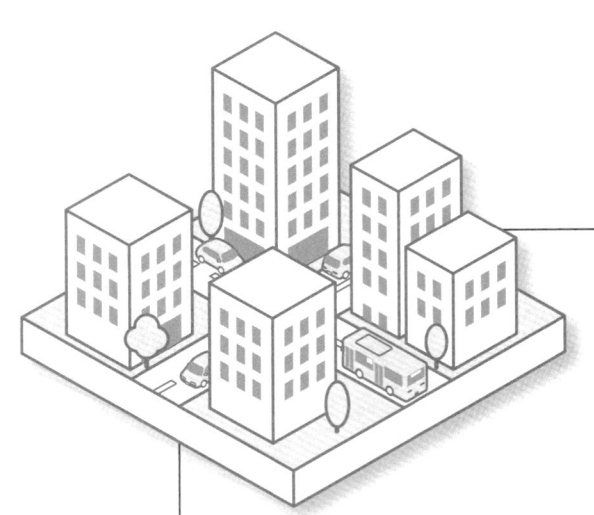

3.1

智慧城市
的
發展與挑戰

智慧城市的應用

　　相信多數人對「我們所生活的城市，是不是智慧城市？」其實感到相對陌生。如何在打造城市品牌的同時，有效推動智慧城市建設，並運用數位工具幫助城市行銷，甚至應對氣候變遷等挑戰，將會是城市在未來發展中需要面對的關鍵議題。智慧城市可以利用資訊技術和數位化手段來提升城市管理和服務的綜合系統，通過科技創新來解決城市化過程中的各類問題，如交通壅堵、能源浪費、環境污染、公共安全等。

　　建置智慧城市需要依據城市的願景方向發展，城市的發展願景必須是清楚、吸引人且具包容性，並且與利害關係人達成共識的。智慧生活科技與城市發展整合，是許多城市的發展方向。智慧城市的核心應以數據為驅動，實現城市的智能化運作，提升居民的生活品質和城市的可持續發展能力，以新一代科技運用於城市中，創造安全的居住環境、優質的學校、合理的房價、便利的交通。

　　桃園以「智匯桃園 AI FOR ALL」為主軸，展示過去桃園推動智慧城市發展的豐碩成績。其中「1999 市民專線生成式 AI 人機協作系統」與「桃園市道路養護資訊管理平台」更獲得智慧城市創新應用獎。另外還包含「改裝排氣管 AI 辨識偵測、「AI 巡防系統」、「智慧水情兵棋圖台」、「智慧農業防災平台」、「Metro Mars」平台、「BIM 智慧營運數據分析平台」等。在「亞洲矽谷」專區則有交通局 AI 智慧號控、大客車盲區主動警示、路外停車場導引計畫與 IDC 智慧資料中心與 IOC 智慧運籌管理中心。

　　最早的智慧城市想法其中之一，是源自於 IBM 的「智慧地球」計畫。其核心思想是使用網路、人工智慧、雲端計算等技術，讓城

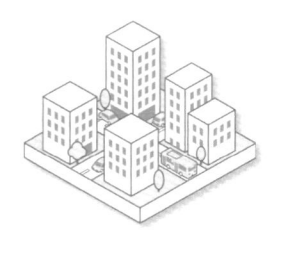

市中的各種設施，例如生活、交通、自來水、電力等能更有效地互相合作，最終提高政府的效率，同時也提升民眾的生活品質。在 IBM 與歐盟的聯手推動之下，不少城市開始往智慧城市邁進，隨著科技不斷進步，智慧城市的發展也成為不同城市間競爭的一個關鍵指標。

台灣於 2018 年通過「新世紀第三期國家建設計畫」中，以智慧台灣作為智慧城市發展的基礎，因此各城市皆有自己推展智慧城市的方向與期待。經濟部工業局認為，利用資通訊軟硬體技術及應用服務整合城市系統服務，透過創新的方式滿足對智慧生活的需求，能在提升城市資源運用效率與優化管理服務的運行下，達到改善我們生活品質及城市宜居、永續發展的目標。

在智慧城市的應用規劃方面，鴻海與高雄、台北、基隆合作，相關應用軟體 APP 將陸續出現，智慧城市平台則會列為下一波打造的重點。此項構想首先要做到可吸引足夠市民參與下載使用軟體 APP。智慧城市的發展同時可望帶動主權 AI 商機，若鴻海移植智慧城市平台方案到另一座城市，就需要主權 AI 硬體配合，也需要相關的軟體服務，使主權 AI 發展的更完善，且鴻海建立的算力中心，也可供應一部分算力給智慧城市使用。

幫助城市永續成長

當越來越多的人口湧入城市，為城市的基礎設施和公共服務帶來了巨大的壓力，同時加上氣候變遷和資源短缺等挑戰，也讓城市必須尋求新的發展模式，智慧城市正是基於這些問題而產生的一種解決方案。期望智慧城市以更智慧的方法，通過利用物聯網、雲

端平台計算、大數據等核心的新一代資訊技術來改變政府、企業和大眾的相互溝通方式，透過智慧系統的落實與應用，來達到節能減碳、維護生態、環境永續與安全宜居等目標。

身為離島城市的金門縣，具有規模適宜、縣市特性發展目標明確的特質，因此「金門縣智慧城市推動計畫」以「智慧科技，幸福金門」為目標，規劃智慧城市發展。包括如永續能源與資源管理、基礎網路環境補強、觀光發展與交通服務提升等。另外，金門縣還積極發展再造能源，包含永續能源設備建置、水資源循環系統及水力發電並儲電備用，透過智慧電網兼顧區域能源、經濟與環境，期望實現金門縣智慧能源、低碳島的願景。

智慧城市的應用相當廣泛，涵蓋了城市生活中包括智慧交通、智慧能源、智慧政府、智慧社區等，不僅能提高城市管理的效率，還大幅提升了居民的生活質量。透過數位化連結與整合城市中所有的人、場所和事物，開放城市資料促進創新與創造，在新價值智慧城市全面數位化的過程中，鼓勵並確保利益相關團體的參與，為協同合作創造環境與機會。

由於智慧城市依賴多種核心技術的集成應用，這些技術包括了物聯網、大數據、人工智慧、雲計算、5G通訊等，技術的相互作用將使得城市運作更加智能化和高效化。物聯網是智慧城市的重要基礎技術之一，通過感測器將物理世界中的各種數據收集起來，並通過網路將數據傳輸至數據中心進行分析和處理。

高雄市推動智慧城市，打造智慧化服務、帶動產業升級，並促進城市永續發展，從在地產業數位轉型出發，帶動建設高雄市整體的城市品牌再造。亞洲新灣區建置了全台最大的創新試驗場域「5G AIoT創新園區」推動創新應用，園區內包含影音串流實驗場域

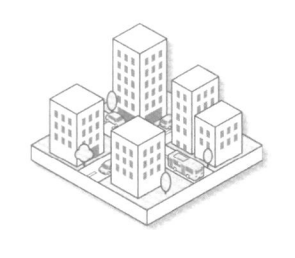

──高雄流行音樂中心、無人載具實驗場域──高雄電競館、國門示範場域、會展示範場域、互動娛樂應用場域，提供端對端的試驗場域，進行場域實證。

在智慧城市中應用於智慧交通、智慧環境監控等領域，可實現對城市管理的實時監控和優化。智慧交通是智慧城市中應用最為廣泛的場景之一，通過車聯網、智能信號燈、智慧停車系統等技術，智慧交通系統能夠減少交通壅堵、降低交通事故發生率，並提高整體運輸效率。

運用資訊與科技技術，監控並優化管理如道路、橋樑、機場等關鍵基礎設施，監控安全及預防性維護。通過車輛、道路和交通信號燈等設備的互相聯通，實現交通流量的動態調整和優化，減少交通壅堵並提高出行效率。像是智能信號燈可以根據即時交通流量動態，調整信號燈時長，優化車輛通行效率；公共交通優化則根據乘客需求，調整公車車次和路線，提升公共交通的便利性和效率。

台北市政府與民間公司合作，推出智慧城市概念的試辦專案，以小區域的方式實驗，為解決交通運輸問題，以影像監視系統車流辨識、監視器導入 AI 運用、5G 行動智慧公車、事故多發路段預警顯示影像辨識系統、5G 專網路口影像監控、公車先進駕駛輔助系統（ADAS）、車輛偵測器（VD）輔以道路即時資訊強化動態號誌等系統來嘗試應用。針對停車位問題，則以 AI 車牌辨識技術、智慧路側停車收費設備、具有偵測及聯網功能的智慧機車架、室內停車場 3D 圖資、智慧機車鎖等方式來測試。

科技導入的呈現

　　大數據技術是智慧城市數據分析和決策支撐的依據之一，通過對海量數據的收集、存儲和分析，將數據轉化為具備決策價值的分析結果，可以為城市管理時提供參考，支持決策優化和資源分配。透過歷史數據的分析和預測，城市可以優化城市的基礎設施佈局，提升公共資源的利用效率，通過監測城市的環境質量變化，評估永續發展策略的成效。

　　城市行銷數據蒐集的主要來源，包括通過掌握社群媒體上的城市討論熱度、話題趨勢、關鍵字搜索量來了解公眾對城市品牌的認知度，分析旅客數量、來源國、旅遊偏好等，了解哪些行銷策略最具效果。城市精確掌握旅客的需求與行為模式，通過分析旅客在社群媒體上的打卡地點與評論，了解哪些景點最受歡迎。數據分析的應用能幫助城市進行長期的觀光趨勢預測，並依據不同時期的需求波動調整行銷計畫，使行銷活動更能靈活應對，實現城市品牌的精確溝通。

　　透過數據驅動的決策輔助系統，與導入 AI 的市民服務，智慧城市不僅能提升公共管理效率，還能創造更優異的行政旅遊生活環境。通過數位化和自動化技術，提升政府行政效率和服務水平，智慧政府平台可以實現服務的線上化，減少實體辦公的等待時間，提升公共服務品質。數位政務的應用如政府服務的戶政、稅務、勞健保等，可以透過線上平台進行申辦以簡化流程，提高辦事效率。數據的開放和共享，可以促進企業創新和市民參與公共事務，提高城市管理的透明度。

　　為使政府更有效的管理，台北市嘗試包括如運動中心智慧化管

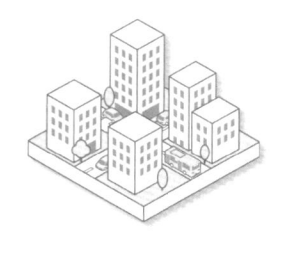

理、市府大樓智慧安防、智能客服機器人、市場實聯分流管理資訊站、市府人流偵測試辦、市府網站搜尋引擎優化、1999 導入語音辨識評估、Taipei Free 服務實證計畫、台北市政府文件智取櫃試辦計畫、文化場域智慧化、台北通自動上稿介接功能、台北通 APP 流量高峰保護計畫、置入 Queue-it 虛擬排隊系統。讓居民可以更容易地完成行政相關事務，減少讓人反感的問題。

針對交通即時監控系統的事件反應導入影響程度追蹤的功能，可以更快速得知影響程度屬常態或非常態，根據各類事件影響道路程度的原因，建構 AI 決策支援系統，將大數據資料蒐集彙整後，提供更好的交通決策建議方案。遇到城市舉辦大型節慶活動時，智慧城市能運用交通大數據做監控與疏導決策，透過電信公司提供的資料監控活動人潮，評估疏散計畫與接駁車路線及班次的依據，並針對捷運與輕軌即時進出站人數調控，作為為班次調整與加派的參考。

在推動綠色經濟與智慧城市的結合方面，智慧城市能展現效率與創新力，透過各項綠色政策和智慧科技應用，提升城市的競爭力和國際知名度。當城市的公共交通系統發展成熟，公共汽車、捷運及輕軌、及共享單車（YouBike）等多樣化的交通工具都很便利時，就能使得居民和旅客方便地選擇環保出行方式，也大幅降低了城市的碳排放。

為改善高雄市的交通問題，以高雄輕軌為智慧交通政策中心，各站點設置於車潮眾多的路段，以減少整體用戶自行開車的車流。運用輕軌車路協同與影像辨識應用、AI 輔助輕軌軌道淨空暨人流計算及淹水警示等技術來協助輕軌的運作，並藉由透明車廂的設計提升觀光效益。強調交通控制系統 AI 最佳化和大數據分析，透過

多部門的數據交換整合，像是智慧路口防碰撞、新一代智慧運輸系統、AI交通危險狀況辨識與統計，以助居民之交通安全更有保障。

　　智慧城市建設需要大量的資金投入，尤其是基礎設施的升級和技術設備的部署。對於一些財力有限的城市，這是一個重要的挑戰。智慧城市的快速發展需要相關法規和政策的支持，現有的法律體系往往無法跟上技術變革的步伐，造成智慧城市發展中的法規空白或不適應。智慧城市的發展還可能加劇社會的不平等，如技術應用的普及可能忽視數位落差較大的老年人、低收人群等社會群體，導致他們難以享受到智慧城市的便利。

　　未來的智慧城市的建設應朝向更包容、更安全及更市民導向的方向發展，隨著大數據技術的廣泛應用，數據安全與隱私問題變得日益突出，因此智慧城市行銷必須在技術上更強化數據加密及隱私保護措施。以居民為中心的智慧城市行銷，未來的智慧城市行銷將更注重市民體驗，透過技術手段提升市民生活的便利性和安全性，強化市民的參與感，使其成為智慧城市發展的核心驅動力。

機器人與無人機產業

　　對於台灣的城市來說，發展機器人與無人機產業及應用在智慧城市中都顯得相當重要。隨著機器人的應用越來越廣泛，為了使其充分發揮潛力，必須同時兼具自主性又能使操作者從任何地方進行控制。以智慧城市的需求來說，針對城市中的特定需求，從機器人與無人機的產業扶持帶來經濟效益，到可以公私協力應用，在多個層面都有相當需求，也能做為城市行銷的議題。

　　無人機系統整合廠商、整機製造商公司致力於研發生產各類型

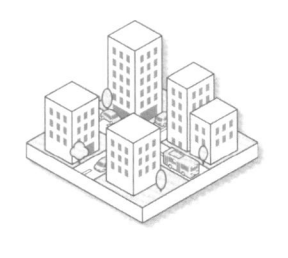

無人機以滿足市場上的需求，量產成熟無人機商品、無人機軟硬體的關鍵零組件製造業者，提供生產包含引擎螺旋槳、酬載、飛行控制系統、GPS 模組、伺服機、通訊系統等所需要的各種零組件。另外，像是無人機操作人員培訓、空中攝影、表演內容設計等，都是城市發展智慧城市時需要培養的人才。

　　高雄市透過嶄新的視野，結合 AI 技術與數位轉型，致力於推動智慧城市的發展，打造在地具國際競爭力的 AI 產業鏈。透過鴻海在高雄的人形機器人服務應用佈局，將結合先進硬體平台與最新的輝達軟體技術，持續與市府針對智慧城市軟體應用展開合作，一旦累積足量市民參與使用 APP 軟體，下一步便將開放軟體開發平台。

　　機器人需要 5G 網路雲端運算才能即時處理存取更多資料，透過人工智慧學習自主地提升技能，協助人類工作確保執行安全。機器人的組成包含硬體、軟體、運算協作、雲端佈署、行動通訊技術、人工智慧等。根據美國產業先驅 Tractica 的最新預測，2026 年全球無人機服務收入將增長到 227 億美元，2027 年全球人形機器人市場產值將可望超越 20 億美元。無人機三大主導產業將會是電影和媒體業、能源和基礎設施部門之公共事業，以及農業。

　　城市若能透過公部門的示範，針對特定需求申請補助，並扶持更具前瞻性的產業，都能吸引新創投資進駐、高收入家庭定居。智能產業的發展隨著科技的不斷進步與成本降低，消費型無人機的商業應用將可從空拍攝影、巡檢農噴，甚至是煙火燈光秀中益發頻繁可見。

　　嘉義縣以獨有的地形跟產業特色戮力發展無人機產業，目前已有 46 家無人機廠商進駐，以空域乾淨、身為西部科技走廊中樞、

交通便利的先天優越環境條件，建立了嘉義無人機區域創新科技聚落。結合地形與產業特色，進行廣域驗證實驗，從無人機園區串連周邊區域鏈結產業實務——智慧物流、農業噴灑、生態環境監測、治安維護偵查、廠區高空作業等。「民雄航太園區」之無人機創新量產基地東園區，預計將於民國114年完工；「義竹大型無人機測試場」則致力於打造研發、製造、測試、驗證一條龍之功能完備的無人機產業聚落。

　　一般民眾較常見且接受度高的機器人服務包括：居家照顧用機器人，能協助完成各種家庭場景中的重複性任務，如清潔、照護和家庭陪伴等。當城市中銀髮長照需求增加，或城市希望吸引更多有能力負擔機器人服務的群眾前往定居時，透過城市的政策資源鼓勵，就有機會形塑智慧城市的定位，提升居家照顧機器人的使用率。另外，善用醫療機器人於醫療院所領域，協同醫事人員進行手術和協助診斷，也成為提高治療品質的重要輔助手段。

　　2019年台灣燈會引進了Intel無人機的燈光展演，使無人機正式邁入群飛表演的領域，在智慧城市的應用上，定翼無人機能透過搭載各種鏡頭，即時對環境進行監測，以便精確掌握災情或農作物損失的狀況。旋翼無人機則適用於農地噴灑農藥作業或協助森林海岸巡邏，監測危險及不正常的活動，提供即時偵控動態。

　　針對偏重農業發展的城市，可協助補助鼓勵農民企業採用農業無人機協助作物監測、藥劑噴灑和畜牧管理等任務，或以無人駕駛拖拉機協助作物收成、導入AI系統感測作物生長及蟲害監控，經由自動化技術減少人力成本，提高生產效率，實現精緻農業管理，這些都是智慧城市進階發展的成果。

　　2025年美國最大國際消費性電子展（CES, Consumer

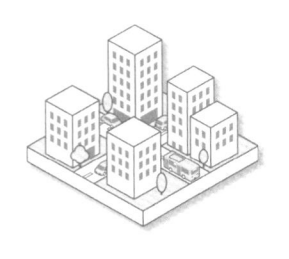

Electronics Show 2025）壓軸展出「AI 機器人」主題，這將引領未來三大關鍵趨勢——AI 家居標準化、每戶一台機器人，以及國家 AI 競爭。現場展出更多元的機器人形態，從陪伴型的寵物機器人、負責協作的工業／家庭機器人、應用機器視覺自主導航的自主移動機器人，到具備人類外觀型態與智慧感知能力的人形機器人。NVIDIA 並推出 Cosmos 模型平台，可整合真實資料與合成數據，能協助機器人的操作訓練更貼近物理原則，並簡化開發門檻，擬將機器人做為 AI Agent 落地應用的終端選項。未來，在可預見的智慧城市發展中，機器人與無人機產業的發展與居民生活的應用連結，都會和城市品牌與行銷息息相關。

智慧商圈與多元支付

由於資訊科技帶動商業發展，智慧商業改變了我們的生活，使城市的商圈發展也開始轉型變化，尤其我們可以看到，以國際人士觀光為主的商圈經線上線下結合，再加上無現金的多元支付模式，已逐步發展成為智慧商圈。

在智慧商圈導入數位服務，包含了普及行動支付和提供行動支付回饋金等，運用行動支付工具加速商家的數位轉型，除了能建立數位工具習慣外，還能累積營運數據。商圈雲端化能讓消費者感受到科技智慧城市的消費便利性，並為店家發掘潛在消費客戶，開創新商機。

台北市在 2024 年推出「台北雲市集・頭家金賺錢」雲端服務，打造寧夏夜市成為全台第一個「雲端智慧夜市」。寧夏夜市有多達 141 間店家及攤商使用雲端服務，同時有 20 間商家為示範

店家、安裝雲端 POS 系統，消費者以行動裝置上網下載活動專屬 APP「BiLike」或連結「寧夏商圈網站」，即可獲得雲端酷碰優惠券及雲端美食兌換券，送出 3,000 份美食優惠，以吸引許多年輕族群前來體驗。

寧夏商圈表示，攤商雖然需要時間適應新的管理方式及設備操作，但導入雲端服務可以改變原本店家用紙本計算營業額的不便，除了方便消費者點餐服務外，未來可更有效率地管理店內財務、降低點餐出錯率，還可隨時發布活動消息、與會員互動。

有越來越多商圈開始意識到智慧商圈的潛力，紛紛著手評估相應的計畫方案，包括建置智慧商圈平台、推廣行動支付、數據分析和行銷方案等，以提升商圈的競爭力與活力。隨著大數據技術發展，透過分析消費者行為軌跡可以確定智慧商圈的消費者規模、消費層次和熱門程度，藉完整資料化掌握周圍人流，統計改善消費者的購物體驗。商圈可從大量資料分析中找出消費者生活的各方需求，這對智慧商圈的發展相當重要。

2024 年台南市中心的「海安觀光商圈」官方 Line 認證帳號正式上線，並引入 AI 智慧科技，為國內外民眾提供有趣的商圈服務體驗。「海安觀光商圈」位於台南市中心舊城蛋黃區，不僅是市民生活重心，更是經濟和觀光旅遊熱點。為協助解決旅客需求，引入 AI 數位幫忙，提供國內外民眾有趣的商圈服務體驗，讓智慧科技更貼近普羅大眾。加入海安官方 Line 帳號，還有機會領取折價券折抵店家消費，兌換多間店家的隱藏版美食。此外，「海安觀光商圈」也同步提供了平台網頁版，民眾可以使用網址連結平台，即可透過指令獲得即時性的資訊反饋；也能連結到商圈官方社群，取得最新消息、形象影片、主題地圖等相關資訊。

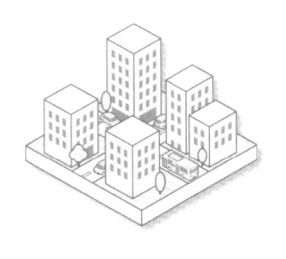

透過導入創新資訊和創新科技，例如以 APP 搜尋周邊商家、推播商圈附近商家的優惠活動、電子看板、行動導覽、自助化終端設備繳費、掃描 QR Code 行動支付等都能為旅客帶來更多便利。以互動方式提供消費者個人化的商務服務，結合消費資訊和網路社群能量，透過感測設備與相關資訊基礎，商家更可掌握消費者購物行為和偏好。經由在智慧商圈內廣設定位裝置，只要民眾的手機開啟藍芽功能，便可接收場域發送的訊息，記載消費者購物資料和消費者資訊。

因應智慧化發展趨勢，新北市以數位科技導入商圈行銷，將以新莊廟街、金山商圈打造成數位商圈示範基地，包括製作線上地圖、建置語音導覽資料庫、開發線上商城等，行銷特色商圈。透過協助業者掌握消費行為與市場型態變化，提高管理效率，並運用數位科技協助商圈行銷，選定金山商圈為示範點。

金山老街是目前北海岸僅存的清代老街，已有 300 多年歷史。這次將結合周邊溫泉、景點、老街等製作線上景點地圖，透過地圖影音，呈現特色店家及店家故事，並連結業者推出「金山商圈線上商城」，推廣當地特產。

在智慧城市中，無現金支付的技術扮演著關鍵角色，透過提供快速、安全和便捷的支付解決方案，不僅大大提高交易效率，降低管理成本，還能促進金融服務的普及、提升金融包容性。

無現金支付的廣泛應用，從日常的繳停車費到政府服務，從零售商業到攤販的交易轉帳，均體現出便民服務與提升城市運行效率的巨大價值。

無現金支付的快速發展對經濟發展具有顯著的推動力，不僅促進消費者交易模式的變化，激發市場活力和消費潛力，還為企業提

供了更高效的營運方式和創新的商業模式。

　　特別是對於中小企業及夜市攤販來說，無現金支付降低了消費者進入市場的門檻，提升了市場的競爭性，從而促進整體經濟的活力和創新能力。對年輕世代和國際旅客而言，無現金支付確實提升了城市的友善度，不過實際的使用率仍有待再加把勁。

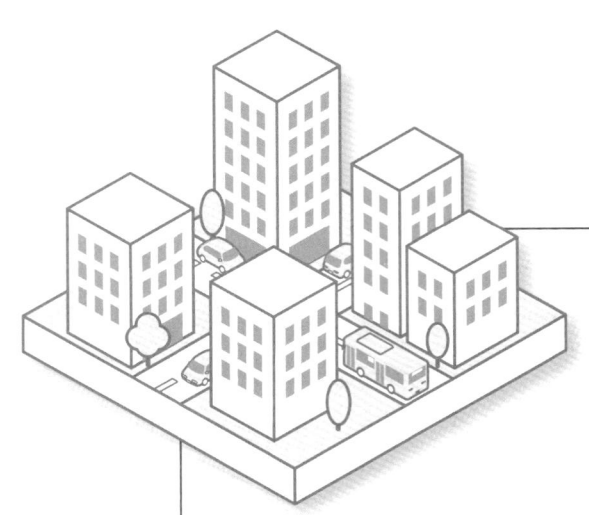

3.2

交通
對城市行銷
的影響

交通的建設

　　交通建設是現代城市發展的核心基礎設施，不僅關係到居民的日常生活，也對城市行銷和經濟發展有著深遠影響。城市行銷的核心在於提升城市的吸引力、促進經濟發展，並建立獨特的城市品牌形象，其中交通建設將直接影響城市的便利性和可達性，是外界認識城市的重要工具。台鐵、高鐵、高速公路、國際機場和港口等大型交通基礎設施，能使城市成為區域國際交通樞紐；如高鐵通車後，大幅提升了中間各主要城市的交通效率，使不少城市成為國內外商務與觀光活動的核心，也提升強化了台灣的整體城市品牌競爭力。

　　以台北市為例，其以發達的公共交通系統和便捷的國際機場吸引了大量居民和旅客。台北市公布了 2024 年度的「5 大景點」排行榜，包括：西門町商圈、台北 101、松山文創園區、陽明公園（陽明山）、西門紅樓、華山 1914 文化創意產業園區，幾乎都是搭乘大眾運輸工具相當容易抵達的景點。

　　城市行銷的成功也仰賴旅客與投資者能否輕鬆進入城市。高效的國際機場、便捷的高鐵與機場捷運、完善的公路網絡是吸引外來人流的重要基礎。交通建設的便利性是吸引投資者進駐選址的重要因素，完善的交通建設能縮短物流和人流的時間成本，提高企業運營效率。便捷的交通有助於城市吸引了大量科技和金融企業進駐，對高技能人才來說，交通便利與否將影響其選擇居住工作的地點。

　　由於交通便捷能吸引更多企業進駐，促進經濟活動，因此高鐵站周邊形成了新的商業聚落，捷運與輕軌沿線地區的土地價值提升，促進周邊的城市更新。如淡海輕軌帶動了淡水地區旅遊範圍的

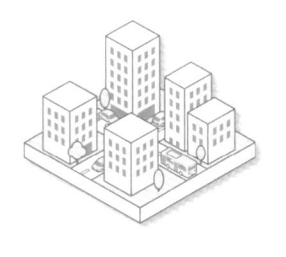

擴大，淡海輕軌連接新北淡水地區的主要景點，如紅樹林與漁人碼頭，方便旅客快速往來，更帶動了當地的旅遊業。台北信義區因捷運紅線的開通而成為高價值商業區，至於大巨蛋場館的啟用，更使得捷運板南線國父紀念館站成為了重要的人潮移動據點。

公車、捷運以及其他城市內的公共交通工具，均能幫助城市內部的發展活絡，交通建設可以帶動周邊城市經濟發展，形成多中心城市群。當城市因面積擴大、人口增長而衍生出問題時，尤其像交通壅塞、長時間通勤導致的疲憊壓力等，因此縮短通勤時間成為當前城市的重要議題。為打造節能低碳城市，交通基礎設施發揮了重要作用，隨著社會對各種交通方式的依賴不斷增加，通勤方式對公眾健康的影響也變得更加顯著，可見交通是城市規劃中不可不慎的重要領域。

城市活動的聚集與空間的建築形態、街區經濟發展、交通建設等因素息息相關連，若缺乏人流與城市活動，即便是餐飲及零售業都難以在城市生存。發達的交通建設能使偏遠地區的居民更容易進入城市中心，也有助資源的公平分配、促進社會融合。政府應以使用者為中心進行交通規劃，確保交通設施方便、可靠且民眾負擔得起，以提升居民與旅客的滿意度。

交通的便利性將直接影響消費者對城市商業區的到訪頻率，對常駐居民而言，便利的捷運、巴士等公共交通將直接影響生活品質，成為城市行銷中居民幸福感與推薦程度的影響重點。高效的交通系統能改善居民的通勤體驗，提升生活滿意度，如台北捷運的準點率與便利性讓居民旅客均感到滿意，更進一步提升了城市品牌的友善形象。

觀光與交通之連結

　　選擇交通方式將決定旅客的出遊模式。目前在台灣除了團體旅遊仰賴的大型遊覽車外，旅客也可選擇中小型車輛前往當地有出入限制的特定景點，而一日計程車包車服務也能方便的滿足旅客需求；在大眾運輸工具上，除了捷運以外，城市是否擁有共享單車及汽機車租用服務也很重要。許多城市的觀光倚重節慶與大型活動，當中不同景點之間若是沒有交通銜接配套措施，就可能影響旅客到這個城市旅遊的意願。像是我在輔導旅遊業者時常會提問：如果是一家四口從台北出發，到無捷運的中南部縣市進行三天兩夜的旅遊行程，若以大眾運輸為主要交通工具時，行程該怎麼設計？

　　以多數人出國旅遊的經驗而論，往往觀光目的著重於住宿體驗，因此旅宿是否有相應的交通接駁方式，必須從城市觀光策略的整體角度來規劃思考。考量自由行旅客的需求，從旅人角度需要什麼交通配套，大眾運輸的便利與否成了旅客是否選擇該城市旅遊的重要考量因素。想解決影響國旅的城市交通問題，其實仍得回歸到根本的城市規劃。當旅遊的目的是放鬆娛樂時，沒有人想處理交通接駁的瑣事，甚至還得考量旅途中的安全。

　　交通建設對旅遊可及性的提升有明顯助益，便利的交通能降低旅客的時間經濟成本，吸引更多旅客前往，交通路線的便利程度也會影響旅遊熱點的流量分布。好比新北市九份的成功不僅因為其景觀特色，還與巴士直達和台鐵平溪線的便利連結有關。台北市信義區因是捷運板南線與信義線的交會處，吸引大量購物、娛樂和商務人群，並舉辦大型運動賽事、演場會及跨年晚會。透過捷運延長運營時間提升活動吸引力，也大大提升了居民與旅客的參與度。

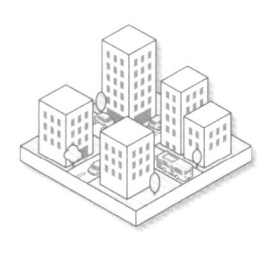

高鐵系統大大縮短了台灣各主要城市之間的交通時間，促進了城際旅客的流動，並對「一日遊」和商務旅遊產生了顯著影響。高鐵的便利性使旅客更容易規劃短期多點旅遊行程，例如「台中—彰化—台南」的歷史文化之旅。某些旅遊地標化的交通設施本身就是旅遊的吸引力所在，許多城市甚至通過交通設施而展現出當地的特色文化。像是創新行銷模式，如：台鐵觀光列車，透過結合地方美食與文化行銷，打造獨特的旅遊體驗。

　　透過持續優化交通規劃與創新行銷策略，強化交通設施的應用並連結城市品牌定位，結合獨特文化特徵設計交通設施，使其成為城市品牌的亮點。交通建設在城市行銷中具有舉足輕重的地位，也需平衡基礎設施發展與城市品牌形象、居民需求、可持續發展等多方面的關係。

台鐵與高鐵

　　交通建設能直接影響城市的可及性與便利性，塑造外界對城市的第一印象。作為台灣交通發展的基石，台鐵以連結全台城鄉為主要功能，在城市行銷中扮演了重要角色，部分車站更因具有歷史意義或特殊設計，如新竹車站、彰化扇形車庫，成為城市行銷的文化象徵。

　　新竹車站的日式建築風格，成為城市歷史與文化的象徵。台鐵乘勝追擊，推出了觀光列車如「環島之星」、「藍皮解憂號」，結合城市特色，吸引旅客探索鄉村城鎮，成功帶動區域經濟發展。由於台鐵連接台灣主要城市與偏遠地區，能縮短城鄉差距，例如宜蘭花東線促進了台灣西部與宜蘭、花蓮與台東的連結，也使得東部的

旅遊業得以快速成長。

　　高鐵是台灣交通現代化的重要象徵，除了提升台灣城際交通的效率，因其速度與舒適性代表了城市現代化的形象，成功連結了台灣西部從北到南的主要城市。透過高鐵的高速運輸，使台北到高雄的通勤時間縮短至不到 2 小時，帶動了全台「1 日生活圈」的概念，縮短了城際間的通勤時間，促進沿線城市的經濟文化觀光的機會。

　　透過商務會展的城市行銷，高鐵提升了台北、台中與高雄等城市作為商務與會展地點的吸引力，使得台中成為了中台灣的會展中心，透過高鐵便利的交通，吸引更多國際商務活動在此舉辦。高鐵車站周邊也促成了大量旅遊業相關設施的發展，例如台南高鐵站的國際 OUTLET 進駐，不但吸引了許多觀光客前往台南老街、古蹟，更增添了城市的吸引力。

台鐵便當商機

　　台鐵便當起源於早期的台灣鐵路運輸時代，以解決旅途中旅客的用餐需求。《台灣便當誌》指出，由於火車是當時台灣重要的交通工具，為了能讓旅客在旅途車上享用飽食的餐點，也是台鐵的重要使命之一。在公共交通服務初期，因運輸工具的速度較慢而使得旅行時間較長，因此在長途旅程中出現飲食需求，此時餐飲服務就成了極為重要的部分。

　　台鐵便當是台灣鐵路公司於車站或車廂中販賣之便當，2024年台鐵公司化後改制為餐旅分處，分別設立了台北、台中、高雄及花蓮分處。國內旅遊潮讓許多旅客選擇透過鐵路旅行來探索台灣的本地景點，而便當便成為旅途中的重要元素。搭乘台鐵的旅客是便

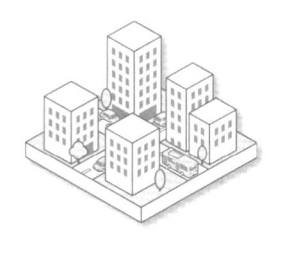

當的主要消費者，其中通勤族和休閒旅遊者占大多數。由於台鐵便當深具台灣文化特色，也逐漸受到外國旅客的青睞，成為旅遊行程中的必試項目。

2015年臺灣鐵路管理局首度舉辦第一屆鐵路便當節，邀請國內便當業者與日本鐵道公司加入。為了因應特殊活動節慶與主題列車啟航，透過與不同單位合作推出主題特色便當，如扇形車庫便當、太魯閣號Hello Kitty日式豬排便當及台鐵—北海道特色便當等。另外台鐵便當也經常推出限量版包裝（如節慶主題、歷史車站紀念），吸引收藏者購買。

台鐵便當可說是世代的美好回憶，讓許多工作繁忙的商務人士和旅客在工作交通間享用差旅的小確幸，我個人就很喜歡在出差時享用台鐵便當，即便是搭乘高鐵，也會特別購買。台鐵便當逐漸發展成一種具有文化符號意涵的商品，以往採用的傳統鐵盒／木盒、經典菜色（如排骨飯、雞腿飯）設計，以及對「家常味」的重視，使其成為許多台灣人共同的記憶；使得2000年台灣鐵路局推出「台灣鐵路懷舊便當」時，銷售成績驚人。

根據交通部台灣鐵路管理局附業營運中心的資料分析，台鐵便當於2016年的年銷售量已達1,000萬份，至2019年的年銷售量甚至達1,054萬份，巔峰年銷售額高達7億5千800萬元。從新聞報導中可知2024年的銷量達920萬個，雖未回到疫情前的千萬水準，但因推出較高單價及期間限定的便當款式，預估收入將超過2019年的7.48億元，創歷史新高。隨著國內旅遊熱潮的興起，以及台鐵便當近年來在行銷與包裝上的創新努力，其市場規模仍具增長潛力。

然而，近幾年台鐵便當出現了許多競爭者，如高鐵便當、超商

便當、車站站內的其他食物等。為了維持提升其產品的市占率，台鐵便當不僅嚴選在地食材，以地方特色推動不同區域的便當銷售，同時在販售方式上除了傳統在列車上推車銷售與車站的販售據點外，也設計了「台鐵便當本舖」之特色販賣櫃台與列車造型的月台販賣攤等。並配合訂票系統推出訂車票時預訂便當的創新作法，多元推升台鐵便當的販售方式。

雖然台鐵便當具備悠久的歷史，但其品牌形象仍相對傳統，如何吸引年輕世代的消費者並讓產品融入現代生活，是品牌行銷的關鍵議題。台鐵便當不僅是餐飲商品，也是地方文化的展示窗口，可經由持續開發推出限量版便當盒或聯名設計提升台鐵便當的價值與購買吸引力。

未來在發展上，透過結合地方食材特色開發專屬的地方特色便當，打造「一站一特色」的概念。例如嘉義火雞肉飯便當、池上米便當或東港櫻花蝦便當，不僅能提升台鐵便當的吸引力，還能促進地方經濟發展。另外，也能參考航空業餐飲模式，透過期間限定授權，讓更多人即便沒有到火車站乘車的需求，也有機會享用到台鐵便當。

台鐵便當擁有深厚的文化故事與廣泛的市場基礎，結合國內旅遊市場、地方特色飲食的推廣，其商業價值還能延伸至更廣的領域。若能妥善因應目前的挑戰，積極投入品牌經營與銷售拓展，台鐵便當很有潛力成為台灣飲食文化的重要象徵、成就業績亮點。

捷運與輕軌

捷運與輕軌則展現出城市的科技與環保形象，也現代化城市的

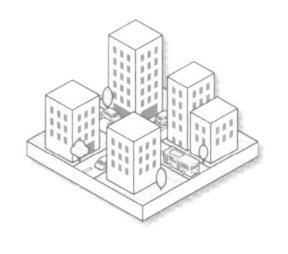

象徵，理想的設計與營運能吸引更多國際商務客戶。像是高雄捷運與輕軌以綠色交通為核心，成功塑造了環保與永續發展的城市形象，其中輕軌路線經過的旅遊景點如駁二藝術特區也成功吸引了大量旅客，成為城市行銷的重要元素。高雄捷運「美麗島站」更因其壯觀的彩色穹頂設計被譽為世界最美捷運站之一，成為吸引旅客造訪的地標。

為促進台中市的均衡發展，台中捷運綠線身負重任，捷運站點附近的商業區逐漸變得繁榮，吸引了更多旅客與居民，提升了城市行銷效果。而台北捷運系統的準點率與高效性，更獲得許多國際旅客的認可。透過捷運站內的公共藝術展示結合文化行銷，也讓外地旅客能感受到城市的藝術氛圍。捷運還一路延伸至新北市、桃園市，同步提升了北北桃整體的城市吸引力。

距 1996 年台北捷運公司成立至今已有 30 年歷史，第一條通車的捷運文湖線，就在我讀書的學校旁邊，當時甚至有不少同學都成了通車之初最早體驗免費搭乘的幸運旅客。自從雙北捷運系統開通以來，已成為市民重要的交通工具，也帶動了捷運沿線的房價及商圈發展，使眾多國內外旅客能方便地在台北旅遊，成為觀光客認識台北市最便利的方式之一。

這 30 年來讓台北捷運深獲認同的原因，除了便捷的路網設計、令人信任的營運方式，其多元的整合行銷傳播手法，像是與悠遊卡創意結盟，或是在台北燈節、跨年晚會等大型活動舉辦時調整營業時間、配合城市行銷，成功維持了台北捷運的品牌形象，更讓不少外地人透過這些行銷方式認識雙北城市的各種面貌。

台北捷運的品牌識別很早就導入了完整的視覺識別系統，企業識別標誌也曾獲得德國紅點設計獎。除了一開始的文湖線，因現實

考量使車廂設計與其他路線有一定差異外，其他全縣從車站標誌到指引均採連貫統一的視覺系統，能提升消費者的品牌認知。甚至最近在社群媒體上還興起用不同站名搭配諧音梗，加上消費者的分享討論，更強化了各捷運車站的記憶度。

在整合行銷傳播的宣傳手法上，台北捷運經常採用主題列車的方式，將捷運車廂作為主體，結合當下熱點或重要節慶推出主題列車吸引乘客關注；並以車站本身為平台，在車站內外舉辦音樂會、藝術展覽等，讓乘客在等待和乘坐捷運時，也能享受到文化薰陶，將站體延伸成為市民與觀光客認識捷運品牌的連結點。

在商業合作上，台北捷運也有不同的體驗「乘」現，像是與 Jo Malone London 和英國經典柏靈頓熊聯名，在板南線的特定車廂打造從車門、窗貼到手拉環都有行李箱貼、格紋野餐墊等吸睛元素的主題車廂，地上有柏靈頓熊的小腳印，還能透過 AR 的方式與柏靈頓熊合照。另外像是知名玩具品牌 LEGO 樂高在淡水信義線的特定車廂設計全方位包覆版面，從地貼、車門、一直延伸到天花板均有各式職業樂高人偶，讓乘客感受獨特的樂高宇宙。

市府針對台北捷運 30 周年主題的整合行銷播方式，則是於捷運中山藝文廊道推出 30 周年回顧展——「穿越北捷，三十而立」，透過照片呈現出捷運發展過程的篳路藍縷；或是在大安森林公園站舉辦「北捷 30 森日快樂」派對，以及將台北建城 140 週年、捷運公司 30 週年及動物園 110 年園慶結合，在捷運文湖線上打造「台北百四‧動物百式」車廂，以穿山甲、石虎及黑熊為元素，同時推出建城 140 週年的紀念悠遊卡禮盒。

由此可以看出，台北捷運積極利用各車站所在區域的文化特色進行裝飾和宣傳，還透過包含淡水線的歷史文化展示、板南線的藝

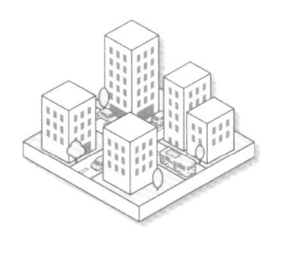

術創作展示等,讓乘客在通勤乘坐的過程中了解本地文化,也能獲得乘客對捷運品牌在地化用心的肯定。經由不同捷運商圈的經營,也讓雙北城市不論在餐飲、百貨及夜市等重要據點均帶來更多觀光與節慶商機,同時達成不同階段台北捷運品牌再造的目的。

台北市以悠遊卡為基礎,發展了一套完整的智慧交通系統,透過數位化的管理提升城市的運行效率。悠遊卡是台北捷運的重要合作夥伴,近年來台北捷運和悠遊卡公司合作推出了多款限定版悠遊卡,這些卡片通常結合了當下流行的文化元素或熱門IP,吸引了大批粉絲和收藏愛好者。像是與知名IP如迪士尼、Hello Kitty、漫威、鬼滅之刃、進擊的巨人等聯名推出的限量版悠遊卡,卡面設計獨特,甚至有立體造型,搭配專屬的捷運主題列車,吸引了大量動漫迷前來乘坐收藏。

作為台北捷運主要的交通支付方式,悠遊卡透過與知名品牌的聯名跨界合作,都有效提升了品牌的曝光度和影響力。對品牌粉絲來說,使用聯名悠遊卡代表他們對品牌的忠誠支持,這種情感連結驅動他們收藏聯名悠遊卡。而對外地旅客來說,旅行中購買的紀念悠遊卡則具有獨特的情感價值。

悠遊卡公司更結合了台北市的地標和文化特色,推出如101大樓、故宮博物院等城市主題悠遊卡,不僅提升了卡片的收藏價值,也增強了市民和旅客對台北的認同感。在城市行銷上,台北捷運與雙北市政府合作,針對特定旅客推出捷運車票和各大景點的門票組合優惠,聯手促進城市旅遊業的發展。

以台北捷運來說,不論是運輸載客還是商業合作,甚至是透過悠遊卡帶來話題,其背後最重要的還是承載著雙北居民的日常生活,以及城市行銷對觀光客的便利性和吸引力。由於身為台北人的

我從小看著捷運一路改變我們的生活，當國內更多城市都開始有了捷運時，仍希望台北捷運這個品牌能持續進步，為雙北的城市行銷帶來更大的幫助。

其實，台北還有全球為數不多的雙層城市觀光巴士，其行駛路線主要分為紅線跟藍線；紅線是從台北車站連結到101，而藍線則是從大稻埕連結故宮。從在地文化旅遊的層面來看，搭乘觀光巴士不但能從車上一覽台北風景，讓參與者快速認識台北，這也是振興在地觀光的良好媒介。好比從北門、西門到東門的這個路線，尤其會經過觀光客喜愛的永康商圈，搭乘觀光巴士是讓旅客快速認識台北文化的絕佳方式。車上均備有導覽人員介紹沿途的景緻及特色建築，其實相當有意思。巴士上層的開放式空間更具備搭乘一般運輸工具時所無法感受到的氛圍，使我甚至感覺自己身處歷史的長河之中。

或許城市的文化觀光並非能快速能帶動城市整體經濟的作法，但若台灣本地的消費者能對居住地以外的城市更加了解，也能選擇使用當地具有特殊意義的交通工具來進行旅程，至少可望提升在地消費者對自身旅遊環境產生興趣，也才可能增加對城市品牌的好感及認同。

航空公司的彩繪機身異業合作

近期，航空公司與其他行業透過彩繪機身的合作方式，展現出聯名活動的多樣化。其中，我最喜歡的合作之一，就是2025年4月將於日本大阪舉辦的關西世界博覽會宣布與日本航空 JAL 合作，啟動 JAL×GUNDAM FLY TO THE FUTURE PROJECT，將於3

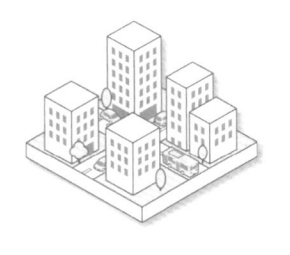

月起在日本國內航線展開 JAL GUNDAM JET 彩繪機首航。機身以鋼彈與世博會為主題進行彩繪，除了能看到大阪世博會的吉祥物與 RX-78F00／E，還推出了含關西住宿與限定版鋼彈系列模型的旅遊行程商品套票，並預告了令人期待的 JAL × 鋼彈的餐廳巴士營運計畫。

　　航空公司透過彩繪機身聯名異業合作是一種行銷策略，不但能結合品牌曝光、消費者體驗，還能促進文化推廣與商業利益。這種做法不僅能提升航空公司的品牌形象，也為合作品牌帶來全球性的宣傳效益。像是 2024 年長榮航空與日本 Sanrio 三麗鷗合作推出全新 Hello Kitty 彩繪機，分別命名為「粉萌機」和「糖果機」。這些彩繪機於 2024 年 12 月起陸續執飛高雄—香港與仙台及巴黎航線，全機設計服務融入了 Hello Kitty 家族的三力鷗明星角色，為旅客帶來全新且歡樂的飛行體驗。

　　中華航空於 2022 年與 The Pokémon Company 合作，參與了「飛翔皮卡丘計畫」推出以寶可夢為主題的彩繪機。這是台灣的第一架寶可夢彩繪機，機身設計包含多隻寶可夢人氣角色。航空公司利用機身彩繪的聯名合作，不僅提升了航空公司的品牌形象，也為旅客帶來獨特且饒富趣味的飛行體驗。

　　航空公司透過彩繪機身的異業合作，可以提高品牌影響力，無論是長期或短期的聯名合作，都能提升品牌在市場的辨識度。就有特定粉絲族群會因此來特別選購聯名航班機票。目前市場上知名的彩繪機身異業合作方式，像是全日空 ANA 的《星際大戰》系列機、紐西蘭航空的《魔戒》聯名機身，均是利用影迷市場提升飛機搭乘的吸引力。透過動漫與卡通角色的聯名，如長榮航空與三麗鷗合作推出 Hello Kitty 航班，也能助益家庭與年輕客群的忠誠度。

城市品牌行銷 03

　　彩繪機作為一種移動式廣告平台，能透過獨特的設計成功強化企業形象。像是星空聯盟、寰宇一家等航空聯盟也透過相繼推出航空聯盟塗裝機，來加強品牌的一致性。其他好比 ANA 的「星際大戰」彩繪機，以及長榮航空的三麗鷗 Hello Kitty 航班均成功地營造出品牌的親和力。透過飛機內外裝潢、機上服務，像專屬登機證和餐點包裝還有聯名產品等，讓乘客擁有身歷其境的沉浸式體驗，不但能提升機艙的附加價值，還可透過推出機上限量的聯名紀念品來有效提升額外收益。

　　航空業者與城市的旅遊行銷合作也是個不容忽視的重要議題。像是阿聯酋航空曾透過「EXPO 2020」機身塗裝推廣於杜拜舉辦的世界博覽會，也與皇家馬德里足球隊合作推出銀河艦隊特殊彩繪機；即將舉辦的關西世界博覽會也與日本航空 JAL 合作，推出 JAL×GUNDAM FLY TO THE FUTURE PROJECT 彩繪機，以鋼彈與世博會為主題進行機身彩繪。

　　因此，各地方政府也可利用城市品牌與航空公司彩繪機身的異業合作，細數以下貢獻，獲得行銷推廣的顯著成效。

- **提升城市知名度**：彩繪機身若能以城市特色為主題，隨著航班飛往各地，成為空中移動的宣傳平台，吸引國際旅客的目光。
- **促進旅遊業發展**：透過與地方政府或旅遊局合作，彩繪機身展示城市景點或文化，能激發旅客的興趣，增加旅遊人次。
- **強化城市品牌形象**：獨特的機身設計結合城市元素，能塑造鮮明的城市品牌印象，提升城市在國際間的辨識度。

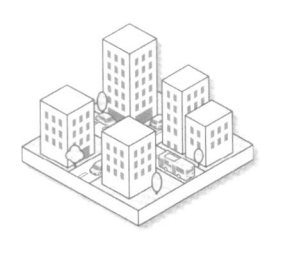

- **深化異業合作關係**：航空公司與地方政府、企業或文化機構合作，可透過彩繪機身共同推廣城市，實現雙贏。

　　與航空公司彩繪機身的異業合作，成為城市品牌創新且有效的行銷途徑，協助城市在全球舞台展現其獨特魅力。經由品牌聯名、文化推廣的獨特體驗，能為城市與相關企業帶來各方受益的 win-win 多贏局面。彩繪機獨特的機身設計不但能吸引旅客拍照、分享、上傳至社群媒體，也能增加品牌曝光，提高話題熱度，藉由如 Instagram 上的＃標籤設計，還能提升社群擴散的機會。未來隨著數位技術與環保趨勢的蓬勃發展，這類合作將更具創新與互動性，成為航空業與城市品牌的重要行銷策略之一。

綠色交通

　　當城市的綠色運輸導向已逐漸成為市場主流，政府為了減少私人運具所產生的汙染，致力推廣有利於環境永續發展的交通工具；這包括：大眾運輸工具、自行車和低能耗電動汽機車，以降低城市污染並提高交通安全。城市不但提供補助鼓勵私人使用自行車和低能耗汽車，也推廣共享機車或單車，使人能感受交通帶來的便利，同時降低對城市帶來的負擔。

　　綠色交通在城市建設的過程中應融入可持續發展理念，透過創新模式的運用與結合智慧城市系統，利用資訊科技整合城市的交通服務，優化城市通行秩序的管理，以改善市民生活品質。藉由交通建設的精心規劃、有效執行，將大力推動城市行銷，有助城市在競爭中脫穎而出。

地方政府應善加規劃城市，使文教、醫療、政府服務、運動休閒、公園綠地等城市生活機能設施均在公共運輸、自行車或步行可達的範圍之內，減少非必要之運輸活動，進而發展綠色運輸的生活型態。如在台北、高雄等地積極推動電動車和公共交通電氣化建設，並提供多種環保交通工具選項，如共享單車、電動機車等。這些措施不僅降低了城市的碳排放，還改善了市民的生活質量和交通便利性。

　　共享單車 YouBike 微笑單車，是自行車製造商捷安特營運的共享單車租賃系統，也稱為公共自行車。YouBike 微笑單車可從各地的任何自行車站租用歸還，這使共享單車成為服務範圍內短距離點對點旅行的理想選擇。YouBike2.0 採車上機及輕樁設計概念，新增 QRcode 掃碼租車。嘉義市更開始使用 YouBike 2.0E 電動輔助自行車服務，與 YouBike 2.0 系統共通；目前台中市、新北市及台北市都陸續加入。

　　城市需要改善交通體系，建立更加完善的步行、騎行和公共交通系統，減少人們的通勤時間和交通壓力。根據《Nature Cities 自然城市》期刊 2025 年發布的全球步行便利性前 50 名城市中，台灣的台北與台中都相繼入榜。所謂的「適合步行城市」，又被稱為「15 分鐘城市」，指的是居民能輕鬆在短時間內步行抵達日常所需設施，如學校、醫院、餐廳、商店、博物館及綠地等，這類城市的設計理念強調混合住宅區與商業區，讓居民不必過度依賴交通工具即可滿足日常需求。

　　行人步行的環境除了常見的路邊人行道和街道上的騎樓，還包括行人徒步區、公園綠地、人行廣場、地下街、天橋、地下道，以及道路上的人行區。在城市交通建設之初主要關注的往往是運輸道

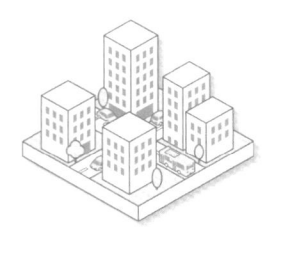

路，這使得行人通常處於相對弱勢的地位，不但在穿越斑馬線時並未獲汽機車主動讓行，人行道與騎樓還常被車輛違規暫停，導致不便。

根據交通部《台灣公路容量手冊》記載，度量服務水準常用的績效指標為：速率、運行時間、操作的自由度、交通流阻滯、舒適、便利性及安全性。而針對行人流常用的度量指標，除了與車流相似的如選擇速率和超越他人的自由度之外，還有一些專屬於行人的度量指標，如：

1. 穿越行人流的難易度（或超越慢行者的可能性）。
2. 與主要行人流反向行走的能力。
3. 不必改變步行速率或步伐，且不與他人產生衝突的行走能力。
4. **舒適感**：如行人遮蓬設施，用以保護行人免於風吹日曬雨打。
5. **便利性**：如步行設施的行走距離、步道的直接性、坡度等影響行人行走方便性的特性。
6. **安全性**：如與車流分離的設施或號誌控制設施等。
7. **保安性**：如照明設備等。
8. **經濟性**：如使用者成本因延滯而提高。

當我們在城市中的日常的居住、工作、學習、休閒、購物等交通需求可以透過步行或自行車騎行範圍得到滿足，就能減少通勤時間和交通壓力，提高城市人口的生活品質。步行活動包括了每天的工作及娛樂消遣中的人行道、行人穿越輔助區域、城市中的公共開放空間及其他支持設計等。為改善人民「行」的體驗，深化改善步

行適宜性，台北市及桃園市陸續推動無障礙步行環境，如人行道拓寬與串聯、防滑透水鋪面材質、沿途休息座椅、綠化遮蔭、人行穿越道的延長按鈕與秒數號誌尺寸放大等。

但根據 2022 年 CNN（有線電視新聞網 Cable News Network）報導台灣步行交通問題時指出，2022 年在台灣有超過 3,000 人因交通事故死亡，以每十萬筆交通事故死亡比率來看，超過先進國家的 8 倍；這使台灣得到「行人地獄」的惡名。特別是身心功能退化的銀髮族在事故發生時的傷亡風險更大，對多數健康及亞健康長者而言，事故傷害包括交通及跌倒是銀髮族的主要死因之一，或是造成失能、臥床，使行動能力難以復原。

台北市的人行道普及率約 67%，為全台最高，騎樓整平也達 9 成，透過劃設標線型人行道、調整紅黃標線及重新規劃汽機車格等方式，增加行人的空間使用彈性，並減低車禍傷亡。目前市府仍持續推動精進方案，加入交通寧靜區及通學巷弄概念，著重標線型人行道與巷口及騎樓的串聯以縮減巷口路寬，並透過岔路警示標線提醒用路人減速。

為使人們能安全步行抵達目的地，社區環境需要提供完善的休憩服務設施，如增加無障礙設施、街道家具、夜間照明、公園廣場等公共空間等。經由步行環境空間所展示出城市獨特的人文地理與自然特色，也能讓居民與旅客對城市有更多認識，這也是透過交通來溝通城市品牌的重要方式。

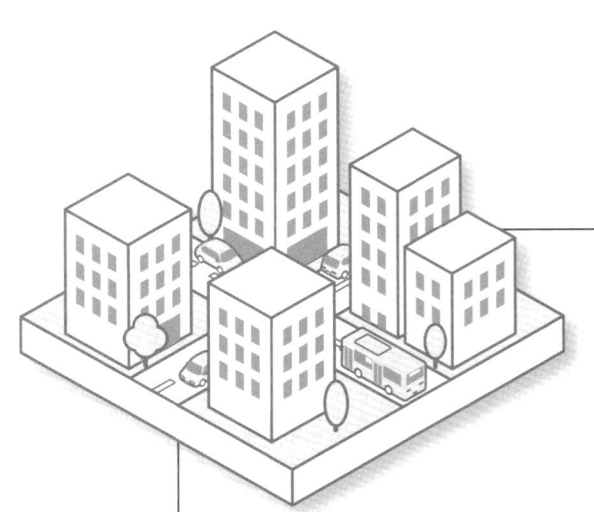

3.3

無障礙
友善城市
轉型

無障礙的目的

　　城市品牌的塑造不僅是提升城市形象的重要途徑，也應回應所有市民與訪客的需求，能否關注身障者需求，正反映城市是否具備平等包容的特質。

　　在推進城市品牌建設的同時，滿足身障者的需求不僅攸關社會公平，也能為城市創造更廣泛的價值。根據統計，截至 2023 年，台灣有超過 120 萬名身心障礙者，占總人口約 5%，其需求涵蓋交通、就業、教育、生活設施與社會參與等多個層面。然而，這些需求目前在多數城市中仍然未獲得充分滿足。

　　身心障礙者中有近三成的比例為肢體障礙，因移動能力受限而產生行動不便，為身障比例次高的族群。根據《身心礙者權益保障法》第 52 條第一項所述，明確規範各主管機關應協助辦理協助身心障礙者參與社會之相關服務，其中涵蓋休閒文化活動、提供無障礙環境等，應保障身障者的基本權利與平等待遇，進而創造無障礙的旅遊環境。

　　2006 年聯合國通過「身心障礙者權利公約」（Convention on the Rights of Persons with Disabilities，CRPD），該公約宗旨主張應確保身心障礙者能完全平等地享有所有人權及基本自由，並促進尊重身障者之固有尊嚴。其中第 2 條包含五個關鍵術語的定義：溝通、語言、基於殘疾的歧視、合理便利，以及通用設計。第 30 條第 5 點則指出，參與文化生活、娛樂、休閒和體育活動是身心障礙者應享有之權利。

　　根據實際的具體需要，城市應在不造成過度負擔的情況下進行必要的適當調整，以確保身心障礙者能與其他人在平等基礎上享有

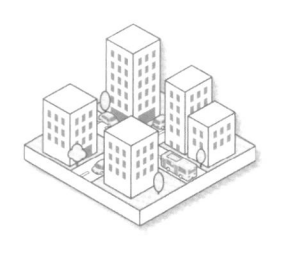

並行使所有人權與基本自由。包括行動不便、老幼婦孺等弱勢族群，每個人的需求都應獲得照顧，這也代表社會公義、沒有特權，一旦通用設計減少了不公平，弱勢者未獲差別對待，才更願意走出家門參與城市的相關活動。

台北市透過推動「智慧無障礙巴士」，結合即時定位與乘車提醒功能，讓身障者能更方便地使用公共交通工具，成為亞洲城市的典範。台南市結合其文化遺址與友善設施，推出適合身障者的無障礙旅遊路線，包括無障礙導覽系統與便捷的交通接駁服務。高雄市還建立了多功能體育中心，專門為身障者提供運動與康復服務，同時舉辦國際性身障者運動賽事，提升城市品牌的國際形象。

無障礙旅遊其服務對象，包括身心障礙族群、銀髮族、孕婦、兒童或行動不便者。肢體障礙旅人所面臨的最大挑戰來環境障礙，因此城市必須改善包括符合肢體障礙者需求的設施環境、空間環境、設備資源以及服務資訊。對於高齡不便者而言，最大旅遊的障礙來自個人的健康因素能否在旅遊中也受到重視，旅遊場所附近是否有醫療機構或安全的休閒環境為其重要考量。

目前台灣部分城市在品牌塑造上已開始融入對身障者的關注，推動智慧化無障礙交通與數位化服務，在城市的更新中強調加入包容性的設計理念。無障礙設施的發展相較過去已有顯著進步。如台北捷運在無障礙設計上領先亞洲，除了設有電梯、導盲磚與語音提示系統，部分城市在街道、公園與政府建築中也同步設置了無障礙通道與廁所。

城市應推廣無障礙設施的教育與宣導，透過社會教育強調無障礙環境的必要性，透過廣告、網路等途徑傳達無障礙理念，讓民眾意識到無障礙設施不僅能幫助身障人士，對銀髮族、親子家庭也有

益處。政府應鼓勵企業參與無障礙設施建設，透過稅務優惠或補助，提升城市的無障礙服務。

城市更可以透過設置特殊教育學校與庇護工場，為身障者提供了學習與工作機會。當環境都建置能有益於所有人使用學習時，將為城市帶來更多的勞動參與並改善經濟狀況。

解決的方式

藉由促進政府與民間跨領域合作，引入企業資金與專業技術推動無障礙設施的建設。透過創新科技應用的推廣，引進語音導航、動態路線規劃等技術等智慧交通解決方案，讓身障者能更便捷地使用公共交通工具。城市也可發展無障礙共享經濟，針對身障者發展共享交通工具，如電動輪椅共享服務。並藉由數位化的旅遊輔助工具，開發專為身障旅客設計的數位旅遊地圖與行程規劃工具。

無障礙城市建設的深化與標準化，包括建立全面的無障礙規範，完善《無障礙設施設置法規》，將所有公共建築與空間納入規範範疇。推動無障礙驗證機制，建立第三方驗證體系，為符合無障礙標準的空間頒發認證，以提升城市整體的友善包容形象。也可規劃城市品牌結合身障者友善設計，將城市品牌定位為強調包容性的「全齡友善城市」、「包容性旅遊目的地」等，吸引包括身障者在內的多元群體。

至於交通設施的改進方面，可經由公共交通工具的改造，針對公車、捷運、台鐵等進行無障礙升級，透過增設低地板公車、輪椅升降設備，確保每個車站都具備無障礙電梯和扶手等設施。城市並可引進人工智慧輔助，在主要交通站點設置智慧導引系統，讓身障

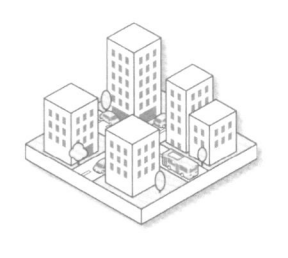

人士能透過 APP 或語音提示了解無障礙設施的具體位置，並根據個人需求提供自動化導航。

目前台灣無障礙計程車的服務主要集中在城市，偏鄉地區的無障礙交通選項十分有限。城市可以藉由提供無障礙計程車補助，建立全台統一的無障礙叫車平台，使旅客無論在何地都能輕易叫到無障礙計程車。透過與計程車公司合作，由城市推出無障礙計程車服務平台，使身障人士可隨時可使用手機預約無障礙專車，解決偏鄉交通不便地區的出行問題。

目前公車無障礙設施已逐漸普及化，部分城市已引入低地板公車，可惜的是在偏鄉和中小城市仍不夠普及。城市可以增加低地板無障礙公車的比例，並增設無障礙公車路線，使身障人士無論在何地都能享有便利的交通選擇。如台北市和高雄市的捷運系統已具備無障礙設施，包括電梯、盲道及無障礙廁所。其他城市在規劃捷運時，應確保所有設施符合無障礙設計標準，包括輪椅升降台、加寬閘門等，可針對每站增加引導圖標，讓身障人士能更方便地找到無障礙設施。

台鐵及高鐵也應進行無障礙改造，目前台鐵的無障礙設施尚未完全普及，部分舊車站之設計仍不利於身障人士進出。也可優化站內的無障礙路線標示，針對有需求的車站設置輪椅升降平台及無障礙通道。雖然高鐵已有設置無障礙車廂，但仍可增設輪椅乘客專用的座位與休息區域。

更可由城市推出整合的無障礙交通 APP，提供即時的交通資訊、車次時刻表和無障礙設施位置，並根據使用者需求提供無障礙出行路線建議。針對主要車站和機場設置智慧無障礙導航系統，讓身障人士透過手機或電子設備接收實時的無障礙設施引導，並可預

先查詢該地設施是否適合其需求。

　　針對無障礙旅遊建立專屬的官方旅遊網站，整合無障礙景點、住宿、餐廳和交通資訊，提供詳盡的無障礙設施資訊。讓身障人士能隨時查詢相關設施、取得景點的無障礙地圖、評價等，並即時獲取更新無障礙服務資訊。

　　城市還可利用無障礙服務作為宣傳重點，展現城市多元包容的友善態度，提升城市品牌的溫度與吸引力。增強各族群的社會參與及教育，推廣包容文化，城市可透過社會活動提升大眾對身障者需求的認識與尊重。增進身障人士自我表達的機會，鼓勵其參與城市品牌規劃與政策制定，確保需求得到真正反映。

　　城市品牌的發展應以包容性為核心，將身障者需求納入城市規劃與設計中，這不僅顯示了社會的公平價值，也是提升城市競爭力的重要途徑。通過深化無障礙設施建設、推動創新科技應用、結合品牌形象與教育社會意識，促使城市能成為友善包容的典範，為居民與旅客創造更美好的生活與旅遊體驗。

無障礙旅遊的挑戰

　　日前我從新聞看到身障朋友搭乘輕軌諸多不便的報導，不久前也有國外作家分享台灣騎樓的優缺點，為此我認為更重要的關鍵是――當城市希望推廣無障礙旅遊的正面形象時，更應整體檢討無障礙設施的落實，甚至是回歸身障者居住旅遊需求的思維。

　　人人都想藉由旅遊紓解身心壓力，行動不便者同樣希望能在不特別麻煩別人的情況下自由前往想去的地方，完成旅遊的行動與心願。

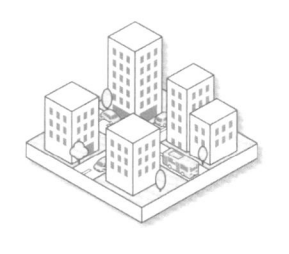

但回歸現實層面，許多觀光旅遊景點對身障者提供的服務可說是少之又少，更不用說在過程中可能遭遇的諸多問題，包含大眾運輸、公共服務、行進過程及整體指引協助，更遑論我們還被不少調查單位貼上「行人地獄」的負面標籤。台灣社會對身障旅遊的需求仍不夠重視，多數景點的公共設施在環境設計上往往未考慮身障人士的便利性，缺乏無障礙設計理念。

但更大的問題是社會普遍存在的偏見與刻板印象，部分人甚至認為身障人士不適合長途旅行，正是這樣的偏見影響了政策和設施的資源分配。依衛生福利部統計，截至 2024 年第二季我國領有身心障礙證明（手冊）者為 1,223,392 人，占整體人口數 5.23% 以上，可見影響層面相當大。

台灣的旅遊網站與行程規劃平台，往往缺乏對無障礙設施的詳細說明，對身障人士而言，由於無障礙資訊的透明度不佳，使得行程規劃充滿了不確定性。其實，無障礙旅遊訴求的對象除了身障朋友，還包含推嬰兒車的家庭、使用輪椅的銀髮旅遊等。因此當台灣要推動國際旅客來城市觀光時，就必須更進一步思考，整體環境的軟硬體建置應如何符合無障礙需求，才能成為城市行銷的亮點。

隨著高齡人口比例的不斷攀升，以及因事故、意外及職業傷害與疾病因素導致的暫時性傷殘人口也逐年增加，無障礙設施的適用層面益發廣泛。台灣的城市更應跟上 CRPD 聯合國頒布的身心障礙者權利公約的八大原則，尊重個人自主與個人自立、不歧視、充分融入社會、尊重每個人不同之處、機會均等、無障礙、男女平等、尊重兒童，期望消除歧視與障礙，從而成為更符合國際人權的城市品牌。

一些知名的台灣觀光景點，如九份老街、阿里山等，或因地勢

歷史因素，在環境的設計上無法做到全面無障礙，這些景點的樓梯多於坡道、坡道坡度過陡、缺少無障礙廁所等問題限制了身障人士的遊覽。

至於自然景點如海邊、山區步道，由於地形限制，無障礙設施的設置難度高，但若能規劃出一小部分的無障礙通道，至少能滿足基本的無障礙旅遊需求。

在民間的部分，無障礙旅遊更是一大考驗。雖然不少大型連鎖飯店提供了無障礙客房服務，但民宿與小型旅館的無障礙設計普遍不足，缺乏符合標準的輪椅通道與無障礙衛浴設施。對於身障旅客而言，找到適合的住宿地點並不容易。許多住宿設施並未提供適合輪椅進出的空間，例如淋浴區過於狹窄，洗手間無扶手，且缺少適當的進出坡道。

其實近年來台灣各城市的相關法規針對公共設施、旅遊景點、交通建設等，已要求必須具備無障礙通道設施，但符合法規是一回事，實際到了現場又是一回事。就像不少觀光工廠在審核評鑑之初，都設有符合營建署建物規範之無障礙設施，但是實際使用上可能並不符合真正的使用需求。有些建築因較為老舊而受限，有的則是規劃上不夠縝密導致輪椅使用者進出困難。

無障礙環境需經妥善規劃，才能符合身障需求對象的使用目的。例如根據衛生福利部統計，全台灣約有五萬六千名視覺障礙者，但我們可明顯發現，部分城市針對視障人士設計的相關施設，仍有很大的改善空間。即便是在觀光旅遊如此發達的台北，像是盲人步道及導盲磚的鋪設都不盡完善，甚至許多地方為了設置自行車道的，不但犧牲了原本應有的路面鋪設，連一般民眾都常得擔心被違規且無理的自行車給撞到。

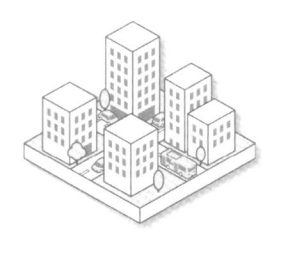

理想的無障礙環境的設置，必須確保各項建物、設備設施之可及性，當環境的障礙越少，能符合使用者的需求越高，就能讓包含身心障礙者在內的所有人能使用安全便利的環境。就像在城市旅遊的過程中，身障者能便捷的自行搭乘公共交通工具、使用無障礙電梯，都十分重要。以台灣目前肢體身障人口高達三十三萬，其中多數人是腿傷，必須借助輪椅活動，但多數城市觀光景點並未將其需求納入服務考量，缺失有待改善。

　　檢視旅遊服務中的大眾運輸工具，高鐵的設計較能符合無障礙需求，而台鐵一些老舊車站在無障礙設置上顯得不夠友善，進出站及轉乘的過程中，更常見地面高低落差、缺乏盲人指引等問題。現有的四大捷運系統雖已具備無障礙電梯、輪椅專區等，但部分站點仍有電梯數量不足的擁擠問題。另外部分老舊的公車與偏鄉交通工具尚未安裝輪椅升降設備，甚至只能靠司機人力協助推輪椅上公車，對身障者造成不便。

　　各地政府應在熱門景點內規劃無障礙步道，並確保坡度適中，並增設置供輪椅通行的出入口、坡道、升降梯等設施，方便行動不便人士自由進出景點。同時應增設無障礙導覽系統，在景點內部設置無障礙導覽設施，如觸摸式電子地圖、語音導覽和點字標示，讓視障和聽障人士也能獲得完整的旅遊資訊。此外，部分景點還能提供輪椅租借服務，方便旅客使用。

　　對於較偏遠的自然景點可設定特定無障礙路徑，讓身障人士也能享受自然景觀；並將具備無障礙設施的景點、住宿和餐廳標示出來，使身障旅客規劃行程更加便利。透過城市發展政策，鼓勵旅館進行無障礙升級改造，導入無障礙設施補助或稅務優惠，提供旅客符合無障礙標準的房型，如增設寬敞的浴室、防滑地板和低矮的盥

洗台等。除大型飯店之外,也可以鼓勵民宿和青年旅館進行無障礙設施升級,尤其是偏鄉地區的民宿,讓身障人士即使在偏遠地區也能享受到友善的住宿環境。

人員的服務與溝通素質,是除了軟硬體設施外城市推動,無障礙旅遊時的另一個重大考驗!許多公共交通、旅遊景點的服務人員,對身障人士需求的敏感度不足,飯店的接待人員、景點導覽人員缺乏無障礙服務的相關訓練。

旅遊景點各地交通的無障礙指引,仍以中文為主,對外籍國際身障旅客仍造成許多不便,應改善設置英語、日語、韓語等多國語言無障礙標示指引,對吸引外籍旅客具正面作用。

城市應建立無障礙服務標準,確保所有服務人員均能按照標準提供友善的服務,如協助身障者上下車、指引到無障礙設施的路徑。

總而言之,我認為台灣要提升無障礙旅遊服務,首先要從環境的設計著手,在規劃公共設施和景點時,採普及各族群需求的設計理念,使相關設施不僅能為身障人士帶來便利性,也能滿足一般旅客的需求。

另外,應從政府相關機關帶頭以身作則,像是旅客服務中心規劃更完善的無障礙諮詢櫃台,或設立無障礙旅遊資訊設備及網站,提供身障旅客能更便利查詢無障礙設施的工具。

鼓勵業者提升推動無障礙旅遊服務的意願,同時對城市各觀光景點、交通、住宿之服務人員施行無障礙服務培訓,透過考核提升服務質量。同時還得落實法規的執行監督,定期對無障礙設施進行安全檢查,設立賞罰制度,並要求景點、住宿、交通等場所改善服務。

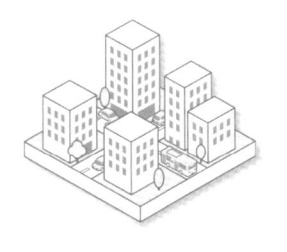

無障礙旅遊能吸引的不僅是身障人士，對有兒童的家庭與高齡族群也是一種旅遊的友善環境。

　　隨著高齡化社會的來臨，無障礙旅遊的市場潛力不容小覷。改善無障礙設施不僅能提升旅客的便利性，更是一種吸引外籍旅客的創新機會，可以增加城市競爭力。在政策和民間資源的投入之下，只要能在無障礙旅遊上持續進步，就能成為城市觀光旅遊的新賣點。

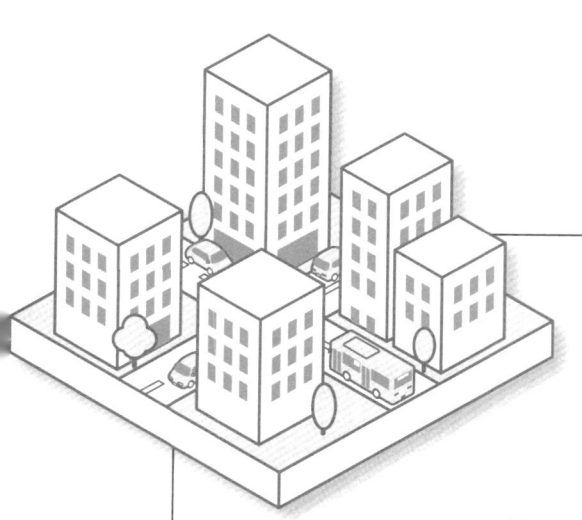

3.4

親子家庭
與
城市形象

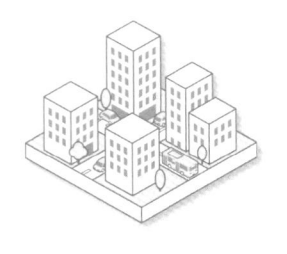

少子化的壓力

每逢五月第二個星期日的母親節是全台歡慶的日子,然而,如今願意成為母親的女性卻變少了。根據內政部人口統計,2023年國內的出生率已下降至13萬5571人,每千人中僅有5.81個新生兒,新生兒比例遠低於2016年的8.86人。就縣市別來說,出生率最高者為彰化縣的7.83,其次為桃園市的7.72,再其次為台東縣的7.57。在台灣社會人口高齡化、少子化的同步影響下,也讓更多的人即便走入婚姻,卻擔心成為「三明治世代」,對生小孩一事望之卻步。

面對現代的城市發展,如何滿足幼兒與親子家庭的需求,已成為塑造幸福城市品牌的重要方向。隨著生育率下降和家庭結構的轉變,幼兒親子需求越來越受到重視,許多城市開始將親子友善環境納入城市品牌規劃,以提升城市的吸引力與競爭力。根據內政部統計,截至2023年,台灣0到6歲的幼兒人口約占總人口的7%。雖然出生率下降,但此一族群涵蓋教育、娛樂、健康、生活空間等多個層面的特殊需求,對城市消費行為有重要影響。

城市中關於親子需求主要集中的領域包括:
- **教育**:高品質的早期教育設施、創意課程與雙語教育需求不斷增加。
- **娛樂與休閒**:安全、多樣化的遊樂空間和親子活動空間需求顯著。
- **健康與安全**:包括無毒建材、食品安全,以及兒童醫療設施完善性。

- **公共設施**：如親子廁所、哺乳室，以及便利的公共交通。

當城市的品牌核心價值強調親子友善，如「全齡幸福城市」或「創意親子之都」時，便已視親子需求為城市發展的主軸之一。打造親子旅遊路線時，需結合城市在地特色，設計適合親子家庭如結合自然探索，與文化體驗的觀光行程。透過推廣國際親子友善認證，引入國際標準，為親子友善設施頒發認證，提升品牌形象與吸引力。

例如台北市為推動親子友善科技服務，推行智慧幼兒園與數位化親子圖書館，以其優質教育資源吸引家庭定居；而新竹市則因科技與生活的便利性吸引年輕家庭。台中市將品牌定位為「幸福城市」，設有多個親子公園與大型遊樂設施，高雄市則打造親水城市吸引家庭旅遊。

育兒的家庭不但得面臨托育、教育與健康的費用支出，這對中低收入家庭形成了重大壓力，雖有托育補助政策的支援，但對於大部分家庭而言，仍然不足以應對高昂的育兒成本。因此，加強育兒政策補助，提高托育補助金額，並擴及更多家庭，減輕家長負擔，能有效吸引人口移入。台南市持續設置托育資源設施，營造成為市民樂婚、願生及能養的友善城市，提供市民更多的育兒支持。

城市品牌對家庭的吸引力不僅體現在生活舒適度，還涉及教育機會與未來發展上。以兒童友善的觀點而論，直接對應的即是學童最常生活的公園、綠地、學校等環境公共設施。部分城市在親子友善設施與服務上已有顯著進展，但由於家庭對設施的需求，如學齡前兒童與小學生兩者有顯著差異，導致設計難以平衡。城市應邀請家長與專家共同參與城市親子設施的設計與規劃，以確保實用性與

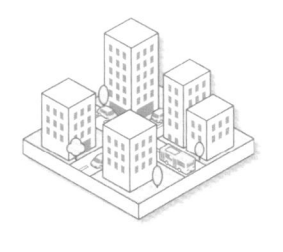

需求契合。

全面提升親子友善城市設施，推動親子友善公園，增加設計多元、安全且互動性強的公園設施，融入自然探索、創意遊戲與運動功能，並在全台各地均勻分布。完善公共設施，全面增設哺乳室、親子廁所與兒童專用洗手台，並確保其清潔與便利性。強化交通便利性，優化公共交通中的親子設施，如推動嬰兒車專區與家庭優惠票價。

通學距離是學童無法走路上學的最主要障礙，其次是交通環境的危險性，以及通學過程中可能遭遇的危險行為；因此保障學童之通學安全，得仰賴城市整體的規劃配合。通學步道根據我國內政部營建署發行的《城市人本交通規劃設計手冊》將其定義為「學區範圍內，以空間實質規劃設計，或以時段區隔管制來作為學生出入校園之安全路徑」，將通學道路、學區範圍和學校區位劃設通學步道，使學生的通學安全獲得保障。兒童透過自主通勤並建立交通相關知識，可提高成年後對交通安全的掌握程度。

城市品牌的發展不僅需要聚焦於經濟與文化，更應關注家庭與幼兒的需求。透過數位化教育資源，推廣線上早期教學課程，特別針對偏鄉地區，縮短教育資源差距。也可與NGO非政府組織（Non-Governmental Organization）或企業合作，定期舉辦親子文化、教育與體育活動，促進家庭互動與社區參與。透過全方位提升親子友善設施、強化政策支持與科技應用，將親子需求融入城市品牌核心，使城市能從競爭中脫穎而出，成為真正適合全齡居住與旅遊的理想地點。

政策催生的親子館

對於有勇氣生小孩的新手家長來說，公司的育嬰假、補助津貼，或是政府的幼托政策與支援機構，都是相當重要的助力。衛生福利部社會及家庭署於 2012 年開始推動「公私協力托育資源中心及托嬰中心補助計畫」，由各地方政府規劃辦理「托育資源服務中心」，也稱「親子館」，是一種支援型態的親職托育機構。

親子館與單純負責幼兒保育的托嬰中心、幼兒園，或是協助弱勢家庭與個人的社福單位不同。作為支持性的社福系統，其實很多新手家長對於親子館的功能如何利用，了解並不充分，親子館的服務對象除了提供孩童符合幼兒發展的遊戲場所與相關課程，更是提供新手家長親職教育與教養諮詢，幫助家長暫緩育兒壓力的場域。

以 0～6 歲育兒家庭為主的目標對象，親子館的服務像是提供教學玩具圖書借閱服務，降低育兒家庭在添購教材時的經濟負擔；或是辦理嬰幼兒課程活動、育兒諮詢服務、親職講座，來提升主要照顧者的育兒智能。有的親子館是以社區行動列車的型態進行服務，能幫助偏遠地區或不便外出的家庭，降低因距離及城鄉差距所導致的不平等。

親子館提供社區支持資源，結合幼兒保育與社會福利的概念，對於新手家長有一定的幫助與使用需求，在行政院性平會的統計資料中，至民國 111 年全國總計共有 201 家親子館，分布於新北市（63 家）、台北市（12 家）、桃園市（21 家）、台中市（12 家）、台南市（12 家）、高雄市（21 家）及宜蘭縣（13 家）。仍有不少縣市親子館數量較少。從親子館的縣市分布來看，北部的親子館總數領先其他地區，南部的親子館多有腹地較大的特色，而東半部

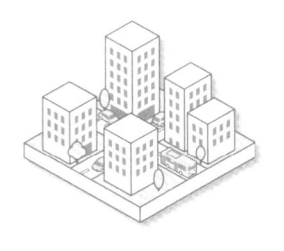

及離島的親子館總數最低。

像是桃園市親子服務網的數量至 2022 年已達 23 個親子館，城市的政策目標為「生活圈一親子館」。台北市親子館以一區一親子館為目標，讓使用親子館服務的家長們可以更頻繁的接觸親職教育資訊與協助，透過參與實體課程、活動、團體等方式學習育兒技巧並增進親子關係。

使用與溝通仍待努力

任何能用以協助解決問題，並滿足需求的有形無形內容，都是一種型態的資源，在民國 107 年的「兒童及少年生活狀況調查」中，雖有超過七成的家長知道親子館（托育資源中心）的存在，其中卻有四成五的家長不曾使用過其服務，在這之中更有五成七的家長未曾使用「親職教育需求項目」服務。也因此，如何讓親子館的使用更為廣泛，讓目標對象對親子館產生更多信任與了解，都是現今極度重要的任務。

像是社福機構本身擁有的有形行銷資源包括了相對足夠的專業行銷人才、能投入廣宣溝通的經費，以及能進行媒體報導的公關品。很多時候社服機構受限於資源不足，雖希望以公益的方式為需要幫助的對象提供更多協助，卻無法達成目標；其中又因行銷資源不足，造成理念無法完整傳遞、服務內容未廣為人知，以及銷售的產品服務消費者支持不足，而影響了組織的營運生存。

然而，經營親子館的非營利組織或社福機構，由於具有堅定地品牌理念、完整的內部知識管理、結盟的鞏固組織人脈關係、高度的社會認同度，以及捐贈者和消費者的忠誠度等，自身資源豐沛。

這正是《元行銷：元宇宙時代的品牌行銷策略，一切從零開始》一書中所提到的，公益支持者考量支持非營利組織品牌的原因包含：成就感、歸屬感、贖罪感、財務考量、金錢、資源、時間及品牌理念。

資源盤點與確認

而以衛生福利部的界定，社福機構常運用到的資源包含了人力資源、自然資源、文化資源、產業資源、公共資源及組織資源六大類。當社福機構在進行不同目標的行銷專案時、也會需要運用到不同的社會資源，但對負責的同仁來說，必須認清資源有限，因此要釐清優先順序，更需持續導入新的行銷資源。

所以在此之前，親子館對行銷資源的盤點顯得相當重要，因為只有先了解實際狀況，才能妥善利用並針對需求規劃開發。以常態的商業行銷的經驗而言，會先設計一個盤點表格檔案，定期針對上述行銷資源的現況定時更新，尤其是當社福機構必須常與地方民眾與社區溝通時，這更是必要的準備。

首先須就社區的人口現況及特質進行分析，盤點哪些是可以成為「人力資源」的對象。例如幼保相關的社福機構，鄰近的大學或高中職社福／幼保相關科系就是資源，這時與學校之間的互動就很重要；因此盤點時就可以先確認是否與這些單位存在互動關係、互動程度以及需進行行銷推廣時的配合度。尤其在自己的場館舉辦活動時，透過學校科系與學生社團資源協辦活動或外展服務，或進行社群媒體分享，都更容易達成目標。

不過，盤點外部行銷資源相對顯得客觀，更重要的是社福機構

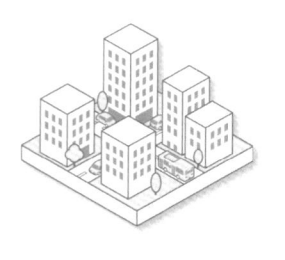

的內部行銷盤點,很多機構未能釐清自身的品牌形象與社會大眾的認知觀感、社區內品牌的知名度或認同感,這時就必須適時地進行調查,以了解實際情況再加以調整。其實很多時候,儘管擁有同樣的資源類型,不同的社福機構在經營和運用上仍會有很大差異。究竟是因為自身的資源不足或是出現問題,同樣得優先盤點內部行銷資源後面對問題,才能真正判斷之後的資源應如何調整。

資源整合的重要性

定期維繫社區資源是很重要的,像是主動拜訪社區中具行銷專業的協會理事長、地方團體負責人以及資源團體,以便在活動舉辦時可募取物資、借用活動場地或邀請支援人力,甚至藉協會的專業協助,或與社區團體一起合辦,以利社福機構活動理念更有效推廣。對親子館來說,強化人際關係資源,也是同時溝通本身使命和目的的好方式,更能藉此讓這些團體中的準新手父母,更有機會前往親子館使用分享資訊。

另外,像是盤點文化資源時,部分大型城市行銷活動會有一定的經費,能做為地方使用的連結,所以針對當地會舉辦的過往活動政府負責部門,與合作時可提供的內容進行確認。例如所在地有舉辦城市花季的規劃,這時若事先盤點,就有機會從花季的預算中找出可以提供的服務,有可能是記者會的伴手禮或是展期的實體演出,也就能更深化後續行銷溝通的目標。

強化資源的連結

　　像是當發現親子館背後所經營的社福機構在網路上的品牌形象不錯時，就可以增加投入的廣宣經費轉化為理念的推動；但若社會大眾對親子館的認知觀感不佳時，就需針對公關投入資源，改善導致負面印象的原因，並重新建立新的品牌形象。若發現原因在於外部資源的開發累積還有進步的空間，就該更勇敢地向外發展。畢竟社福機構的目的與宗旨是正面的，終究能找到願意提供資源的合作對象，透過雙方資源對接後帶來更多的社會幫助，也是美事一樁。

　　當社區資源連結時，我認為「對等互利」是最重要的原則，即便提供資源的一方願意無償付出更多，但資源的經營與累積是長久而來。這時首先應確認雙方的資源，以及社福機構需求的協助資源內容，進一步討論資源的連結和提供方式。尤其對親子館來說，不只承擔了親職育兒的教育責任，也象徵著城市的持續進步和政策推動成效。

　　另外，由於各城市擁有的親子館數量差異極大，如何讓資源獲得妥善利用，連結更多相關社福單位協力合作，運用資源整合行銷，藉由網路媒介推廣各種宣導活動，以提升館內各項空間與服務的使用率，也是值得持續精進的目標。畢竟，當新手家長得到更多幫助後才有機會往第二胎以上邁進，這也是解決少子化應努力的方向。同時，當承接親子館的非營利組織或社福機構能更妥善的導入自身資源，對其自身機構的品牌形象也有正面幫助。

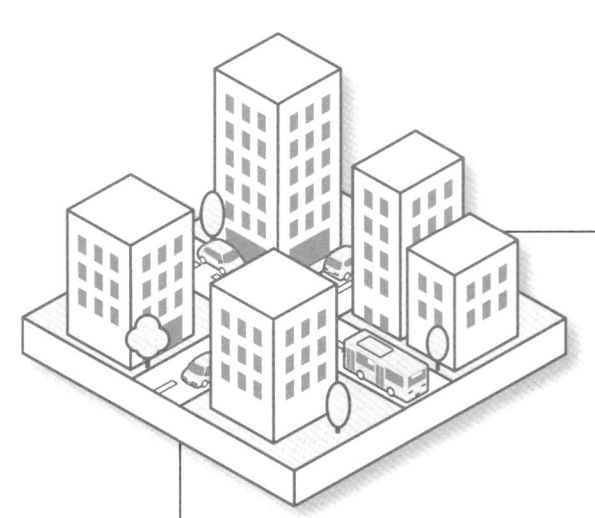

3.5

城市品牌
與
銀髮商機

生活機能

　　隨著全球高齡化的趨勢加劇，銀髮商機逐漸成為重要的經濟驅動力，而城市品牌在這個趨勢中的角色也越來越突出。根據國家發展委員會統計，台灣於 1993 年進入高齡化社會，2018 年成為高齡社會，2026 年台灣將成為超高齡社會，估計 2050 年的老人人口將占 38.9%。針對不同年齡層及健康程度的老年人，應重視不同面向的支援與供給，尤其是活躍老化、預防及延緩失能失智，以期減少人口衰弱的比例及臥床時間。

　　依據世界衛生組織（WHO, World Health Organization）之定義，高齡友善城市為──「一個具有包容性及可及性的城市環境，並能促進活躍老化的城市。」實踐高齡友善公共空間的「主流化」原則，聯合國歐洲經濟委員會定義為「確保住宅、公共空間、綠地及交通系統的設計能夠響應所有世代和行動能力水平的需求，重要的是在規劃時能考慮性別、身障者、人權和高齡化問題，設計、實施和評估城市發展。」

　　適合銀髮族居住的社區應該是具備安全、舒適、方便且提供必要的支援服務，以確保居民在居住環境內能享有良好的生活品質。遇急性或慢性疾病能及時就近抵達醫療機構獲得救助，行動不便及獨居的銀髮族也能享有長期照護的福利。城市的建設與規劃需將高齡人口的特性與需求納入考量，高齡友善城市的關鍵分別是城市物理環境的大眾運輸、戶外空間和建築物、住宅、社會文化環境的社會參與、敬老與社會融入、工作與志願服務，以及公共服務政策供給的通訊與資訊、社區支持及健康服務。

　　城市環境能有效改善銀髮族的心理健康因素，在生活環境相對

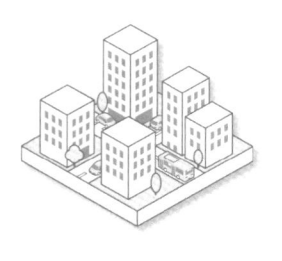

整潔的作用下，銀髮族會感到舒適得宜。即使仍有健康相關問題，也會因為環境整潔而提升自我於身心的感受。當年長者無法適應城市環境且感到髒亂時，對生活的感受也會變糟，將嚴重影響生理及心理的變化。因此，城市的整潔與衛生管理也影響了銀髮族的居住與生活意願。花蓮與台東以其天然的自然景觀與低密度環境結合健康管理與養生服務，吸引許多銀髮族選擇移居或長期停留。

銀髮族因生理因素的老化程度、生理疾病、心理抑鬱的風險增加，使居住地周邊的醫療設施之可及性變得相對重要，銀髮族更應注重健康與安全的保障，城市必須提供適當的醫療支持和健康資源。城市應確保醫療設施的可及性與醫療資源的便利性，尤其是在城市的主要區域周圍應配置急救中心、醫療站點或合作醫療機構，提供緊急醫療服務。

銀髮族遠端醫療系統的建立已趨於常態，相對也應提升就醫前的大眾運輸及無障礙便利性。各城市須確實配置應對的醫療機構，確保遠端護理人員能及時操作，為超高齡社會做好相關設施的評估與建設。台中透過建設智慧城市引進了智慧養老社區與健康監測系統，提供高齡友善的科技解決方案，提升城市吸引力。

在地老化及人口老化的雙重衝擊下，社區活動中心轉變為銀髮族的社交空間，台北市政府推出的老年共餐計畫，鼓勵銀髮族走出家門，增進人際關係。針對預期及六個月以上無法生活自理的民眾，由長照單位派專業照護人員提供專業的居家服務，包括日間照護、家庭托顧等。設備方面則提供輔具租借、交通接送、喘息服務以及購買居家無障礙設施等。長期照顧對照顧者及被照顧者而言，其長期的經濟及心理壓力是巨大的。因應高齡化及超高齡化社會的到來，長照機構的設立也逐年增加，使服務落實改進相對完善。

規劃高齡老化城市的休憩區域時，更該考慮銀髮族的特殊需求或運動健身設施，以創造一個舒適、易於使用，且安全的環境。城市應確保休憩區域內的移動路徑平坦無障礙、且容易移動，以適用使用助行器或輪椅的銀髮族，並增加足量的座椅和休息站點，方便銀髮族休息。同時在休憩區域內設置多功能且符合銀髮族使用的設施，例如涼亭、休息座椅、體育設施等，以滿足銀髮族多樣化的休憩需求。

無障礙設施是銀髮族出行時最關心的因素之一，完善的無障礙環境不僅提升了城市的便利性，還有助於吸引更多銀髮族旅客。城市需要確保公共交通系統，如地鐵、公車、計程車等，都具備無障礙設施，如低地板巴士、無障礙升降平台和顯著標示，方便行動不便的銀髮族使用。

公共空間的無障礙設計，包括公園、廣場、步道等公共設施的設計應考慮到銀髮族的需求，提供足夠的休息區、飲水設施和無障礙廁所等，提升整體的便捷度和舒適感。旅遊景點、博物館、飯店及其他住宿設施需要設置無障礙通道、電梯、扶手，以及專為行動不便者設計的房間，以確保銀髮族旅客的舒適性。

城市應設計無障礙空間之公共場所及居住環境，包括平整的地面和無障礙通道，方便行動不便的銀髮族使用，通道應寬敞且無阻礙，方便輪椅和助行器通過；以使銀髮族、行動不便的人、殘障人士或其他特殊需求人群都能受惠，更能安全、自由、舒適的生活。

無障礙電梯通常有較大的空間能容納輪椅進出及銀髮族使用行動輔具，有更容易使用的介面和按鈕位置。為確保銀髮族能安全進出，公共廁所內應安裝安全扶手，並提供輪椅使用者足夠的迴轉空間。透過明亮均勻的照明，幫助銀髮族清楚看見周圍環境，並設置

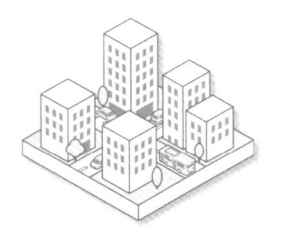

緊急呼叫系統裝置，確保公共設施符合銀髮族的即時需求。

台北市持續推動「高齡暨失智友善賣場」，重視服務人員的友善態度及認知，擴大與家樂福、愛買及全聯等超市合作。為協助長者維持健康生活，台北市政府提出銀髮族智慧安全裝置及健康管理計畫、失智症客製陪伴型平板工具、老人健保費補助語音客服機器人、急重症照護整合銜接智慧長照、智慧化偵測即時示警照護服務、智慧照護機及智慧床墊、智慧復健排程看板、運用智慧化科技優化安寧病房病人照護。

高雄、南投、推動高齡友善商店認證，進行食、衣、住、行、育樂等不同營業場所的軟硬體改善；嘉義則是提供硬體改造經費給通過遴選的店家。台南結合其豐富的文化資源與美食，推出了多條適合銀髮族的旅遊路線，並提升無障礙設施，成功吸引國內外的銀髮旅客。台南於 2011 年簽署了高齡友善城市的政治宣言，在公共領域提出的行動指標為「觀光旅遊便利行、行人專用號誌檢視、公車候車亭新建工程、低底盤公車、步行環境的改善計畫」，主要分布於觀光區域、學校、大型遊憩場域等。

城市的支持和社會參與，是推動銀髮族產業發展的關鍵因素，城市應制定針對銀髮產業的補助政策，提供如旅遊產品研發、無障礙設施建設等資金支持，鼓勵企業積極投入。建立公共與私營部門的合作機制，鼓勵企業、社會組織和社區居民共同參與銀髮產業的開發與服務，形成協同效應。制定並推行銀髮族友善城市的標準與服務規範，以確保所有從事銀髮產業的單位都能提供高品質的服務。

由於台灣 65 歲以上的勞動參與率明顯下滑，高齡勞動參與率日益受到關注，通過推廣靈活就業職務和提供技能培訓等措施，城

市支持銀髮族再度就業，推動符合銀髮族相關的技術創新，並提倡高齡者健康的生活方式。發揮銀髮族的工作和學習能力，提供繼續參與社會和經濟活動的機會，及相應的支持和資源，讓銀髮族保持活躍自主。讓有意願繼續留於職場貢獻或再次回到職場的銀髮族有更好的權益保障，並鼓勵銀髮族參與城市的社會活動和志願服務，以提高參與感和生活質量。

挑戰

部分城市品牌仍停留在過去的發展模式，無法針對銀髮族進行精準定位，未能與銀髮族需求進行有效連結。城市內不同產業之間缺乏協調，導致銀髮商機發展分散，難以形成完整的供應鏈體系。由於部分資源過度集中在大城市，小城鎮難以吸引銀髮族的目光，且在基礎設施上仍不夠完善，例如缺乏無障礙空間、公園設施不友善，以及公共交通不便利等，這些問題都阻礙了銀髮商機的全面發展。

根據內政部民國 111 年的統計資料，原住民平均餘命為 73.65 歲，相較於全體國民平均餘命之 79.84 歲，相差達 6.19 歲，顯示原住民的健康普遍低於平均水準。行政院施行之長期照顧十年計畫 2.0，將原住民族委員會列入長照的中央權責機關，以推動設置文化健康站，提供原住民長者連續性、可近性及具文化性之專業照顧服務，以完善長照制度。原住民所居住的地區大多地處偏遠地區，且因地理環境特殊、幅員遼闊、交通不便捷、醫療資源可及性不足，造成原住民銀髮族的在地安養條件有結構性的障礙。

部分原住民居住的地理位置較為偏遠，對不少原鄉部落來說，

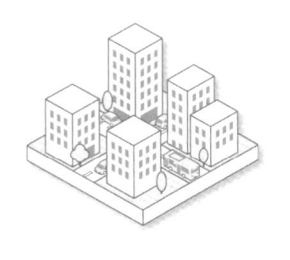

基礎設施相對不足，這代表了原住民銀髮族的醫療資源有限及公共服務的不完善，使得原住民銀髮族在生活資源上更具瓶頸，就醫成本也相對高出許多，凸顯了健康不平等的狀況。

城市應針對地理環境較偏遠、社會福利資源較缺乏的地區，為原住民銀髮族提供積極、連續、人性化的關懷照顧服務。透過「文化健康站」讓長者能獲得更妥善的照護服務。以「族人照顧族人」、「因族因地制宜」的照顧方式，希望能讓原住民長輩能夠有自主選擇在地終老的權利，也落實在地深耕，以及在地健康老化的信念。

台中市目前核定的文化健康站共計22站，包含原鄉（和平區）的文化健康站有雪山坑、達觀、雙崎、三叉坑、和平、南勢、裡冷、松鶴、哈崙台、梨山、松茂、環山等12個文化健康站。都會區有新社、豐原、新光里、潭子、北屯區榮美、北區原村、南屯區永春、大肚區、沙鹿區樂群心、梧棲區等10個文化健康站。

至於家庭托顧服務則屬新型服務模式，透過以「家」的概念出發的社區服務模式，由受過訓練、有經驗的家庭照顧者為服務提供者，可照顧自己的家、社區中其他長輩或身障者，讓長輩可以彼此照顧，提供居住於社區中有長期照顧需求者一種像家一般的小規模支持性服務模式。

在南投縣仁愛鄉互助村的家庭托顧服務，服務運作結合了原民傳統文化、生活習性，因此長者的接受度高，對於健康促進、就業安定、原民傳統文化教育與傳承都有明顯的幫助。對照顧服務員而言，在兼顧家庭的同時又能獲得穩定的收入；對受照顧的長輩而言，也能在自己熟悉的社區部落活動，一舉兩得。對於部落而言，這裡更是族群長老與居民的聚會處，找回了過往部落集會的連結與文化傳承。

未來發展

　　銀髮族因其特定的需求和消費行為，帶動了健康養生、醫療保健、休閒旅遊、智慧居家等多元產業的發展。為提升城市的競爭力，將銀髮產業與城市品牌行銷結合，可以促進地方經濟成長，並吸引國內外銀髮族群來台定居、旅遊和投資。透過城市品牌塑造還能提升城市的吸引力，成為吸引銀髮族投資、移居或旅遊的重要工具。通過將銀髮產業與城市品牌行銷策略的相互結合，可以有效提升城市的競爭力和吸引力，並促進地方經濟的繁榮發展。

　　強化城市的健康養生形象，如溫泉和綠色療養，可強調其天然資源和健康養生的優勢，塑造以健康、療癒為主題的城市品牌形象，如溫泉城市、文化養生城市或科技養老城市，吸引不同需求的銀髮族群。通過強化健康養生形象、推動智慧科技應用、整合文化資源及數位行銷策略，城市可以在銀髮旅遊市場中佔據重要位置，並為銀髮族提供更加豐富且有意義的旅遊體驗。

　　建立完善的社會支持體系，為銀髮族提供適合的交通、居住環境和社交活動、社會服務和心理支持等。推動社會保障和福利政策，使銀髮族能獲得足夠的退休金和社會福利，幫助銀髮族應對生活中可能出現的問題，確保銀髮族在經濟上安全，免於因財務問題而陷入生活困境，更能融入城市並享受生活。

　　建立高齡友善基礎設施，在公共空間與交通工具中，全面實施無障礙設計，讓銀髮族可以自由移動。提升醫療與長照服務質量，鼓勵城市投資健康與長照設施，打造長者專屬的醫養產業。建立多元的服務與產業鏈，促進產業整合，將健康管理、旅遊、食品與教育結合，形成一條完整的銀髮經濟鏈。

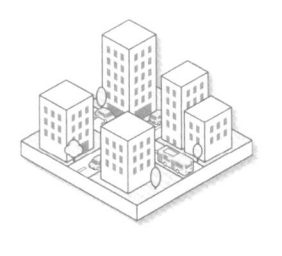

推進數位教育與銀髮族參與，透過社區活動或線上課程，幫助銀髮族適應智慧城市生活。與國際化策略與合作，吸引國際銀髮旅客，加強城市品牌在海外的推廣，吸引國際高齡旅客選擇台灣作為旅遊或養老的目的地。

銀髮族對醫療和健康服務的需求通常時間較長，加強城市的醫療保健系統服務能力，包括提供專門的醫療協助、長期護理、身心健康支援、藥物管理和預防保健等。

在健康與醫療服務方面，以下為未來城市可鼓勵發展的面向：
- **預防醫療**：包括健康檢查、疫苗接種、慢性病管理、營養指導等服務，幫助銀髮族在疾病發生前進行有效預防。
- **醫療照護**：涵蓋長期照護、居家護理、專業醫療設備租賃等，提供銀髮長者因應疾病或身體狀況需要的持續性護理和醫療支援。
- **復健與療養**：針對銀髮族的康復需求，提供物理治療、職能治療、心理諮詢等服務，協助他們恢復身體機能。

在養老與照護設施方面，未來城市可鼓勵發展的面向如下：
- **養老社區及長期照護機構**：提供安全舒適的生活環境，並設有醫療及康樂設施，以滿足銀髮族在老年生活中的健康與娛樂需求。
- **日間照護中心**：為需要短期照顧的銀髮族提供日間照護，讓家屬在工作期間能夠放心。
- **智慧照護**：結合物聯網（Internet of Things，簡稱 IoT）及人工智慧（AI）技術，提供智慧監測系統和遠程醫療，

讓銀髮族的健康狀況能夠被即時追蹤和管理。

在休閒與旅遊產業方面，未來城市可鼓勵發展的面向如下：
- **健康旅遊**：如溫泉養生、森林浴、健康度假村等，針對銀髮族的健康需求設計旅遊行程，結合醫療、養生服務。
- **文化體驗旅遊**：提供適合銀髮族的文化活動，包括參觀博物館、藝術展覽、參加手工藝工作坊等，滿足他們對文化的探索需求。
- **低強度戶外活動**：設計輕鬆的健行路線、觀鳥活動或園藝休閒等，適合銀髮族的體力水平和興趣愛好。

在科技與智慧居家解決方案，未來城市可鼓勵發展的面向為：
- **智慧家居系統**：包括智能安防設備、健康監測器、自動化家電等，提升銀髮族在家中的安全性和便利性。
- **遠程健康管理**：透過可穿戴設備及遠程醫療平台，讓銀髮族能夠隨時監控自身健康狀況，並及時與醫療人員溝通。

設計專屬銀髮養生旅遊線路，結合當地特色如慢活步道、森林療癒、海岸線健行等，吸引銀髮族選擇這些地區進行養生之旅。結合在地文化與自然資源，將城市特色產品與銀髮旅遊相結合，創造具吸引力的高齡旅遊路線。

推動地方特色產品的整合，與在地農產品、工藝品、健康食品等產業合作，推出銀髮族專屬的健康食品、養生茶等產品，讓旅客在享受旅遊的同時，也能購買到優質的地方特色產品，與商圈和店家合作，提供銀髮族專屬優惠，吸引消費並提升當地經濟收益。

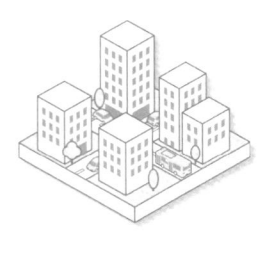

銀髮族旅遊

　　銀髮族旅遊市場成為城市發展旅遊業的重要目標，在旅遊過程中對於安全、舒適、健康和便利性的要求較高，因此選擇適合自己的城市前往尤為重要。銀髮族的消費能力強、旅遊意願高，對旅遊品質的要求較為重視，針對銀髮族設計的旅遊產品若能滿足其需求，將可開創極具潛力的市場。

　　隨著醫療水平的提升和生活質量的改善，銀髮族的平均壽命逐漸延長，健康情況也普遍較佳。台灣的銀髮族具有以下幾個特徵：

- **高可支配收入**：多數銀髮族在退休後仍有穩定的收入來源，如退休金、存款、投資收益等，具有較高的消費能力。
- **時間充裕**：銀髮族退休後擁有大量的自由時間，有更多的機會參與各類休閒活動，包括旅遊。
- **重視健康和生活品質**：銀髮族更注重養生和健康，因此對於旅遊的選擇會偏向於健康、放鬆、舒適的類型。

　　台北市適合銀髮旅遊，公共交通系統如捷運和公車，都設有完善的無障礙設施，便於行動不便的銀髮族使用。各主要景點和商場也逐步設有無障礙通道和電梯，方便銀髮旅客出行。豐富的文化資源，台北市擁有眾多的博物館、文化中心和歷史古蹟，如國立故宮博物院、中正紀念堂和台北孔廟等，適合喜愛文化深度遊的銀髮族參觀學習。

　　醫療資源充足，擁有多家大型醫院和醫療機構，對於銀髮族來說，能在旅途中獲得及時的醫療服務是非常重要的保障。輕鬆的休閒環境如陽明山、北投溫泉等天然景觀和養生場所，非常適合銀髮

族放鬆身心，享受慢節奏的旅遊體驗。

儘管銀髮族旅遊市場潛力巨大，但仍面臨若干挑戰，包括旅遊設施不夠友善，許多旅遊景點對銀髮族的設施考量不足，例如無障礙設施不足、交通接駁不夠便捷、休息空間不夠舒適等，都可能影響銀髮族旅遊的意願。尤其是銀髮族在選擇旅遊產品時，若資訊不透明，使人無法掌握健康安全方面的資訊時，就可能令人在選擇時猶豫不決。

高雄市擁有便捷的交通系統，包括捷運、公車和高鐵，使銀髮族在市內移動非常方便。景點之間的接駁也非常便利，適合銀髮族自由行。高雄市擁有豐富的海濱資源，如旗津、愛河等，適合銀髮族海邊散步、乘船遊覽輕鬆活動。多元的文化景點提供了寧靜的氛圍，非常適合銀髮族參觀。

當服務人員對銀髮族的需求缺乏了解：不少旅遊服務業者對銀髮族的特殊需求了解不足，以致未能提供足夠的個人化服務。由於銀髮族對新科技的適應性有限，隨著科技發展，許多旅遊預訂等資訊都轉移到線上平台，這對新科技的適應程度較低的銀髮族而言，一定程度上受到限制，也成為銀髮族選擇的門檻。

銀髮族旅遊需求的趨勢主要集中在以下幾個面向：

- **健康養生旅遊**：銀髮族對健康的重視使得健康養生型旅遊成為其首選，這類旅遊包括溫泉、森林步道、冥想和瑜伽等活動。
- **文化與歷史深度遊**：銀髮族對文化和歷史的興趣濃厚，因此偏好深度遊，能夠在旅途中學習新知識，如參觀博物館、歷史古蹟及文化景點。

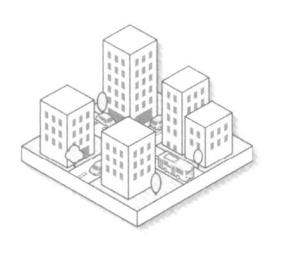

- **輕鬆自在的旅遊節奏**：銀髮族不喜歡過於緊湊的行程安排，更偏向於節奏輕鬆、能夠慢慢欣賞風景、享受當地風情的旅遊。
- **高端客製化旅遊**：隨著消費水準的提高，越來越多的銀髮族希望獲得個人化、量身訂做的旅遊服務，從住宿、餐飲到交通工具，都希望能根據自身需求來安排。
- **家庭式團體旅遊**：許多銀髮族樂於與家人、特別是子孫一起出遊，這樣的旅遊能夠兼顧家庭聚會的意義，同時也能在旅途中增進家人之間的感情。

台中市的氣候溫和舒適，全年平均溫度適中，特別適合銀髮族出行，不易因過熱或過冷的天氣而使人感到不適。台中市有多個公園和自然景點，如大坑步道、東勢林場等，適合進行輕鬆的戶外活動，並且設施完善，非常適合銀髮族的需求。台中市尤以其豐富的文化和藝術活動聞名，藝術氛圍濃厚，如台中國家歌劇院和美術館，能夠為銀髮族提供豐富的文化體驗。

無障礙旅遊是發展銀髮旅遊市場的機會，推動風景區環境、飯店設施的無障礙改造，提升銀髮族的旅遊體驗。藉由健康與療養旅遊的推廣，結合城市豐富的自然資源，如溫泉、山林等，開發健康療養旅遊產品，迎合銀髮族對健康的需求。擁有豐富文化和歷史資源的城市，可以開發專為銀髮族設計的文化旅遊路線，並提供專業的導覽服務，使長者從旅遊中輕鬆深入了解城市文化。

銀髮族旅遊市場的城市發展策略，可根據銀髮族不同的興趣愛好，設計不同類型的旅遊產品，如健康養生、文化深度遊、輕鬆休閒等，以滿足多元化需求。藉由城市數位導覽及智能服務的普及，

打造簡易操作的數位工具及應用程式，提供銀髮族即時資訊和智能導覽，提升旅遊的便利性。開發專屬銀髮族的旅遊產品服務，針對銀髮族的需求，設計專屬的旅遊產品，如養生套餐、低強度運動行程、家庭聚會型旅遊等，並搭配專業醫護人員隨行服務。

花蓮縣適合銀髮旅遊，以其優美的自然景觀著稱，如太魯閣國家公園、清水斷崖等，適合喜愛自然風光的銀髮族造訪觀光。花蓮是台灣原住民的重要聚居地，擁有豐富的文化遺產和傳統藝術，銀髮族可以透過旅遊深入了解原住民的生活方式和文化傳統，體驗原住民文化。台南市深厚的歷史底蘊，擁有豐富的歷史文化資源，包括許多古蹟和老街，如赤崁樓、孔廟、安平古堡等，是銀髮族進行文化探索的絕佳選擇。同時享受台南慢節奏的城市氛圍，非常適合銀髮族在這裡放鬆身心，享受悠閒的旅遊體驗。

採用針對性的行銷策略，如透過社群媒體、部落格、旅遊網站、口碑行銷及合作推廣等，將城市的銀髮族旅遊服務介紹給潛在顧客，並利用家人、朋友間的口碑推廣。建立長期顧客關係，透過積分、優惠等方式吸引銀髮族回流旅遊，並定期推送適合的旅遊資訊，提升城市品牌忠誠度。城市應發展跨產業合作，與健康養生、文化教育、科技企業合作，開發創新型銀髮族旅遊服務，例如結合健康檢測技術的養生旅遊、文化體驗學習課程等。

有效的行銷策略能夠提高城市銀髮旅遊的知名度，吸引更多的銀髮族前來探索體驗。針對銀髮族旅遊市場進行精準推廣，發掘其需求，並針對性地推薦旅遊產品。與旅行社、養生中心、保險公司等合作，推出針對銀髮族的特惠旅遊方案，並通過包裝多項優惠措施來吸引目標客群。打造城市的銀髮旅遊品牌形象，強調其安全、便利、文化豐富等特點，讓銀髮族對城市產生積極的認同感，促進

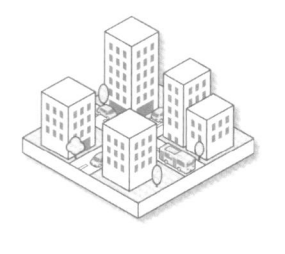

重遊率。

南投縣自然景觀豐富，擁有如日月潭、阿里山等自然景觀，是銀髮族進行戶外活動和自然療癒的理想地點。南投的埔里、清境等地區擁有豐富的自然資源和清新的空氣，非常適合銀髮族進行健康養生旅遊。相較於城市地區，南投的生活節奏更加緩慢，非常適合銀髮族在此享受自然與寧靜。

針對銀髮族的數位弱點，城市提供並設計操作簡單、界面友好的旅遊平台，並提供線下輔助服務，以提升旅遊體驗。強化服務品質與安全保障，城市與旅遊服務業者需要加強，對銀髮族需求的了解，並提升服務品質，尤其在旅遊安全保障和醫療應急措施方面，確保旅遊過程中能夠迅速應對突發情況。

每個城市都根據其獨特的自然景觀、文化資源、健康養生設施和無障礙旅遊環境，為銀髮族提供了豐富多樣的選擇。無論是喜愛文化探索、自然療癒還是養生放鬆的銀髮族，都能在找到適合自己的旅遊目的地。未來城市應繼續完善無障礙設施、推動健康養生旅遊，並針對銀髮族需求進行創新服務，以吸引更多銀髮族旅遊者，提升旅遊體驗。

外國銀髮旅客

來自歐美國家 65 歲以上的銀髮旅客通常追求更高品質的旅遊服務與獨特體驗，而來自亞洲國家的銀髮族的年齡則落在 50 至 65 歲之間，喜好文化探索和短期度假。

國際銀髮旅客多數具備較高的購買力，尤其是來自日本、韓國、新加坡等經濟發達國家的旅客，對於旅遊服務的期望值高，也

願意為優質的旅遊體驗支付額外費用。

　　國際銀髮旅客對台灣城市的歷史文化、傳統習俗以及美食體驗感興趣，偏好深度文化旅遊產品，如古蹟導覽、傳統藝術表演、在地文化體驗等。也對自然景觀，如阿里山、日月潭、太魯閣等風景區充滿興趣，喜歡參與低強度的戶外活動，如輕鬆的健行、拍攝自然景觀等。

　　城市觀光推廣可以在目標市場進行精準廣告投放，結合數據分析技術，鎖定有潛力的銀髮旅客，制定針對性的推廣策略。國際銀髮旅客更傾向於根據自身興趣和需求，選擇客製化的旅遊行程，以滿足個人需求。由於常使用網路查詢旅遊資訊、線上預訂和分享旅遊體驗，對數位化服務的需求較高。城市可透過與國際旅遊平台、航空公司及大型旅行社合作，推出銀髮旅遊特惠方案，並利用跨國品牌的影響力提升台灣旅遊市場的曝光率。

　　銀髮旅遊市場的發展，需要在國內外市場針對不同的消費者輪廓，制定精準的行銷策略。通過深入了解銀髮族的需求和偏好，結合無障礙設施建設、健康養生產品設計、多語言服務及數位化行銷工具的運用，城市能有效提升旅遊產品的吸引力，推動銀髮旅遊市場持續成長，打造台灣成為全球銀髮旅遊的首選目的地。

NOTES

【渠成文化】Brand Art 010

城市品牌行銷
自信讓我們的城市更偉大

作　　　者	王福闓
圖書策劃	匠心文創
發 行 人	陳錦德
出版總監	柯延婷
執行編輯	蔡青容
封面協力	L.MIU Design
內頁編排	邱惠儀
攝影／服裝	封面與內頁的攝影、服裝，由「西服先生」贊助。
E-mail	cxwc0801@gmail.com
網　　　址	https://www.facebook.com/CXWC0801
總 代 理	旭昇圖書有限公司
地　　　址	新北市中和區中山路二段 352 號 2 樓
電　　　話	02-2245-1480（代表號）
印　　　製	上鎰數位科技印刷
定　　　價	新台幣 420 元
初 版 一 刷	2025 年 5 月

ISBN 978-626-99081-6-5

版權所有・翻印必究　　Printed in Taiwan

國家圖書館出版品預行編目（CIP）資料

城市品牌行銷：自信讓我們的城市更偉大 / 王福闓著. -- 初版. -- 臺北市：匠心文化創意行銷有限公司, 2025.05
　面；　公分. --（Brand Art；010）
ISBN 978-626-99081-6-5（平裝）

1. CST: 都市發展　2. CST: 品牌行銷
3. CST: 行銷策略

545.1　　　　　　　　　　　　　114004992